Walter Gramatté

Abb. 1 Walter Gramatté, 1922

Walter Gramatté

Eine Dokumentation in Bildern und Texten

Herausgegeben von Claus Pese
Bearbeitet von Ruth Negendanck

Belser Verlag
STUTTGART
ZÜRICH

Für Ferdinand Eckhardt

CiP-Titelaufnahme der Deutschen Bibliothek

Gramatté, Walter:
Walter Gramatté: eine Dokumentation in Bildern und Texten /
hrsg. von Claus Pese. Bearb. von Ruth Negendanck. –
Stuttgart; Zürich: Belser, 1990
ISBN 3-7630-1979-0
NE: Negendanck, Ruth [Bearb.]; HST

Anschrift: Chr. Belser Verlag, Falkertstraße 73, D-7000 Stuttgart 1

Reproduktionen: Grafisches Atelier Gerd Preiss, Gerlingen
Satz: Fotosatz Steffen Hahn, Kornwestheim
Druck: Franz W. Wesel, Baden-Baden
Binden: C. Fikentscher, Darmstadt
Printed in Germany
ISBN 3-7630-1979-0

Inhaltsverzeichnis

Ich bin voll von Bildern.

Walter Gramatté, 1921

Vorwort des Herausgebers

Dies ist ein Buch von besonderer Art. Es ist Kunstbuch, Dokumentation und Wissenschaftswerk zugleich. Ein reines Kunstbuch ist es indes nicht – auch keine ausgesprochene Dokumentation oder ein trockenes wissenschaftliches Elaborat. Vielmehr hat dieses Buch von allem etwas. In erster Linie aber soll es einen deutschen Maler und Grafiker bekannt machen, dessen schweres persönliches Schicksal ihm den Ruhm zu Lebzeiten versagt hat. Walter Gramatté starb im Alter von nur 32 Jahren. Sein kurzes Leben lang war er krank gewesen. Das Unglück haftete ihm stets an den Fersen. Richtigen Erfolg hatte er nie. Allgemeine Anerkennung bekam er kaum. Aber allen Selbstzweifeln und Verzweiflungen zum Trotz hat er sich den Glauben an die Kunst auch in schwersten Zeiten bewahrt. Das wird ihm geholfen haben, die Krisen zu überstehen. Walter Gramattés Leben ging frühzeitig zu Ende, doch sein Werk ist weitgehend erhalten geblieben und steht nun zur wissenschaftlichen Auswertung und kunsthistorischen Einordnung bereit.

Wenn wir heute Leben und Werk Walter Gramattés neu überdenken und über den Stellenwert seines Lebenswerks diskutieren können, dann ist das vor allem einem Mann zu verdanken: meinem Kollegen und Freund Ferdinand Eckhardt. Mit selbstlosem Einsatz hat er, der schon früh Walter Gramatté als einen bedeutenden Künstler erkannte, alles Denkbare und Machbare unternommen, um seiner Kunst zu dem ihr gebührenden Platz in der Kunstgeschichte zu verhelfen. Die große Gramatté-Ausstellung im Haus der Kunst in München im Frühjahr 1989 war dafür ein wichtiger Meilenstein. Unsere Dokumentation zu Leben und Werk Walter Gramattés soll eine weitere Etappe zu seiner allgemeinen Anerkennung sein.

Eine Dokumentation wie diese hat den Sinn, Werke und Dokumente miteinander in Einklang zu bringen und sich gegenseitig durchdringen zu lassen. Deshalb wurden vor allem Briefe und Manuskripte von Walter Gramatté und den Zeitzeugen, mit denen er in engem persönlichem Kontakt stand, ausgewählt, die Bezug auf die wichtigsten seiner Werke nehmen. Was so entstand, ist ein kulturhistorisches Zeitbild, das über die bloße Kunstgeschichte hinausreicht. Zugleich enthält diese Dokumentation eine Fülle von Quellen, die Material für eine kunstwissenschaftliche Auseinandersetzung mit dem Werk Walter Gramattés liefern.

Ich danke vor allem meiner Kollegin Ruth Negendanck, die in jahrelanger akribischer Arbeit das Archivmaterial ausgewählt, zusammengestellt und immer wieder kritisch überprüft hat. So konnte eine Dokumentation von hoher Dichte und großer Spannung gebildet werden. Dem Belser Verlag danke ich für seine Bereitschaft, die Publikation in sein Verlagsprogramm aufzunehmen. Mein besonderer Dank aber gilt Ferdinand Eckhardt, der den schriftlichen Nachlaß Walter Gramattés von Berlin nach Wien und von dort nach Winnipeg gebracht hat, um ihn schließlich dem Archiv für Bildende Kunst im Germanischen Nationalmuseum, Nürnberg, zu übergeben. Daneben hat uns Ferdinand Eckhardt stets mit Rat, Tat und Hilfe zur Seite gestanden. Ihm sei dieses Buch gewidmet.

Claus Pese

Über diese Dokumentation

Diese Dokumentation gibt Auskunft über das Leben und die Lebensarbeit des Künstlers Walter Gramatté. 1897 geboren, gehört er zu der Generation, die in jungen Jahren den Ersten Weltkrieg miterlebt hat. Nach diesem einschneidenden Ereignis galt es, sich in der Nachkriegswelt zurechtzufinden. Die Briefe und auch alle Informationen, die wir von Walter Gramatté besitzen, zeugen von dem Bemühen, künstlerisch und menschlich einen Platz in dieser neuen Gesellschaft zu finden.

Die Materialien für diese Dokumentation stammen aus den Jahren 1915 bis 1929. Sie sind gesammelt, geordnet und verzeichnet worden. Erst danach war es möglich, aus dieser Vielzahl von Nachrichten diejenigen auszuwählen, die eine gewichtige Aussage über das Werk des Malers und Graphikers Walter Gramatté geben.

Auch ein Künstler ist eine Persönlichkeit, die einem Lebensprozeß unterworfen ist. Zu diesem Vorgang gehören Dinge des äußeren Lebens wie Elternhaus, Schule und eine eventuelle Ausbildung wie politische Ereignisse der Zeit, in die der Künstler hineingeboren wurde. Diese äußeren Umstände formen seine Persönlichkeit und geben ihm erst dadurch eine Möglichkeit, sich zu entfalten. So werden in einer Dokumentation nicht nur der Künstler und seine Kunst lebendig, sondern es entsteht in Verbindung damit für uns ein kulturhistorischer Hintergrund, vor dem dieser Mensch lebte.

Das Material, auf dem eine Dokumentation beruht, sind schriftliche Quellen. Welche Bedeutung sie für die Kunstgeschichte allgemein haben, hat Kurt Badt in seiner „Wissenschaftslehre zur Kunstgeschichte", 1971, untersucht. Er lehnte darin historische Quellen, wie Künstlerbriefe, Zeitungsnachrichten, Tagebücher, Chroniken und andere schriftliche Dokumente für die wissenschaftliche Analyse von Kunstwerken ab, denn „die Kunst hat ihre eigene Wahrheit der Darstellung"[1] oder, mit gleichem Inhalt, doch von ihm nur anders ausgedrückt, „Kunst hat keinen Anfang, sondern tritt im Ursprung zutage, den wir dem Genie zuschreiben".[2] Diesem Denken trat dann schon 1973 Otto Karl Werckmeister entgegen, als er zu Kurt Badts Publikation anmerkte: „Man muß folgern, daß nach Badt der Kunsthistoriker aus Quellen jenseits der historischen Wissenschaft um Inspiration und Geheimnis in der Geschichte weiß."[3]

Nun, dieser Streit der Wissenschaftler um die historischen Quellen in der Kunst gilt heute als abgeschlossen. Weitschauend war das Germani-

Abb. 2 Selbstportrait. Bleistift, 1922
(Z 138)

sche Nationalmuseum, das bereits 1964 historische Quellen zur Kunstforschung wie Künstlernachlässe für so wichtig erachtete, daß es schon damals damit begann, sein Archiv für Bildende Kunst einzurichten. Seit dieser Zeit werden schriftliche Nachlässe aus allen Bereichen der bildenden Kunst dort gesammelt. Doch sollte der betreffende Künstler, Kunsthistoriker oder auch Kunstsammler einen gewissen Rang in der Kunstgeschichte einnehmen, und damit verbunden sollte sein Nachlaß eine für die Kunst oder Kunstgeschichte nicht zu ersetzende Aussagekraft haben.

Die Bedeutung des Künstlers Walter Gramatté geht nun schon daraus hervor, daß das Archiv für Bildende Kunst im Germanischen Nationalmuseum im Jahre 1988 bereit war, den gesamten schriftlichen Nachlaß von Walter Gramatté zu übernehmen. Dr. Ferdinand Eckhardt, einstmaliger Direktor der Art Gallery Winnipeg, übergab dieses Material als Geschenk an das Germanische Nationalmuseum, um es für Forschungen zu öffnen. Das umfangreiche Schriftgut setzt sich aus über 3000 Mitteilungen aller Art zusammen.

Walter Gramatté führte mit seinen Freunden, Kollegen, Kunsthistorikern und Galeristen eine ausführliche Korrespondenz, denn dieser Nachlaß stammt noch aus einer Zeit, in der man privat weniger telefonierte als vielmehr seine Gedanken zu Papier brachte. Seinen engeren Freundeskreis bildeten Literaten wie Hermann Kasack, Maler wie Karl Schmidt-Rottluff und Erich Heckel, aber auch Pädagogen wie Walther Merck, sowie Kunsthistoriker wie Wilhelm Niemeyer und Rosa Schapire. Einen breiten Raum nimmt der Briefwechsel mit seinen wichtigsten Hamburger Sammlern Paul Rauert und Paul Sudeck ein. Ein ausführliches Personenregister am Ende der Dokumentation gibt über den Personenkreis, mit dem Walter Gramatté sich austauschte, Auskunft.

Nach dem frühen Tode Walter Gramattés bemühte sich Dr. Ferdinand Eckhardt darum, die Korrespondenz des Künstlers von den Empfängern zurückzubekommen. Er ließ von den Briefen Abschriften anfertigen und gab sie anschließend, wenn es gewünscht wurde, wieder zurück. So ist es zu erklären, daß im schriftlichen Nachlaß Walter Gramattés einige Briefe nur in Abschrift vorliegen. Im letzten Weltkrieg ist leider ein Teil dieser Originalbriefe zerstört worden. Doch wo es heute noch möglich war, wurden die Originale mit den Abschriften verglichen. Dabei stellte sich heraus, daß die Abschriften weitgehendst mit den Originalen übereinstimmen.

Die meisten hier vorliegenden Briefe Walter Gramattés sind mit Tinte geschrieben, nur in seltenen Fällen benutzte er einen Bleistift. Manchmal nahm er auch die Schreibmaschine zu Hilfe. Seine Briefe sind oft, besonders in der Zeit, wo er sich in Spanien aufhielt, über mehrere Tage hinweg geschrieben worden. Sie enthalten auch Schilderungen des Lebens in diesem für ihn neuen Land. Um die Dokumentation aber im Umfang zu beschränken, wurden diese oft auch humorvollen Beschreibungen weggelassen. Hier in dieser Arbeit sollte der Künstler und sein Werk im Vordergrund stehen. Daher sind die Briefe auch gekürzt worden, doch wurden diese Kürzungen mit Auslassungspunkten in eckigen Klammern: [...] gekennzeichnet. Nach archivischen Gepflogenheiten läßt man bei der Wiedergabe von Briefen die Einleitungs- und Schlußformel weg. Entsprechend wurde auch hier verfahren. Die Orthographie wurde weitgehend der heutigen Schreibweise angepaßt. Die literarische Eigenart des Urhebers, die bei seiner Interpunktion deutlich wird, sollte dabei aber stets gewahrt bleiben.

In den Bildlegenden für die Tafeln wurden jeweils am Ende die Werkverzeichnisangaben in runde Klammern aufgenommen. Die Abkürzungen bedeuten:

A= Aquarell
B = Ölgemälde
Z= Zeichnung
Eckhardt = Druckgraphik

Diese Angaben entsprechen den von Ferdinand Eckhardt erarbeiteten Werkverzeichnissen.

Anmerkungen

1 Badt, Kurt: Eine Wissenschaftslehre der Kunstgeschichte, Köln 1971 S. 68.

2 Siehe Anm. 1, S. 102.

3 Werckmeister, Otto Karl: Kurt Badt. Eine Wissenschaftslehre der Kunstgeschichte, in: Kunstchronik. Monatsschrift für Kunstwissenschaft, Museumswesen und Denkmalpflege, 26. Jg. Heft 8, Nürnberg (August) 1973, S. 272.

Biographie

1897 Am 8. Januar in Berlin geboren. Eltern: Otto Gramatté, Bäcker, Katharina Gramatté, geb. Block.

1902 Umzug nach Hermsdorf bei Berlin, bis 1914 Besuch der dortigen Oberrealschule.

1914 Sanitätshelfer als Kriegsfreiwilliger an der Westfront. Erster Aufenthalt im Lazarett; ein wohl angeborenes Knochenleiden führt zu einer Rückgratverbiegung und zu einer Muskelentzündung am rechten Arm.

1915 Im Oktober Aufnahme des Studiums an der Königlichen Kunstschule des Kunstgewerbemuseums, Berlin.

1916 Wiedereinberufung zur Feldartillerie nach Frankfurt/Oder; dort in der Schreibstube tätig. Weitere Lazarettaufenthalte folgen.

1917 Ausstellung von 17 Bildern und 50 Graphiken im eigenen Atelier, Emserstraße 22. Beginn der Freundschaft mit dem Dichter Hermann Kasack. Dank der Vermittlung von Manfred Georg freier Mitarbeiter der Zeitschrift „Marsyas“. Im September erneute Einberufung zum Garnisonsdienst nach Paderborn.

Abb. 3 Walter Gramatté, ca. 1 Jahr alt

Abb. 4 Mutter Katharina Gramatté, um 1900

Abb. 5 Vater Otto Gramatté, um 1900

1918 Endgültige Entlassung aus dem Militärdienst. Tätigkeit als Hilfslehrer am Kaiser-Friedrich-Realgymnasium, Berlin. Im Juli mit Hermann Kasack zusammen Aufenthalt in Bernried am Starnberger See. Dort lernt Walter Gramatté Wolf Przygode kennen. Am 28. Dezember Heirat mit Hetta Lindhorst.

1919 Vertrag mit dem Verleger Hans Theodor Joel, der die Rechte am gesamten graphischen Werk erhält. Einzelausstellung in der Berliner Galerie Buchkunst. Scheidung von Hetta Lindhorst. Beginn der Freundschaft mit Erich Heckel. Enge Kontakte zum Literaturkreis um Wolf Przygode.

1920 Einzelausstellung in der Galerie Ferdinand Möller, Berlin, bei den Hansa-Werkstätten, Hamburg, und im Kunstsalon Maria Kunde, Hamburg. Bedingt durch seinen schlechten Gesundheitszustand kann Walter Gramatté keine Holzschnitte mehr anfertigen. Beginn der Freundschaft mit Karl Schmidt-Rottluff. Heirat mit Sophie-Carmen Fridman, von ihm in Briefen „Sonia" genannt. Ferienaufenthalte in Malente-Gremsmühlen, Schleswig-Holstein, und in Hiddensee, [früher: Hiddensoe], Ostsee.

Abb. 6 Walter Gramatté mit seiner ersten Frau Hetta Lindhorst, Februar 1919

Abb. 7 Walter Gramatté mit seiner zweiten Frau Sophie-Carmen Fridman, von ihm „Sonia" genannt, 1920

1921 Wohnungsprobleme mit den anderen Mietern des Hauses, veranlaßt durch das Musizieren seiner Frau. Reisen nach Oberitalien und nach Hiddensee. Umzug in das Haus von Max Beckmann in Hermsdorf, Ringstraße 8. Die Villa kann im Winter wegen des Kohlenmangels nicht beheizt werden.

1922 Von Anfang des Jahres bis Februar Aufenthalt in Paris. Danach wieder in Berlin, lebt Walter Gramatté in beengten Verhältnissen. Sein Gesundheitszustand verschlechtert sich, so daß er auch keine Kaltnadelradierungen mehr anfertigen kann.

Abb. 8 Walter Gramatté vor seinem Gemälde „Die Beichte", entstanden 1920

Abb. 9 Walter Gramatté im Atelier Max Beckmanns, 1922

1923 Umzug in ein Wohnatelier im „Haus der Künstlerinnen“, Schöneberger Ufer 38. Aufenthalte in Malente-Gremsmühlen, Hamburg, Trebnitz in Schlesien. Ausstellung bei der Galerie Goldschmidt-Wallerstein, Berlin. Es taucht der Gedanke auf, nach Spanien auszuwandern.

1924 Im Februar Umsiedlung nach Barcelona, Spanien. Von August bis Oktober wieder in Berlin. Wegen seines schlechten Gesundheitszustandes Krankenhausaufenthalt in Hamburg-Eppendorf. Als Radierfolge entsteht eines der wichtigsten Werke: 12 Illustrationen zu Georg Büchners Fragment „Lenz“, erschienen im Buchbund Hamburg.

Abb. 10 Walter Gramatté vor der großen Glaswand in Max Beckmanns Atelier, 1922

Abb. 11 Walter Gramatté im Garten des Hauses Beckmann, 1922

Abb. 12 Sonia Gramatté im Garten des Hauses Beckmann, 1922

Abb. 13 Sonia Gramatté im Garten ihres Hauses in Barcelona, 1924
„Ich umarme Dich und sage Dir endlich auf Wiedersehen. Bald sehen wir uns wieder. Deine Fifille.“
(Postkarte an die Mutter Katharina Fridman. Barcelona, 18. 5. 1924)

1925 Reisen zu verschiedenen Städten in Spanien. Graphikausstellung in der Gutenberg-Halle des Deutschen Buchgewerbehauses, Leipzig. 12 Radierungen zu Georg Büchners Trauerspiel „Wozzeck“ werden fertiggestellt. Lenz und Wozzeck sind wichtige Werke der Graphik von Walter Gramatté.

1926 Reisen in Südspanien. Große Ausstellung im Salón del Ateneo in Madrid; weitere Ausstellungen im Kunstverein Hamburg und im Kunstsalon Maria Kunde, Hamburg. Im Herbst Rückkehr mit seiner Frau nach Deutschland, Berlin, Neue Winterfeldstraße 29. Es entsteht die Radierungsmappe „España“, 10 Radierungen nach Skizzen und Aquarellen.

1927 Reisen nach Paris, an die Côte d'Azur und nach Spanien. Auftrag vom Staatstheater Berlin durch Jürgen Fehling, das Bühnenbild für die Neuinszenierung des „Wozzeck“ zu erstellen. Das Bühnenbild wird nicht vollendet. Einzelausstellung bei Ferdinand Möller, Berlin.

Abb. 14 Walter und Sonia Gramatté in Barcelona, 1925/1926

Abb. 15 Walter Gramatté, Sonia Gramatté, Lilian, Dr. René Krebs, Mutter Krebs, Helene Krebs und Schmidt. Spanien, 1925/1926

Abb. 16 Karikatur von Angel de la Fuente, 1926
„Der deutsche Maler Walter Gramatté, der eine Reihe außergewöhnlicher Kunstwerke im Salon Ateneo ausstellt."

Abb. 17 Gramattés „Rotes Zimmer" seiner letzten Wohnung in Berlin, 1926/1927

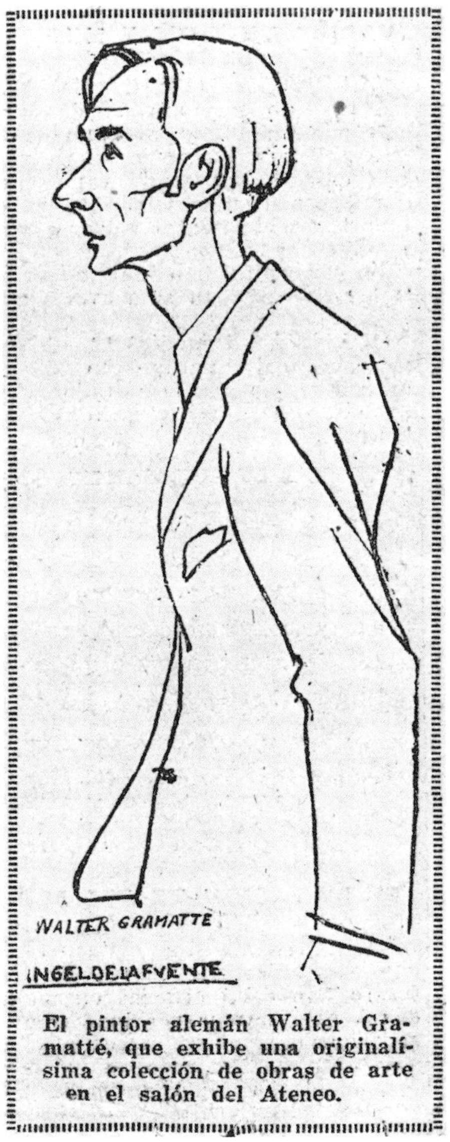

El pintor alemán Walter Gramatté, que exhibe una originalísima colección de obras de arte en el salón del Ateneo.

1928 Ausstellung im Museum für Kunst- und Kulturgeschichte im Behnhaus, Lübeck. In den „Horen", Monatsheft für Kunst und Dichtung, erscheint ein Aufsatz über Walter Gramatté von Hermann Kasack. Walter Gramattés Gesundheitszustand verschlechtert sich zusehends, so daß er im Juni zur Behandlung nach Bad Oeynhausen gehen muß. Im November im Eppendorfer Krankenhaus, Hamburg, weitere Behandlung. Mitte Dezember wird er in die Privatklinik Wünsch von Prof. Paul Sudeck verlegt.

1929 Walter Gramatté stirbt am 9. Februar an den Folgen einer Darmtuberkulose. Die Grabrede hält Hermann Kasack. In dessen Roman „Die Stadt hinter dem Strom", der 1947 erscheint, ist die Gestalt des Malers Katell ein verschlüsseltes Portrait von Walter Gramatté. Den Grabstein entwirft Karl Schmidt-Rottluff.

Abb. 18 „Dreimal selbst“. Tusche, 1925
(Z 353)

Selbstbiographie

(Im Jahre 1927 von Walter Gramatté verfaßt)

Lebenslauf des Kunstmalers Walter Gramatté

Geboren am 8. 1. 97 zu Berlin. Vorschule eines Gymnasiums. Anschließend Ober-Realschule. Abschluß der Schulzeit durch Kriegsausbruch. Als Kriegsfreiwilliger wurde ich einer Sanitäts-Abteilung zugeteilt und rückte am 3. September 1914 ins Feld. Frankreich und Belgien. Schwere Verletzung des rechten Arms, Rückgratverletzung. Entlassung aus dem Heerdienst 1915. Aufnahme in die ehem. Königl. Kunstschule. 5 Semester durch Heeresdienst unterbrochen. 1916 erneute Einberufung. Feld-Artillerist. Starke Verschlimmerung meiner Verletzungen. Erneute Entlassung als „D. U." Mitte 1917 3. Einberufung. Infantrist. Völliger Zusammenbruch. Januar 1918 endgültige Entlassung. Bis zum Kriegsende Hilfsdienst als Oberlehrer am Kaiser-Friedrich-Realgymnasium Berlin. Nach üblicher Entzweiung mit dem Elternhaus Schaffung eines Arbeitsraumes. Besuch von Studien-Ateliers, sonst freies Arbeiten. 1918 erste größere Ausstellung in Berlin. Im gleichen Jahr Heirat, die unglücklich endet. General-Vertrag, großes Glück, das aber bald durch die Inflation zerbrochen ist. Viel Not. Dennoch geht es aufwärts. Ausstellungseinladungen mehren sich. Es erscheinen nach und nach eine größere Reihe von illustrierten Büchern und Mappenwerken (Gogol, Tolstoi, Büchner) bei Kiepenheuer, Rowohlt, Axel Junkers, Lang und im Euphorion-Verlag. Die Museen beginnen graphische Arbeiten zu erwerben und später mich zu umfassenden Ausstellungen einzuladen. Ende 1920 wird die russische Komponistin Sonia Fridman, Tochter der langjährigen Freundin Tolstois Katharina Fridman de Kochevskoi, meine Frau. Durch dauernde Mißhelligkeiten mit einem unter uns wohnenden Mieter, der gegen Musik angeht, vorübergehende Übersiedlung in das Haus Max Beckmanns in Hermsdorf, um die nötige Ruhe zur Beendigung eines größeren Kompositionswerkes meiner Frau zu sichern. Rückkehr in unsere Berliner Wohnung durch moralisch nicht zu rechtfertigendes Verhalten eines Kollegen unmöglich. Möbel werden aufgespeichert. Reisen nach Frankreich, Italien, Schweiz. Immer wieder Versuch, in Berlin neu aufzubauen. Keine Möglichkeit. Qualvolles Arbeiten in immer wechselnder Umgebung. Schließlich verlassen wir Deutschland ganz und siedeln nach Spanien über. Januar 1923. Barcelona wird unser fester Sitz. Ausgedehnte Reisen durch ganz Spanien und Marocco. Die Möglichkeit, in Spanien Fuß zu fassen ist gegeben. Eine große Ausstellung, die ich auf Einladung des „Ateneo“ in Madrid veranstaltet und bei deren Eröffnung die deutsche Gesandtschaft vertreten ist, wird ein außerordentlicher Erfolg, höchste Interessiertheit für deutsche Kunst bei Künstlern und Presse. Einladung zur Veranstaltung einer großen allgemeinen Ausstellung deutscher Künstler, die ich mit Freuden annehme, die sich aber durch die mir zuvorkommende, gänzlich versagende Ausstellung „Neue Sachlichkeit“ nicht mehr realisieren läßt. Herrlich ist Spanien und herrlich sind seine Menschen, aber auf die Dauer fehlen mir die paar Freunde und Künstler, die ich in Deutschland lassen mußte und ohne die ich nicht leben und nicht arbeiten kann. Jedes Jahr einmal fahre ich nach Deutschland, um nach den Wohnungsverhältnissen zu sehen. Im November 26 gelingt es mir, unter Aufwendung meiner letzten Kraft und Mittel zu einer Wohnung zu kommen. Wir verlassen Spanien.

Berlin ist wieder unsere Heimat. Ich beginne mich wieder zu finden. Hoffe, daß so viele Erlebnisse, die ihre Form nicht finden konnten in den langen Wanderjahren, nun sich langsam formen werden. Und die einzigartige Schönheit der Klangwelt, in der ich lebe, wird, so vertraue ich, helfen, meinen Weg so zu führen, daß ich am Ende angelangt, der Kunst einen kleinen, aber rechtschaffenden Dienst zu leisten vermocht haben werde.

Walter Gramatté

Walter Gramatté

Anfang August 1932 wurde in Bielefeld eine Gedächtnisausstellung des Malers Walter Gramatté gezeigt. Im Aprilheft 1928 der Zeitschrift „Die Horen“, IV/6, hatte ich einen Aufsatz über ihn veröffentlicht, auch bei seiner Beisetzung in Berlin-Karlshagen am 14. Februar 1929 Worte des Gedenkens gesprochen. Die Rede, die ich zur Eröffnung der Ausstellung hielt, nimmt einige Gedanken daraus auf. Hinzuweisen ist auf den vorbildlich gestalteten Œuvre-Katalog: Das graphische Werk von Walter Gramatté, herausgegeben und eingeleitet von Ferdinand Eckhardt, mit einhundertsechzig Abbildungen und sehr instruktiven Briefauszügen (Amalthea-Verlag, Zürich, Leipzig, Wien 1932). Gramattés Werk, das zwischen 1933 und 1945 zur „entarteten Kunst“ gezählt wurde und öffentlich nicht gezeigt werden durfte, kam 1952/53 durch repräsentative Kollektivausstellungen im Frankfurter Kunstkabinett (Hanna Bekker vom Rath) und in anderen Städten zur Geltung. In Stuttgart und Mannheim hielt ich zu deren Eröffnung Ansprachen, die sich aus freiem Gedächtnis auf die Bielefelder Rede stützten. Zu erwähnen wäre noch, daß Walter Gramatté das getreue Inbild des Malers Katell in der „Stadt hinter dem Strom“ ist.

Wenn ich zur Eröffnung der Bilderschau, die als Gedächtnisausstellung für Walter Gramatté hier einen wesentlichen Teil seines Schaffens vereinigt, einige Worte sprechen darf, um Sie, meine Damen und Herren, in die Welt dieses Malers und graphischen Künstlers einzuführen, so erwarten Sie bitte von mir kein kunsthistorisches Kolleg, auch keine ästhetische Analyse seiner Arbeiten. Ich kann nur versuchen, Ihnen das Werk dadurch nahezubringen, daß ich von dem Menschen spreche, der es schuf, von der Persönlichkeit; von der Weltanschauung und der Zeit, die dahinter stehen.

Wenn ich von Gramatté spreche, so spreche ich damit von der Jugend. Von einer ganz bestimmten Jugend: den Frühvollendeten. Er gehört jener Generation an, die mitten aus der Kindheit, der Jünglingszeit, in den Krieg gerissen wurde. Es sind die Jahrgänge 1895 bis 1898, auf die der Krieg um so stärker wirken mußte, weil sie als Siebzehn-, Achtzehnjährige noch vor dem eigentlichen Erlebnis ihres Lebens und des Daseins überhaupt standen, und nun als erstes das Erlebnis des Todes gewannen. Um wieviel mehr muß das nun auf einen Menschen einwirken und fortwirken, der von Natur aus mit einer besonderen Empfindlichkeit der Seele und der Nerven ausgestattet ist: ich meine jene Sensibilität, welche die schöne und schlimme Voraussetzung fast eines jeden künstlerisch, schöpferisch veranlagten Menschen ist.

Gramatté ist Jahrgang 1897, war also bei Kriegsausbruch siebzehn Jahre alt. Schmucklos einige Daten: Von der Schulbank weg geht er als Freiwilliger im September 1914 ins Feld, zugeteilt einer Sanitätskolonne, nach Belgien und Frankreich. Wird so schwer verletzt, daß er bereits 1915 aus dem Heeresdienst entlassen wird. Sein rechter Arm vor allem ist bös mitgenommen. Im Verlaufe der späteren Zeit wird der rechte Oberarm so dünn und kraftlos, daß er manchmal an der Möglichkeit, damit noch arbeiten zu können, verzweifelt. Er mußte deshalb auch schon frühzeitig auf die Technik des Holzschneidens verzichten; der letzte Holzschnitt datiert aus dem Jahre 1920. Und bei den Radierungen – Gramatté verzichtet später ganz auf die Kaltnadeltechnik und geht zu einer, übrigens immer wieder wechselnden, und bis ins Virtuose gesteigerten Technik des Ätzens über – muß er häufig den linken Arm zu Hilfe nehmen. 1916 wird er wieder eingezogen: jetzt zur Artillerie; die Leiden verschlimmern sich, er wird wieder entlassen. Ein Jahr darauf wieder eingezogen: diesmal zur Infanterie, zum Garnisondienst nach Paderborn. Es endet mit einem völligen körperlichen Zusammenbruch und endgültiger Entlassung aus dem Heeresdienst.

In diesem Jahr, 1917, lernte ich ihn, den nur wenig Jüngeren in Berlin kennen. Ich selbst war damals Student, war schon 1914 nach kurzer Dienstzeit vom Militär entlassen worden und als Hilfslehrer für ein Gymnasium reklamiert. Als Gramatté 1918 erneut zum Schreibstubendienst eingezogen werden sollte, gelang es, ihn an die gleiche Schule zu verpflichten, wo er Zeichen-, Geschichts- und Religionsunterricht nicht ohne Tragikomik erteilte. Unsere Bekanntschaft entwickelte sich bald zu einer großen Jugendfreundschaft, wie sie nur aus der lebendigen Bereitschaft Zwanzigjähriger zum wahlverwandten Menschen möglich ist. Die Zeit der ersten schönen und schweren Anfänge, der Durchbruch des menschlichen Erwachens zum künstlerischen Dasein, das Ringen um die Harmonie von menschlichem und künstlerischem Gewissen, die dann Walter Gramatté wirklich in seinem Schicksal und als sein Lebensschicksal bewiesen hat – diese einmalige Zeit schöpferischer Jugend haben wir miteinander geteilt. In diesen ersten Jahren fast täglichen Beisammenseins tauschten wir Glück und Sorgen miteinander aus, und wie ich damals das Entstehen jedes Bildes und jeder Radierung miterlebte, so nahm er an allem teil, was ich an Gedichten und dramatischen Versuchen schrieb. Es war ein Austausch des Persönlichen und Überpersönlichen. Ein schönes Zeugnis dieser ersten gemeinsamen Jahre sind die zehn Holzschnitte, die er für die 1920 bei Rowohlt erschienene Vorzugsausgabe meines Buches „Die tragische Sendung" schuf. Schon hier zeigt sich seine Fähigkeit, in vereinfachter Linienführung die menschliche Gebärde der Figuren darzustellen.

Später sahen wir uns auf kleinen gemeinsamen Reisen wieder: Tage am Starnberger See, wo er für die Sonderausgabe des von Wolf Przygode vorbereiteten „Buches der Toten" ein großartiges Blatt schuf; Tage auf Hiddensee; Zeiten und Stunden. Nach Trennungen kamen wir zusammen in einem Gefühl des Ewiglebendigen, das Menschen ihrer Art immer

Abb. 19 Hermann Kasack, 1953

wieder zusammenführt und im gleichen Zusammenklang sein läßt. So blieben wir in einer steten Lebensgemeinschaft verbunden. Zwölf Jahre lang; bis zu seinem Tode im Februar 1929.

Zweiunddreißig Jahre Leben also. Und kaum mehr als ein Jahrzehnt künstlerischen Schaffens. Auch diese kurze Spanne immer wieder und allmählich immer heftiger unterbrochen von den Nöten der Existenz und der körperlichen Leiden. Aus der Zeit in Paderborn, 1917, die ich schon erwähnte, stammt ein Bild, das man wohl als erstes großes Zeugnis seines Talentes bezeichnen kann, in dem sich sein ganzes Können und sein ganzes Wollen offenbart. Es ist ein Selbstbildnis in Soldatenuniform, Taf. 8 dunkel und teigig in den Farben. Ergreifend in der Schlichtheit und Aufrichtigkeit. Bewußt in eine törichte Zimmerdekoration gestellt der überbetonte Kopf eines Menschen, an dem schmal, als ob er keine Arme habe, eine aufgeknöpfte Uniform herabhängt. Todtraurige, brennende Augen, die keiner vergessen kann, blicken ins Leere. Die Stirn in Querfalten, der Mund wie zu einer Frage halb geöffnet. Fast könnte es eine Maske sein, aber es ist sein Gesicht. In diesem frühen Bild strömen schon die beiden Farben auf, die motivisch in fast allen seinen Bildern wiederkehren und die auch einem der letzten und reifsten, dem Bildnis der Vava, den entscheidenden Ton geben: es sind die Farben Rot und Blau. Das Rot des Herzens, des Blutes – und das Blau, die Farbe des Traums, die Farbe der Sehnsucht. Das Herz und der Traum, sie bilden den seelischen Grund seines Schaffens und seiner Welt.

Ein Romantiker also? Das Wort mag zunächst gelten, aber nur insofern, als im Begriff der Jugend eines jeden Menschen sich der Begriff einer romantischen Welt erfüllt. Wohin der Weg führt, was ihn vertieft, was nun das Wesens-Eigentümliche wird, wie sich das Inhaltlich-Thematische in die Intensität der Form löst, das läßt sich aus den späteren Aquarellen und dem graphischen Werk erkennen.

Der Weg des Lebens, des inneren wie des äußeren, ist zugleich der Weg des Schaffens. Gramatté ist geborener Berliner. Er entstammt, wie schon der Name vermuten läßt, einer alten Hugenottenfamilie. Der Vater kommt aus Schlesien, die Mutter aus Ostpreußen. Es sind brave, biedere Menschen, ich kannte sie; prächtige Leute in ihrer Art, Kleinbürger, ohne Beziehung zur Kunst. Mit Ach und Krach im wörtlichen Sinne erklärt sich der Vater damit einverstanden, daß sein Junge die Berliner Kunstschule besucht. Aber gut, wenn er nun einmal vom Zeichnen nicht lassen wollte, dann sollte er Zeichenlehrer werden; Handwerker wäre ihm lieber gewesen.

In den paar Semestern, die Gramatté in den freien Zeiten der Kriegsjahre auf der Kunstschule zubrachte, hat er eines gelernt, worauf er später einmal stolz war: nämlich Anatomie und anatomisch richtiges Zeichnenkönnen. Erst die genaue Kenntnis erlaubt, sich für die Gestaltung des Ausdrucks davon zu befreien. Die Natur ist kein Maßbild. Bald ließ er Kunstschule Kunstschule sein. Das, was er fühlte, was er in sich sah, ließ sich dort nicht lernen. Er mietete sich ein Dachbodenatelier, und ich besinne mich noch, wie wir dort 1917 die erste kleine Atelierausstellung arrangierten – vor allem, um damit seinem Vater zu imponieren, der, ganz begreiflich, über das eigenmächtige Verlassen der Kunstschule, über die Selbständigkeit und die bürgerliche Entartung seines Sohnes entsetzt war.

Schon damals begann die Geldmisere. Sie ist, wie sein Schatten, der treueste Begleiter seines Lebens geblieben.

Er war alles andere als betriebsam. Er hat sich von Anfang an niemals in den Vordergrund gestellt. Es ging ihm nicht um Geld und auch nicht um Ruhm. Er wollte mit dem, was er schuf, verstanden werden. Wenn er spürte, daß jemand von innen her eine Beziehung zu seinen Arbeiten hatte, dann hätte er ihm am liebsten alles geschenkt. „Ich kann doch dafür nicht Geld nehmen, das käme mir komisch vor" – wie oft hat er sich so geäußert. Aber er mußte schließlich auch leben. Und wenn jemand zu ihm kam und wirklich ein oder zwei Blätter Graphik kaufte, für die heute ein Vielfaches bezahlt wird, dann hat er ihm oft noch ein Blatt dazu geschenkt, weil er sich so darüber freuen konnte, daß ein anderer an seiner Arbeit Freude empfand.

Damals bildete sich um Gramatté ein kleiner Kreis von Menschen, meist junge kunstinteressierte Studenten, bald half der eine, bald der andere, mit Lebensmitteln, mit etwas Geld, das war ganz selbstverständlich. Es begann sogar eine Zeitlang aufwärtszugehen: nach einer Ausstellung 1919 erwarb Cassirer, der führende Kunsthändler, einige Arbeiten, und der damalige Inhaber der Verlagsbuchhandlung von Axel Juncker gab einen Illustrationsauftrag zu Victor Hadwigers Novelle „Il Pantegan", Berlin 1919. Im folgenden Jahr zeigte die Berliner Galerie Ferdinand Möller Gemälde und Graphik. Der Name Gramatté sprach sich herum, ein Münchner Verleger schloß sogar einen Generalvertrag mit einer monatlichen Rente ab. Und damit auch das Heitere nicht vergessen sei: sein Hauswirt hatte einen Freund, der zu dem damals auftauchenden Typus der Neureichen gehörte, und Gramatté verschmähte es nicht, gegen ein ganz hübsches Honorar diesem Herrn den Hintergrund eines Büfetts auszumalen, mit allem, was der Herr verlangte: Fluß und Gebüsch und Mond und einem Hausgiebel und ich weiß nicht was noch alles. Immer wieder mußte Gramatté etwas ändern, bald war dies, bald jenes nicht naturgetreu genug. Eines Tages sagte er zu mir: „Weißt du, jetzt will der Herr auch noch, daß ich ihm Männerchen draufmale, das kann ich nicht, das geht wirklich nicht", und dann mußte ich mitgehen, um als großer Sachverständiger dem Herrn diese Idee auszureden und ihm klarzumachen, daß das Bild grade in dieser Form vollendet sei und kein Pinselstrich mehr hineingehöre. Es ist dann auch so geblieben. Das sind so Jugendstreiche.

Kurzum, es sah damals, in der ersten Nachkriegszeit ganz freundlich aus. Gramatté heiratete, es gab ein lustiges Atelierfest, bei dem einige Freunde als sprechende Figuren seiner Bilder auftraten; es war ein erstes Aufatmen und Zusichkommen; das Leben lag vor einem, es war lebenswert.

Die Inflation kam, sie machte die Monatsrente des Verlegers illusorisch. Zu der äußeren Not kam die innere: Gramattés erste Ehe ging nach kurzer Zeit auseinander. Soweit zunächst der äußere Kalender. Wie stand es um ihn selber?

Er begann als völliger Autodidakt, hatte das Malen weder in Akademien noch in Meisterateliers gelernt. Und wenn er auch immer nur umsetzen und darstellen wollte, was in ihm vorging, was er fühlte, so war der Weg zu sich selber doch ein langer Weg. Sein Beginn fällt in die Zeit des

Expressionismus. Selbstverständlich blieb er davon nicht unbeeinflußt, obwohl er den expressionistischen Stil niemals als eine Veräußerlichung, sondern als eine Verinnerlichung der Ausdruckskraft anwandte. Er bewegte sich in der Richtung, die der Malerkreis der „Brücke" vertrat und war auch mit Erich Heckel und Karl Schmidt-Rottluff gut bekannt. Mit ihnen war er auch später in einer Wanderausstellung „Acht Maler" vertreten, die 1930/31 durch einige deutsche Städte ging. Das Seelische als Ausdruck des Menschen, oder besser: als Ausdruck des eigenen Ich, wollte Gramatté durchaus – aber nicht die Plakatierung des Menschen schlechthin, wohin sich der Expressionismus, besonders in den Nachläufern, bald entwickelte.

Aber es ist ja nun einmal so: weil sein Schaffen in die expressionistische Epoche fiel, so gehörte er in den Augen jener Kritiker, die immer gleich einzuordnen und zu etikettieren wissen, selbstverständlich auch zum Expressionismus. Heute, beim Überblick des Gesamtwerks, und in der Distanz zu seinen Arbeiten, läßt sich natürlich leichter erkennen, daß er wohl in seiner Frühzeit – aber nur dort – einen gewissen Tribut an den expressionistischen Stil entrichtet hat, daß aber sein Eigentliches, thematisch wie formal, davon unberührt bleibt und ganz anderswo liegt. Aufschrei und Ekstase waren ihm das gleiche Mittel, sich intensiv auszudrükken, wie später die klare, einfache Linie. Auf die Intensität kommt es an. „Würden doch", so schrieb er mir einmal, „die Leute endlich begreifen, daß es nicht um den Expressionismus oder irgendeinen ‚..ismus' in der Kunst geht, sondern nur um den eigenen, persönlichen Stil."

Um darauf nun zu sprechen zu kommen, müssen wir uns wieder daran erinnern, daß das entscheidende und zunächst fast unbegreifliche Erlebnis des Siebzehnjährigen der Krieg war. Nicht das äußere Ereignis allein. Es gibt so gut wie gar keine Kriegsbilder in der Art, wie es vor einigen Jahren in der Literatur Kriegserlebnisbücher gab. Ein frühes Blatt von 1917 enthält zwar eine Reminiszenz, eine Symbolisierung seiner Eindrücke als Krankenträger im Felde: ein gleichsam unendlicher Zug von Krankenbahren, die in ein fernes dunkles Tor getragen werden, in das Tor des Nichts. Ein Ölbild gleichen Themas wurde später übermalt. Er hat übrigens viele Bilder der ersten Jahre übermalt: nicht immer deshalb, weil er sie für schlecht hielt, oft auch, weil er im Augenblick nicht das Geld besaß, sich neue Leinwand zu kaufen. „Ich male schließlich nur für mich", meinte er, „und ich weiß ja, wie das Bild war."

Nicht das äußere Ereignis des Krieges also, sondern die Umsetzung des inneren Erlebens ist es, die sich auswirkt. In welcher Weise? Was bedeutet die Tatsache des Krieges für das menschliche und künstlerische Erwachen seines Ich? Es bedeutet, daß am Anfang seines Lebens nicht das Staunen vor der Welt steht, nicht eine naive Gläubigkeit an die Dinge, sondern am Anfang seines Lebens steht das Entsetzen, das Grauen, die Angst. Diese Feststellung ist von Wichtigkeit. Sie erschließt oder erklärt dem, der zum erstenmal eine Sammlung Gramattéscher Arbeiten sieht, warum die Menschen oder die Gesichter auf diesen Bildern und auf diesen graphischen Blättern einen so verzweifelten und oft hilflosen Ausdruck haben. Das sind Gesichter und Menschen der einen Gruppe; es gibt später auch andere, die nicht mehr fragen: sie sind wie verzaubert, wie erlöst.

Die Angst als Grunderlebnis, als Inbegriff des Lebens: das ist die Voraussetzung seiner Welt und seiner Anschauung der Welt. Damit ist nicht die sogenannte Angstneurose gemeint. Auch nicht die private Angst des einzelnen. Wohl bilden sein Leid und seine persönliche Leiderfahrung den Ausgangspunkt des Schaffens; aber dadurch, daß er es gestaltet, stellt er es aus sich heraus, verabsolutiert er es zum Leid an sich. Es ist genetisch derselbe Vorgang, wie er sich als Umsetzung in die Musik bei Bach darstellt.

Wenn also von der Angst als Voraussetzung und weltanschaulichem Inhalt der Gramattéschen Kunst gesprochen wird, so ist es ähnlich dem Angstbegriff, wie er in unsren Tagen denkerisch und dichterisch seinen bedeutendsten Ausdruck in den nachgelassenen Werken von Franz Kafka gefunden hat. Natürlich hat Gramatté nichts davon gekannt. Aber es ist symptomatisch, daß unabhängig voneinander und fast gleichzeitig Gramatté aus derselben Erlebnisschicht als Maler und Graphiker schöpft, wie Kafka in der Literatur. Es ist die Erlebnisschicht des isolierten, vereinsamten Ich, das an nichts glauben kann, dieses sogar weiß, und durch dieses Wissen um so einsamer wird. Das Ich sieht sich dem Nichts ausgesetzt und bleibt trotzdem ethisch und religiös gebunden. Betrachten wir die zwölf Lithos zu Gogols Novelle „Der Mantel“ in der Ausgabe des Kiepenheuer Verlages von 1919 oder die Reihe der Radierungen zu Georg Büchners „Lenz“ und „Wozzeck“ von 1924/25, so sehen wir uns immer dem Passionsweg der menschlichen Seele gegenüber. Das Erlebnis der Angst drückt sich aus in dem Aufgeschrecktsein der Augen, dem Aufgeschrecktsein der Hände. Augen und Hände sind ja die stärksten Zentren seelischer Ausdruckskraft. Unvergleichlich – das heißt nur den größten Schöpfungen vergleichbar – ist die Ausdruckskraft von Augen und Händen auf vielen Bildern und graphischen Blättern Gramattés. Das Angsterlebnis ist nun zugleich das Unaufhörliche des eigenen Ich-Erlebnisses. Spricht man überhaupt von ihm als Expressionisten, so ist er es nur insoweit, als er Subjektivist ist.

Es ist immer wieder, zeit seines Lebens, das eigene Ich, das er darstellt. Daher die vielen Selbstporträts. Sie zeigen, weit über das Formale und Technische hinaus, die außerordentliche Entwicklung seines Inneren. Die Entwicklung einer Seele, die vom Chaos zum Kosmos, die vom zerrissenen zum geläuterten Selbst führt. Wir können das im ganzen wie im einzelnen ablesen: sehr klar in der Reihe der Radierungen zu der Lenz-Novelle von Büchner. Sie sind alles andere als Illustrationen im landläufigen Sinn. Jedes Blatt ist eine selbständige Schöpfung; Gramatté illustriert nicht die äußeren Situationen, sondern gibt in seiner Sprache, der des Graphikers, den seelischen Kampf und das seelische Ringen dieses Lenz so wieder, wie es der Dichter mit Worten unternahm. In einer Briefstelle, die auch die Bescheidenheit seines Wesens erkennen läßt, heißt es in diesem Zusammenhange: „Daß dieser Kampf des Lenz auch zu einem kleinen Teil wenigstens in mir tobte, und daß ich ein Stück meines eigenen Ich darin sah und zu geben hoffte, kannst du dir denken.“ Von den zwölf Radierungen geben zehn Lenzens Kopf in den verschiedenen Stadien, das Anfangs- und Schlußblatt die Landschaft der Natur. Was in den einzelnen Köpfen zum Ausdruck gelangt, ist die Problematik des Elementaren. Plötzlich steht das Ich nicht mehr isoliert in der Welt da, sondern ist ebenso Teil der Natur, wie die Natur ein Teil des Ich ist. Die graphische Kontur ist nicht Trennungslinie zwischen zwei Flächen, sondern Beziehungslinie zwischen zwei Räumen. Sie scheint zuweilen gänzlich aufgelöst, um im Schwung der Landschaft wiederzukehren. Das gilt auch für den Zyklus der zwölf Radierungen zu Büchners „Wozzeck". Auch sie bedeuten eine selbständige, wenn Sie wollen kongeniale Schöpfung; sie sind, auf ihre Art, das gleiche, was musikalisch Alban Berg mit seiner Wozzeck-Oper beabsichtigt. (Die richtigere Schreibweise Woyzeck war damals noch nicht bekannt.)

Überall ist das Selbst im Bildnis versteckt. Sie wissen, meine Damen und Herren, daß jeder Mensch nicht nur ein einziges Gesicht hat. Schon im täglichen Leben kann man beobachten, wie häufig bei ein und demselben Menschen der Gesichtsausdruck wechselt; sich verändert. Um wieviel mehr bei einem seelisch differenzierten Menschen unserer Zeit; um wieviel mehr bei Gramatté, dem das Antlitz nicht ein konventioneller Ausdruck bedeutet, sondern der wirkliche, unbestechliche Spiegel der Seele ist, der Spiegel des inneren Menschen. So ist es also keine armselige Wiederholung, wenn er immer wieder zum Selbstbildnis kommt. Es ist vielmehr ein Zeichen für den inneren Reichtum seines Ich, das der Umwelt nicht bedarf, sich zu entzünden, sondern das alle Spannungsmomente in sich trägt.

Immer wieder also variiert, bekennt, entwickelt er den Ausdruck des eigenen Wesens, so zum Beispiel auch in dem Kopf des Till Ulenspiegel. Den Ulenspiegel Charles de Costers zu illustrieren – mindestens sechzig Blätter, und zwar nur Darstellungen von Köpfen waren geplant – sollte sein Lebenswerk werden, auf das er sich jahrelang vorbereitet und gefreut hat; aber der Tod war rascher. Er schreibt in einem Brief: „Ich nehme mir meinen geliebten Thyl Uilenspiegel zum Vorbild: ‚ich bin Uilenspiegel, der Sohn des Klaas, bin Bauer und Edelmann, beides zugleich und ziehe munter, preisend das Gute und Schöne, der Dummheit spottend mit vollem Munde –' (wie es bei de Coster heißt . .). Mir ist der wahrhaftige Till in die Seele gefahren. Ist er ein schlechter Kamerad? Ich glaube nicht." Auch in der schönen Graphik „Der Lauschende" ist es natürlich sein Gesicht, sein Aufgeschrecktsein in die Welt. Zu einer anderen Porträtradierung bekennt er: „Leider kannst du das gar nicht verstehen, was ich für ein Gefühl beim Arbeiten habe. Es ist eine große Qual im Anfang. Hat man aber gefunden, woran es liegt, daß eine Linie so unerhörten Ausdruck hat, dann geht es von der Hand aus ins Herz und überträgt sich auf den ganzen Körper. Es ist ein großes Wiegen dann in mir. Wie leises Tanzen ist das, oder wie wenn man große Formen mit Schlittschuhen auf dem Eise zöge . . ."

Neben die vielen Selbstbildnisse tritt nun bald, ebenfalls immer auf neue Weise wiederkehrend, in den Ölbildern, den Aquarellen, in der Graphik ein zweiter Kopf; sein zweites Ich; der Kopf von Gramattés zweiter Frau, der Komponistin Sonia Fridman. Bezeichnend dafür die 1925 im Euphorion-Verlag, Berlin, erschienenen neun Radierungen mit dem Titel „Das Gesicht".

Hier darf ich wieder die Lebenslinie aufnehmen, die Daten der Zeit. Wir verließen sein äußeres Leben in den Tagen der Inflation, die seinen wirtschaftlichen Aufbau vernichtete, und nach der Trennung von seiner ersten Frau. Wir sind dem inneren Dasein, den seelischen Bedingtheiten seines Schaffens dann etwas vorangeeilt und kehren für einen Augenblick zu den persönlichen Umständen zurück.

Aus der Vielfalt der Selbstbildnisse werden auch jene, die Gramatté persönlich nicht kannten, eine ungefähre Vorstellung seiner äußeren Erscheinung haben. Er ist der Typ des schmalen, ein wenig aufgeschossenen Menschen, etwa einen halben Kopf größer als ich. Die Backenknochen treten im Lauf der Jahre stärker hervor: eine Folge jahrelanger Unterernährung und auch das Zeichen jener unaufhaltsamen Krankheit, an der er so früh sterben sollte, der Tuberkulose. Er war ein schwerblütiger, langsamer Mensch. Schwerblütig – aber gar nicht schwermütig im Umgangsleben. Im Gegenteil, er hatte das, was man einen gesunden Mutterwitz nennt, einen unerhörten Sinn für die Komik des Alltagslebens und der Alltagsmenschen. Er konnte manchmal ganz unbelastet von seinen inneren Gesichten sein, von Herzen lachen, vergnügt sein, er hatte durchaus eine innere Beziehung zum Schalkhaften, zum Humor. Es war, als ob das Tag-Leben eine Entspannung des Traum-Lebens brauchte. Ein vollkommen natürlicher Mensch, offen, ohne Maske, ohne Pose. Das bedeutet: er war innerlich sicher, er war jemand, er ließ sich nicht täuschen, er konnte sich ganz ruhig auf sich selber verlassen. Wenn er auch hundert- und aber hundertmal an sich selber zweifelte, und mit dem, was er schuf, unzufrieden war, sich zerquälte.

War es notwendig, daß zu der inneren Not, die ihn für sich immer wachhielt, auch die äußere trat? Von der ständigen Geldnot sprach ich. Hinzu kam die Wohnungsnot. Ich sagte schon, daß seine zweite Frau ebenfalls ein selbständig künstlerisch schaffender Mensch war. Sie hat große Konzerte in Berlin, Hamburg, auch in Amerika unter Stokowski und in Spanien gegeben, in denen sie ihre eigenen Kompositionen, Violin- und Klavierkonzerte, gespielt hat. In ihr steckt etwas Elementares, und Gramatté, der Musik seit je sehr geöffnet, tat alles, aber auch alles, um dieser Frau die Verwirklichung ihrer künstlerischen Möglichkeiten zu verschaffen.

Das hört sich einfach an, aber es war im praktischen Leben gar nicht einfach. Welche Schwierigkeiten entstanden allein schon daraus, daß sie in einer Atelier-, einer Mietswohnung ihre zehn und mehr Stunden täglich am Instrument üben mußte. Natürlich wurden die Hausbewohner rebellisch. Und mehr als einmal führten diese Dinge zu recht unerquicklichen Auseinandersetzungen, bis zu Prozessen mit anderen Mietsparteien. Und das fraß ebensoviel Nervenkraft wie Zeit. Ein eigenes, abseits gelegenes Haus wäre das Ideal. Ja, mehr: es war eigentlich eine Notwendigkeit, wenn jeder der beiden zu seiner wirklichen Arbeit kommen wollte. Immer von neuem hat Gramatté darauf in irgendeiner Form gehofft. Die Hoffnung hat sich nicht verwirklicht. Im Gegenteil.

Aus den alten Atelierräumen zogen sie fort, vorübergehend, wie sie meinten. Eine Zeitlang wohnten sie in Hermsdorf, in der Nähe von Berlin, in dem großen Atelier von Max Beckmann. Im Sommer ging es. Aber der Raum mit riesengroßen Fensterflächen war im Winter nicht so weit zu erwärmen, um darin arbeiten zu können. Als sie in ihre frühere Atelierwohnung zurückwollten, die inzwischen der Maler Anton Kerschbaumer von ihnen gemietet hatte, fand dieser keine andere Unterkunft und brauchte nach den damaligen Bestimmungen der Wohnungsämter nicht auszuziehen. Gramatté saß auf der Straße. Das ging wochenlang, monatelang. Er wohnte hier bei Bekannten, dort bei Freunden, längere Zeit auch in Hamburg, wo sein Schaffen in Kreisen der Kunstfreunde Beachtung und Anerkennung gefunden hatte. Auf den Straßen herumlaufen, nach irgendeiner Bleibe ausspähen, ist der Inhalt dieser Zeiten. Wie da arbeiten?

Gramatté hat unter dieser Wohnungsnot mehr leiden müssen als viele andere. Schließlich sah er ein, daß es so nicht weiterginge und daß ihm und seiner Frau Sonia nichts anderes blieb, als aus Deutschland fortzugehen, wenn nicht die Kunst beider, und das Menschenleben beider, völlig zugrunde gehen sollten. Wie schwer es ihm geworden ist, dafür darf ich eine Briefstelle anführen: „Wir denken ernstlich daran auszuwandern, nach Spanien. So geht es nicht mehr. Ich verlasse mein Vaterland nicht aus Feigheit, aber dieses Vaterland hat doch nicht die Möglichkeit, zweien Menschen ein Heim zu geben, wo sie ihrer Arbeit leben könnten. Nur schwer gehen wir, sehr schwer, und wenn ich an unsere Freunde denke, dann ist es sehr bitter. Und doch hätt' ich den Mut, da ich Sonias Liebe zur Seite habe, und die Kraft, weil Sonia mich mit unendlichem Vertrauen umhüllt. Vielleicht werden wir dort glücklich sein. Ich bin so verdorrt, so vertrocknet hier schon, ich muß einmal fort, weit, muß das Meer haben, die Natur durch mein Herz gehen lassen, damit einmal frische Luft hineinkommt. Oh, ich glaube: man kann auch im Glück schaffen. Es muß nicht nur Qual sein, und Angst, und Not, nein, ich fühle es genau, ein reicherer Mensch wird reicher schaffen." Ein erschütterndes, nachdenkenswertes Wort. Er ging also nach Spanien – und diese Jahre in Barcelona sind wohl die glücklichsten seines Lebens gewesen, auch wenn es ihm niemals um das Glück, sondern um den Sinn seines Lebens ging. Allerdings hatten die körperlichen Leiden und Schmerzen sich schon so festgesetzt, daß er auch hier zu monatelangem Pausieren gezwungen war. Schwere Magenstörungen, rheumatische Schmerzen – zu dieser Zeit war er schon völlig krumm, sein Rückgrat ganz zusammengebogen, so daß er sich nicht mehr bücken und kaum noch flach liegen konnte. Es ist ein Leidensweg, den er gegangen ist, ein Passionsweg, auch in dieser Beziehung. Aber er ertrug alles, im tiefsten Grund ohne Verbitterung, ohne Ressentiment, und trotz allem Fatalismus immer wieder gläubig, hoffend.

Er ist ja einer jener Menschen, die dem ungeschriebenen und geheimnisvollen Gesetz des Künstlers unterstehen, das mächtiger ist als aller Verstand – weil Verstand immer nur Bestätigung und Wiederholung will, Kunst aber immer das Einmalige. Das Einmalige, das Endgültige, die Rechtfertigung des Absoluten im Menschengeschlecht. Er wußte, daß dies sein Los war, und dieses Wissen gab ihm, wie ich glaube, in all diesen Jahren die Kraft und die Möglichkeit zu leben, und aus seinem Leben zu schaffen.

Der Süden – Italien hatte er schon durch eine andere Reise kennengelernt – der Süden, Spanien, brachte ihm, wonach er immer strebte: die Aufhellung der dunklen, trüben oder mondblassen Farben. Es gelingt noch nicht in den Ölbildern, wohl aber in den Aquarellen. Das Aufgeschreckte – ein, wie ich betonte, für Gramatté grundlegender Zug – wird jetzt ein

Abb. 20 „Die Genesende"
(Sonia Gramatté).
Öl auf Leinwand, auf Goldgrund, 1921
(B 79)

Aufgeschrecktsein ins Helle, ins Positive: in den Landschaften und auch in den Köpfen der Aquarelle. Die Intensität der Farbe wird zur Atmosphäre. Wir spüren das deutlich bei den italienischen und spanischen Aquarellen, während in den Pariser Bildern eine Lockerung der Form und das Unmittelbare der nebeneinandergesetzten Farben auffällt. Das Atmosphärische ist es, das die Gegenstände beseelt. Auch in den Radierungen – und das ist eine erstaunliche Erscheinung – ist die Luft, das Licht als beschwingte Verbindung zwischen festem Körper und offenem Raum das Entscheidende. In diesen späteren Arbeiten ist das ursprüngliche Erlebnis der Angst überwunden und zum geläuterten, zum religiösen Erlebnis des Seins geworden (Abb. 20).

Dazwischen liegt, wie es vor allem in vielen Ölbildern sichtbar wird, die Flucht aus der Angst, die Flucht in den Traum. Traumschemen, die Blumen der Nacht, das Blau und das Gold. Gramatté hat übrigens eine Zeitlang die Leinwand mit Gold grundiert und darauf gemalt, in der mittleren Zeit seines Schaffens etwa, um das Leuchtende, das Transparente, das Magische, das Licht, das sozusagen von innen her aus Menschen und Gegenständen strömt, einzufangen. In den Ölbildern der spanischen Stadtlandschaften ist noch die Flucht in den Traum sichtbar, der Weg in die Verzauberung, das gläsern Durchsichtige im Farbaufbau.

Niemals aber, und das ist noch festzuhalten, fällt Gramatté – im Gegensatz etwa zu Böcklin – in naheliegende Allegorie, in Symbolismus, in Illustratives. Im Gegenteil: die Beseelung der Details fügt sich weltbezüglich einem Ganzen ein. So betrachtet ist Gramatté nicht Romantiker um jeden Preis, wie er auch nicht Expressionist um jeden Preis war. Es gilt wohl die gleiche Einschränkung, die ich schon erwähnte: auch Romantiker ist er nur insoweit, als er eben Subjektivist ist. Mit dem Augenblick, da sich das Subjektive verallgemeinernd entfaltet, entsteht auch die Natur auf diese Weise neu. So auch in dem Zyklus der spanischen Landschaften, zehn Radierungen von 1926/27 unter dem Titel „España", bei denen gerade durch den Verzicht auf naheliegende Mannigfaltigkeit das Symptomatische einer Welt entsteht. Hier wird die Qualität durch Welt-Anschauung erzielt. Welt-Anschauung aber setzt sich im Künstlerischen um als Stil. Das gilt bei van Gogh so wie bei Gramatté.

Der Kreis seines Lebens, der Kreis seiner Kunst schließt sich. Zweieinhalb Jahre vor dem Ende seines Lebens treibt ihn die Sehnsucht nach der Heimat, nach seinen Freunden, nach Berlin wieder zurück. Er findet auch eine Wohnung, die Raum genug gibt für sein und seiner Frau Schaffen – zwar keine ideale Lösung, es führt wieder wegen der Musik zu manchen überflüssigen Unzuträglichkeiten, aber es läßt sich an.

In Spanien war es gelungen, eine große Gesamtausstellung zu veranstalten, die ein glänzender Erfolg in der spanischen Presse war. In Deutschland hat sich eigentlich in seinen letzten Lebensjahren keine öffentliche Stelle um ihn gekümmert. Oft hat er mir erklärt: „Solange man lebt, kräht kein Hahn nach einem. Ich werde eine Gesamtausstellung wohl nicht mehr erleben. Aber paß auf, nach meinem Tode, da wird man Ausstellungen machen. Das ist immer so in Deutschland: man muß erst gestorben sein." Er hat das ohne Vorwurf gemeint, nur als Feststellung. Ich sage auch nicht, daß es allgemein gilt, obwohl es beredte Beispiele dafür auf allen Gebieten der Kunst gibt! Ich sage nur, daß er für seine Person mit dieser Meinung recht behalten hat. Denn die Gedächtnisausstellung, die einige Jahre nach seinem Tode in Hamburg eröffnet wurde, geht nun mit ihren wesentlichen Stücken über Kiel, und hier in Bielefeld, weiter in mehr als ein Dutzend andrer Städte Deutschlands. Schmerzlich, daß Gramatté es nicht mehr erlebt hat. Nicht daß es ihn vor sich selber bestätigt hätte, aber es hätte ihn von Herzen gefreut.

Als ich ihn im Januar 1929 zu seinem zweiunddreißigsten Geburtstag in Hamburg besuchte, im Zimmer des Krankenhauses, wo er vier Wochen später gestorben ist, da war der Ausdruck seines Gesichts ganz ähnlich dem geworden, den wir aus vielen Bildern und graphischen Blättern kennen. Die ganze Erschütterung, die seelische und atmosphärische Spannung der Radierungen des Lenz-Kopfes, des Ulenspiegel und so vieler anderer, das alles war nun am Ende seines Lebens sein eigenes verklärtes, reines Gesicht geworden. Wie sehr er auch litt, er wußte nicht, daß es keine Rettung mehr gab. Voller Pläne für die Zukunft, glaubte er an einem neuen großen Beginn seiner Arbeit zu stehen.

Darf ich noch einmal in Ihr Gedächtnis zurückrufen, was ich eingangs von den in seinen Bildern immer wiederkehrenden Farben sagte: Das Rot des Blutes, des Herzens, und das Blau des Traumes. Herz und Traum – in jeder Schwingung, in jeder Nähe: es war sein Leben. Herz und Traum: das war seine Sehnsucht, seine Erfüllung, der Flügelschlag und der Inhalt seines Lebens, und in diesen beiden einfachen Worten bewahren wir sein Vermächtnis.

Es gibt ein altes griechisches Dichterwort, ich muß daran denken, wenn ich an Gramatté denke: es stammt aus der achten Pythischen Ode von Pindar und heißt in Hölderlins Übertragung:

Was aber ist einer? was ist einer nicht?
Der Schatten Traum sind Menschen.

Was einer ist und nicht ist –wir sehen es hier in allen Bildnissen, in allen Stadien der sichtbar gewordenen Seele, von der Verscheuchtheit, dem Inferno, bis zur Beglückung, bis zur Ruhe in sich selbst. Ein Frühvollendeter. „Der Schatten Traum sind Menschen“: das ist seine Welt. Und von dieser Welt mögen nach meinen Worten nun in ihrer Sprache Walter Gramattés Bilder unmittelbar zu uns sprechen!

Abb. 21 Selbstportrait. Tinte, 1920
(Z 104)

„Wann schafft man auch Bleibendes?“

Eine literarische Annäherung an Walter Gramatté und seine Kunst

„‚[...] erst jetzt komme ich den Dingen auf die Spur, jetzt, wo es zu spät ist.‘ ‚Zu spät?‘ wiederholte Robert. ‚Das sagst du mit deinen noch nicht fünfunddreißig Jahren!‘“[1] Tatsächlich war es Walter Gramatté nicht vergönnt, wenigstens fünfunddreißig Jahre unter den Lebenden zu weilen. Verständlich, daß er in dieser kurzen Lebenszeit nicht die Berühmtheit erlangen konnte, die ihm einen Biografen möglich gemacht hätte. Und doch gibt es ihn, seinen Biografen, wenn auch nicht im eigentlichen Sinne. Anders als minutiös genau zeichnete Hermann Kasack in dem großartigen Romanwerk „Die Stadt hinter dem Strom“ mehr als ein Jahrzehnt nach dem Tode des gerade noch zweiunddreißig Jahre alt Gewordenen dessen Lebenslinien nach. Kasack ging es nicht um die Stationen im Leben des Künstlers, mit dem er über ein Jahrzehnt eng befreundet gewesen war, sondern um den Eindruck, den er vom Wesen seines Freundes gewonnen hatte, so beispielsweise um seine Augen, die traurig wirkten „und wie von einer großen Angst aufgeschreckt, ein Ausdruck, der, wie Robert sich entsann, auch früher den Freund übermannt hatte.“[2]

Dabei spielt es keine Rolle, wenn Walter Gramatté im Roman Hermann Kasacks lediglich verschlüsselt als Freund des Chronisten Robert aus dessen Studienzeit und als dieser scheinbar nur beiläufig mit Namen Katell auftritt. Für das Schicksal der in der Stadt hinter dem Strom Existierenden ist er zudem nur einer der zahllosen Namenlosen. Walter Katell, alias Walter Gramatté, verkörpert weder einen Helden wie den Icherzähler in Alfred Kubins phantastischem Roman „Die andere Seite“ noch einen Anti-Helden wie den Landvermesser in Franz Kafkas Roman „Das Schloß“.

Vielmehr ist er einer von allen, die am Ende der allgemeinen Gnadenlosigkeit unterworfen sind, denn auch sein Leben stürzt, ähnlich wie in Friedrich Hölderlins Gedicht „Hyperions Schicksalslied“, „[...] blindlings von einer / Stunde zur andern, / Wie Wasser von Klippe / Zu Klippe geworfen, / Jahr lang ins Ungewisse hinab.“[3]

Aber wir erfahren gerade in diesem von Hermann Kasack subjektiv beschriebenen großen Schicksalszusammenhang vielleicht mehr über Walter Gramatté als aus einer nüchternen Biografie. In dem Augenblick, wo sich die Studienfreunde trafen, so lesen wir, fiel Robert auf, daß Katell „noch wie früher die dunkle Haarmähne, die er immer wieder mit einem kräftigen Ruck des Kopfes zurückzuwerfen wußte“, trug.[4] „In der Tat“, lesen wir weiter, „wirkte Katells Gesicht noch so schmal und zart, strahlten seine grauen Augen in diesem Augenblick noch so gläubig und begeisterungsfähig aus einer verhaltenen Tiefe auf, wie es Robert aus jener Zeit vertraut war, als er mit ihm ein geraumes Jahr kameradschaftlich Seite an Seite gelebt hatte. Nur um die Mundpartie fiel ein schmerzlicher Zug auf, der ihm früher nicht zu eigen gewesen war. Katell kleidete sich, wie Robert feststellte, noch immer mit der lässigen Eleganz eines Weltmannes, obwohl er stets in Geldverlegenheiten gesteckt hatte. Wenn ihm Robert damals den Luxus vorgeworfen hatte, den er mit seinen Anzügen trieb, war seine Rede gewesen: Man solle ihm seine wirtschaftliche Verzweiflung niemals ansehen, er pumpe lieber oder hungere dazu. Häufig hatte er mit der Gönnermiene eines spanischen Granden sein letztes Geld für ein fürstliches Trinkgeld verwendet und nicht einmal den Betrag für ein Fahrzeug zum Nachhauseweg besessen. Wochenlang hatte er dann in seinem Atelier von dünner Suppe und trockenem Brot gelebt. Vielleicht war es auch dieser Aufwand der Vornehmheit des Äußeren, der die innere Not vor anderen Augen verdeckte und der in den kindlichen Zügen des Gesichts das unerfüllt Erwartungsvolle unterstrich."[5] Die Dokumentation wird viele dieser von Hermann Kasack gesetzten Mosaiksteine in Wort und Bild belegen. Dies gilt auch für das körperliche Gebrechen Walter Gramattés, das, entgegen einer nun schon zur Tradition gewordenen Legende, nicht von einem erworbenen Kriegsleiden herrührte, sondern, mehr oder minder angeboren, durch den Kriegsdienst noch verstärkt wurde: „‚Und was macht dein Arm?‘" fragte der Chronist Robert. „‚Er wurde immer kraftloser‘", erwiderte der Maler Katell, „‚so daß ich allmählich nicht mehr den Pinsel zu halten vermochte. Ich habe mich inzwischen daran gewöhnt, linkshändig zu arbeiten. Schließlich malt nicht die Hand, sondern der Kopf das Bild.‘"[6] 1922/1923 hatte Walter Gramatté ein Portrait in Öl gemalt, das ihn, die Rechte in seinem Hemd verbergend, zeigt (Abb. 22).

Eigentlich hätte Hermann Kasack die Seele bemühen sollen und nicht das Gehirn, denn, und das beweisen nicht nur Walter Gramattés Werke, sondern auch seine Briefe stets aufs Neue: Er war eher gefühlsbetont als rationalistisch. Von Almuth Gieseler, einer der letzten noch lebenden Bekannten des Künstlers, wissen wir, daß er mitunter froh und sogar ausgelassen sein konnte. Wenn das Leiden sein kurzes Leben meist beherrschte und seine Gefühlswelt mit Melancholie und Depressionen färbte, dann leuchteten doch zugleich die Hoffnungsschimmer zwischen den Linien, Farbflächen und Worten hindurch. Dann gelang es Walter Gramatté erneut, „Kunst zu zaubern", wie er es selbst einmal auf für ihn typische Art und Weise ausdrückte.[7] Für Walter Gramatté war Kunst Können *und* Künden. Kunst bestand für ihn in der Fähigkeit, mit künstlerischer Fertigkeit eine Botschaft mitzuteilen. In dieser Hinsicht blieb er ein konservativer Künstler, verschloß er sich allen Tendenzen und Moden, suchte er nach Reinheit und Wahrheit – ein jugendlicher Traum, zugegeben, aber ein sympathischer Weg, der einem das Rückgrat aufrecht läßt, zumal er den raschen Erfolg um des Erfolges willen unwahrscheinlich macht. „Es kommt immer darauf an", schrieb Walter Gramatté, „*wie* man etwas sagt und ob man überhaupt etwas zu sagen hat."[8] Darin erblickte er die Erfüllung wahren Künstlertums.

Abb. 22 „Mann am Meer“
(Selbstportrait).
Öl auf Leinwand, 1922/1923 (B 102)

„Nein: meine Sendung ist nicht Trost, mein Dasein ist Schmerz, denen, die daran rühren. Ich bin Aufbruch, aber keine Vollendung; ich wecke auf und ich schlummere ein, aber ich habe nie einen Traum zu Ende bringen dürfen – immer will man mich am einzelnen aufhalten, und manchmal gar am technischen – und ich kann, ach, nur das ewige Leuchten einer Gestalt sein, deren Bewußtsein etwas bedeuten kann: diese nimmt es als Kraft, diese als Schönheit oder als Freude; denn immer nur ein Teil liegt offen vor mir [...].“[9] Kraft, Schönheit und Freude – das waren dann von den Nazis auf das Übelste mißbrauchte Ausdrucksmöglichkeiten von Kunst. Wieder war es Hermann Kasack, der kongeniale Freund Walter Gramattés, der das Wesen des Künstlerischen formuliert hatte. Das geschah im Jahre 1920, noch ziemlich am Anfang der Freundschaft zwischen dem Schriftsteller und dem Maler und Grafiker. Für die bescheidene fünfzig Exemplare umfassende Vorzugsausgabe von Hermann Kasacks „Die tragische Sendung“ fertigte Walter Gramatté zehn Holzschnitte. Ein wirtschaftlicher Erfolg war die Edition freilich nicht. Aber sie bietet uns heute Einblick in das Kunstverständnis einer Zeit, in der sich der Expressionismus schon überholt hatte und in der die Kunstschaffenden nach neuen Inhalten und Ausdrucksformen suchten. Wie schon so oft, so stand auch nach der kulturellen Katastrophe, die der Erste Weltkrieg mit sich gebracht hatte, der Künstler vor einem Neuanfang. „Er muß sich seine Welt erst schöpfen. Diese Schöpfung [...] ist Schaffung der Landschaft aus seiner innerlich bedingten Situation heraus. [...] In dem Maße, in dem er die Stumpfheit seiner Umgebung zu zerschneiden vermag, ist er erlösend.“[10] Der Schnitt sollte nicht, wie bei den Abstrakten, durch das Auge des Betrachters gehen, sondern durch die Seele des Künstlers. Reinheit war geboten und Erlösung das Ziel.

Wo nach Erlösung gestrebt wird, ist Religion nicht fern. Wo Religion säkularisiert wird, entsteht Ideologie. Walter Gramatté lebte und schuf zwischen diesen Begriffen. „Wir arbeiten für eine kommende Generation“, notierte er hoffnungsfroh.[11] Dahinter verbarg sich für ihn das Hinarbeiten auf den Sprung in die Genialität eines Einzelnen. Mit gesellschaftspolitischen Theorien hat das nichts zu tun. Vielmehr ist es ein ziemlich letzter Rest des Fortschrittsglaubens: Wenn man schon nicht dieses ersehnte Genie ist, so will man doch ein Stück seines Weges sein. Ein Rückgriff auf Friedrich Nietzsches Zarathustra liegt nahe. Allein, es fehlt jeglicher Hinweis, daß Walter Gramatté Nietzsche gelesen hat. Auch ist es mehr das Streben nach Überwindung der Einsamkeit als die Suche nach ihr, denn wer als Suchender die Einsamkeit hinter sich lassen konnte, ist ein Stück Allgemeingut geworden. Walter Gramatté nennt uns ein Beispiel, eines von nur wenigen, die er gelegentlich anführte: die magisch-expressive Malerei Mathis Gotharts alias Grünewald. „Ich erinnere mich meines furchtbaren Erlebnisses vor dem Isenheimer Altar“, teilt uns Walter Gramatté mit. „Ich brach derart zusammen vor dieser aller, aller, allerletzten Kunst, daß ich fast ein Jahr keinen Strich mehr tun konnte, weil ich mir lächerlich vorkam. Dann aber wurden aus den Grübeleien Überlegungen. Ich dachte an die Zeit, in der Grünewald lebte, dachte an die Zeit vor Grünewald und mußte erkennen, daß sehr viele Generationen erforderlich sind, um einen solchen Menschen hervorzubringen. Wir haben nicht das

Glück, schon zu einer letzten Generation zu gehören. Wir müssen heute bescheiden unsere Steinchen zu dem bißchen Vorhandenen legen und uns dessen ganz bewußt sein."[12] Wenn es auch nicht viele „letzte Generationen" in dieser Welt gibt, so sind es doch einige. Walter Gramatté hat sich nie angemaßt, dazuzugehören. Für ihn war seine Zeit noch nicht gekommen. Neben der Tragödie seiner menschlichen Existenz bestand darin seine künstlerische Tragik. „Die Erfüllung des Einzelnen, der eben durch seine Unabhängigkeit überhaupt erst hervortritt", lesen wir dazu beim jungen Kasack, „ist immer tragisch."[13] Im doppelten Sinne war Walter Gramatté ein Gezeichneter. Er mußte suchen, auch wenn er wußte, daß er nicht finden würde.

„[...] ‚was hat es für einen Sinn'", sprach der Maler Katell zum Chronisten Robert, „‚Bilder zu malen ohne kultische Aufgabe? Nur, damit vielleicht spätere Generationen in meinen Gefühlen spazierengehen?'"[14] Walter Gramattés Gefühlswelt war vom Leiden überlagert, und dieses Leiden bestand aus dem Leid an sich selbst und dem Leid an der Welt. Das mitzuteilen, war Kern seiner Botschaft. In einem seiner Hauptwerke, dem Walter Gramatté den Titel „Der träumende Knabe" gab, hatte er das zum bildhaften Ausdruck gebracht, was ihm Hermann Kasack mit „kultischer Aufgabe" in den Mund legen wollte. „Ich glaube", schrieb Walter Gramatté vierundzwanzigjährig im September 1921, „dieses Bild ist eine meiner allerstärksten Arbeiten geworden. Wenigstens scheint es mir, als hätte dieser Knabe inmitten seines Waldes etwas von dem, was mir als das Wesentliche scheint. Er hat etwas von der Erkenntnis des Schmerzes der Menschheit, leidet und weiß zugleich, daß nichts umsonst ist. Und diese Erkenntnis führt fort von dem heißen Kampf, dem sich Aufbäumen, dem Gelähmtsein, dem Ermüden meiner früheren Bilder. Es führt zu einer Bejahung des Lebens."[15] Das aber bedeutete stilgeschichtlich wie auch inhaltlich die Abkehr vom Aufbegehren des Expressionismus und die Hinwendung zu einer, sich in der Stille vollziehenden magischen Durchdringung des Lebens.

„‚Du weißt'", erinnerte Katell den Chronisten, „‚daß ich früher meine Bilder mit Goldgrund untermalt hatte, und ich entdecke nun, daß die alten Meister ein ähnliches Verfahren angewendet haben.'"[16] Mit teils traditionellen, teils modernen Mitteln wollte Walter Gramatté zurück zum Können und Künden der großen Maler der abendländischen Kunst. In den byzantinischen Mosaiken wie in der spätmittelalterlichen Tafelmalerei galt der Goldgrund als Ausdruck göttlicher Unendlichkeit. Etwas vom Göttlichen sollte auch in die stillen Bilder Walter Gramattés eingehen. Doch da gab es schon wohlgemeinte Ratschläge von Seiten der Kollegenschaft. „Sie suchen in der Malerei etwas, was sie lieber nicht suchen sollten, weil's gar nicht Ihr Gebiet ist", warnte Karl Schmidt-Rottluff, „nämlich den Mysterien der Farbe nachzuspüren. Es müßte Ihnen daran liegen, Ihre Vorstellungen ebenso leicht zu fixieren, wie es Ihnen bei der Graphik gelingt."[17]

Das bereits zu Lebzeiten Walter Gramattés entstandene Verdikt, daß seine Grafik bedeutender sei als seine Malerei, läßt sich auch heute nach sachlicher Prüfung aus zeitlicher Distanz kaum widerlegen. Walter Gramatté focht das indes nicht an. Und wenn er sich gegen Manifeste und Programme zur Wehr setzte, so schuf er doch Werke, die sich von allem

Vorherigen absetzten. Von einem „magischen Realismus" in der Malerei wollte er jedoch nichts wissen. Nicht weil ihm der Begriff mißfallen hätte. Nein, das war es nicht. Vielmehr waren es seine Ansprüche, die er zu hoch setzte, wenn er schrieb: „‚Magie in dem Seienden' sagen Sie, lieber Brockdorff, und damit nennen Sie das letzte Ziel überhaupt. Und glauben Sie wirklich, daß unsere oberflächliche, verantwortungslose, häßliche, arrogante, ekelhafte Generation dieses Ziel überhaupt sieht? Dazu gehören vor allem *menschliche* Qualitäten. Und gehört schon viel Sensibilität dazu, durch Verzerrungen wirkliche Erschütterungen zu verursachen, so gehört eine gradezu heut fast ungeheuerliche Sensibilität dazu, eine Kunst der strengsten Wirklichkeit mit wirklicher Magie zu füllen. Und die kann heut kaum jemand haben, diese tiefste Sensibilität, denn um heut zu *leben*, brauchen wir wiederum soviel Abwehr, daß der bleibende kontrollierbare Rest nicht ausreichen kann, das Ziel: ‚Magischer Realismus' ernsthaft aufzudecken."[18] Derart viel Vorsicht und Umsicht mit Begriffen und mit dem eigenen künstlerischen Wollen erscheint uns heute geradezu exotisch. Und wenn Walter Gramatté in dem eben zitierten Brief anmerkt, daß er glaube, daß zum Malen religiöser Bilder die allerhöchste Menschlichkeit nötig sei, „denn religiöse Dinge nicht zu verkitschen, sondern ‚magisch real' zu schaffen, wird wohl das Schwerste sein", dann ist dies von uns in der Tat als ein denkbar hoher Anspruch an sich selbst zu akzeptieren. Walter Gramatté hat es sich schwer gemacht, weil er es sich nicht leicht machen konnte. Seine Werke sprechen für sich. Er hat sie und sich selbst unterschätzt.

Anmerkungen

1 Kasack, Hermann: Die Stadt hinter dem Strom, Frankfurt a. M. 1960 S. 54. Hermann Kasack schrieb diesen Roman in den Jahren zwischen 1942 und 1946.

2 Siehe Anm. 1.

3 Hölderlin, Friedrich: Hyperions Schicksalslied, in: ders. Gedichte, Stuttgart 1987 S. 47 = Reclams Universal-Bibliothek Nr. 6266.
Hermann Kasack hatte an einer Dissertation mit dem Thema „Die drei Sprachschichten in der Lyrik Friedrich Hölderlins" gearbeitet. Wenngleich er das Manuskript hierfür abschließen konnte, verzichtete Hermann Kasack doch auf die Promotion, weil er das Angebot Gustav Kiepenheuers vorzog, in dessen Verlag einzutreten, was im Jahre 1920 auch geschah (vgl. hierzu Kasack, Wolfgang [Hrsg.]): Leben und Werk von Hermann Kasack. Ein Brevier, Frankfurt a. M. 1966 S. 14).
Daß sich Hermann Kasack bei seinem Roman „Die Stadt hinter dem Strom" von Alfred Kubins „Die andere Seite" (erstmals 1909 erschienen) und Franz Kafkas „Das Schloß" (erstmals 1926 erschienen) anregen ließ, kann hier nur beiläufig erwähnt werden.

4 Wie Anm. 1, S. 52.

5 Wie Anm. 1, S. 53.

6 Siehe Anm. 5.

7 Brief an Sonia Gramatté vom 28. 11. 1927 (vgl. S. 290).

8 Brief an Sonia Gramatté vom 2.6.1928 (vgl. S. 293).

9 Kasack, Hermann: Die tragische Sendung. Ein dramatisches Ereignis in zehn Szenen, Berlin 1920 S. 69 u. 70.

10 Wie Anm. 9, S. 8.

11 Gramatté, Walter: Meine Einstellung (vgl. S. 53).

12 Siehe Anm. 11.

13 Wie Anm. 9, S. 7.

14 Wie Anm. 1, S. 145.

15 Brief an Paul Rauert vom 25.9.1921 (vgl. S. 134).

16 Siehe Anm. 1.

17 Brief von Karl Schmidt-Rottluff vom 18. 1. 1925 (vgl. S. 196).

18 Brief an Alexander Graf Brockdorff vom 15. 5. 1926 (vgl. S. 259).

Abb. 23 „Mädchen am Harmonium".
Öl auf Leinwand, 1922 (B 87)

Ein außergewöhnlich harmonisches Bild?

Eine Bildinterpretation zu Walter Gramattés Gemälde „Mädchen am Harmonium“

Im Jahre 1952 veranstaltete das Frankfurter Kunstkabinett eine Ausstellung von Gemälden und Grafiken von Walter Gramatté. Damals schrieb die Kunsthistorikerin und Journalistin Doris Schmidt in der Frankfurter Allgemeinen Zeitung in einem Artikel über das Bild „Mädchen am Harmonium“: „Da ist ein Mädchen am Klavier und die Zuhörer im Spiegel, ein außergewöhnlich harmonisches Bild, aufgebaut auf warmem Blau, Grün und Rot.“[1]

Dieses Gemälde wurde von Walter Gramatté ursprünglich „Musizierendes Mädchen“ genannt. Erst als es in der Galerie Möller, Berlin, ausgestellt wurde, wird es mit dem neuen Titel bezeichnet. Es ist mit einer Höhe von 77 cm und einer Breite von 83 cm kein besonders großes Bild. Es ist mit Ölfarben auf Leinwand gemalt.

Der Betrachter des Gemäldes steht in einem Raum, dessen zwei sichtbare Wände blau gestrichen sind. Er sieht eine dunkel gekleidete Frau, die an einem Harmonium spielt. Sie wendet ihm den Rücken zu. Sie sitzt auf einem hochlehnigen Stuhl vor dem Musikinstrument, das durch seine besonderen, blau gemalten Knöpfe als Harmonium deutlich zu erkennen ist. Die Frau hat dunkle, etwas rötlich leuchtende Haare, die in Form einer Pagenfrisur geschnitten sind. Ein schmaler Streif bleibt am Nacken frei. Dann hüllt sie ein Gewand ein, das bis nach unten ihre Figur umgibt. Leicht schimmert etwas Weiß durch das Kleid, das sich im unteren Bereich zu einem dunklen Blau verändert. Die Frau nimmt die ganze Sitzfläche eines rotbraun gestrichenen Stuhles ein. Durch zwei Schlitze in der Stuhllehne erkennt man, daß sie sich nicht anlehnt, sondern sich leicht vorbeugt. Sie spielt auf dem Harmonium. Ihre schmalen Hände scheinen die schwarzweißen Tasten herunterzudrücken. Sie scheint in ihr Spiel völlig vertieft. Ihre Gestalt verdeckt etwas das an der Wand stehende Harmonium. Dieses ist in einem kräftigen rotbraunen Ton wiedergegeben. Im unteren Bereich ist dieser Krapplackton etwas dunkler, im oberen wirkt er heller. Einen schmalen seitlichen Schatten wirft das Harmonium auf die linke blaue Wand.

Diese Gruppe nimmt wie ein waagerechter Block die untere Hälfte des linken Bildteiles ein. Über dem Harmonium sieht man die mit senkrechten, unruhigen Pinselstrichen blau gemalte Wand. Dieses Blau wirkt nicht einheitlich, sondern läßt einen helleren Untergrund erahnen, über den schnell die blaue Farbe gestrichen wurde. Ziemlich isoliert über dem

Harmonium hängt ein kleineres hochrechteckiges Bild, das ein Porträt zeigt. Man erkennt einen Kopf- und Schulterumriß auf diesem Bild, das blau- und ockerfarben umrahmt wird. Es ist wohl mit etwas Abstand zur Wand aufgehängt worden, so daß es nach links einen Schatten wirft.

Der stille Betrachter des Zimmers nimmt nun, wenn er sich der rechten Hälfte des Bildes zuwendet, einen großen hochrechteckigen Spiegel wahr. Seltsamerweise verdeckt er die Zimmerecke, die nur oberhalb der Spiegelrahmung als solche erkenntlich ist. Über dem Spiegel gibt ein dunkler Strich dem Betrachter darüber Auskunft, daß an dieser Stelle zwei Wände zusammentreffen. Der wohl übers Eck ins Zimmer gestellte Spiegel hebt sich durch seine goldockerfarbige Umrahmung vom blauen Hintergrund ab. Er wirft nach rechts, entlang der Spiegelkante, einen kräftigen Schatten. Die Innenfläche des Spiegels ist in unterschiedlichen Grüntönen gehalten. Kräftiges dunkles Zinnobergrün lichtet sich nach oben hin zu einem zarten Pariser-Grün auf. Im Spiegel sind zwei Personen zu erkennen. Einmal ist seitlich, dunkel, im verlorenen Profil die sitzende Frau wieder zu sehen. Doch weit deutlicher wird man eines schmalen Mannes vor einem ganz hellgrünen Hintergrund gewahr. Vielleicht tritt er gerade durch eine geöffnete Tür in das Zimmer. Er trägt kurzgeschnittene Haare. Sein schmales Gesicht wird durch große, besonders betonte Augen bestimmt. Seltsam steif sind die Arme am Körper gehalten. Sie bilden zusammen mit dem Oberkörper einen schmalen Umriß. Große Hände hängen untätig herab. Die ganze Figur macht einen leidenden Eindruck. Sie wirft einen breiten Schatten in den hellerleuchteten Raum, aus dem sie getreten ist.

Im obersten Teil des Spiegels, nicht mehr ganz abgebildet, erblickt man eine Deckenlampe von drei kugelförmigen elektrischen Lichtern. Die linke Kugel ist halb durch den Spiegelrand durchschnitten. Merkwürdigerweise kommt die Aufhängung der Deckenlampe mit dem dunklen senkrechten Strich, der die Zimmerecke markiert, zusammen. Im oberen rechten Teil spiegelt sich noch der Rahmen eines Bildes. Dieser Blickpunkt leitet weiter zu den Dingen, die außerhalb der Spiegelebene an der rechten blauen Wand des Zimmers wahrzunehmen sind.

Ein Teil eines Bildes ist zu sehen. Im Bild selbst wird eine schmale dunkle Gestalt in einer grauen, kalt wirkenden Landschaft wiedergegeben. Weder das wenige Grün noch der dunkelblau gefärbte Himmel lassen die Isolierung der Figur im Bild vergessen. Das Bildmotiv ist farblich eins mit dem Mann im Spiegel vor dem Hintergrund der blauen Wand. Vielleicht nur die Hälfte der Bildfläche sieht man, die andere wird durch die Begrenzung des Gemäldes abgeschlossen. Die Rahmung des Bildes läuft nach außen zum Betrachter perspektivisch auseinander. Auch dieses kleine Bild im Gemälde wirft einen schmalen Schatten auf die blaue Wand. Diese rechte Zimmerwand ist nicht nur in senkrechten Pinselstrichen, sondern dazu noch mit heftigen waagerechten Strichen blau hervorgehoben. Im obersten Bereich führt ein rotbraunes Ofenrohr vom oberen Bildrand zur rechten oberen Ecke des Spiegels hin, wobei diese Ecke leicht überschnitten wird. Das Krapplackrot des gebogenen Ofenrohres steht in deutlicher farblicher Verbindung zu der rotbraunen Gruppe des Mädchens am Harmonium. Das Gemälde hat nach unten zur Bodenfläche und auch nach oben zur Deckenfläche keinen realen Abschluß.

Abb. 24 Sonia Gramatté, 1920

Die Personen, die Walter Gramatté malte, haben zumeist einen Bezug zu ihm selbst oder zu seiner Umgebung. Das Mädchen am Harmonium stellt seine junge Frau Sophie-Carmen Fridman, eine gebürtige Russin dar, die er Ende des Jahres 1920 geheiratet hat. Man erkennt sie deutlich an ihrem Pagenkopf (Abb. 24). Sie spielte in seinem Leben eine wichtige, manchmal auch problematische Rolle. Sie war Musikerin und Komponistin, die von einem starken Willen zu ihrer Arbeit getragen wurde. Von Walter Gramatté wurde sie in allen Briefen mit „Sonia" angesprochen. So schrieb er im Oktober 1921 über seine Frau: „[...] Sonia ist schwer zu behandeln, Sonia nimmt Kraft und Nerven. Aber alles verzeihe ich, schon ihrer Musik wegen [...]."[2]

Gerade aber das Musizieren brachte dem Ehepaar Schwierigkeiten. Der Maler konnte nicht arbeiten, wenn seine Frau Geige spielte oder am Klavier übte. So sah es sehr verheißungsvoll aus, als sie 1921 in das große Haus von Max Beckmann einziehen konnten: „[...] Wir sitzen uns nicht mehr aufeinander und ekeln uns an, sondern jeder kann arbeiten. Frau Beckmann ist ja Opernsängerin. Es existiert also, da das Haus von Beckmann selbst erbaut ist, ein herrlicher Musiksalon, ein fabelhaftes etwas allzu großes Atelier [...]."[3]

Im schmalen Mann im Spiegel gab Walter Gramatté sich selbst wieder, wie er auch auf Photographien zu sehen ist. Steif hängen seine Arme am Körper herunter. Er ist untätig, während seine Frau spielt. Doch diese leidende Körperhaltung gibt seinen gesundheitlichen Zustand wieder, der auch zu seinem frühen Tod mit nur 32 Jahren führte. Sein früh erworbenes Knochenleiden verstärkte sich durch seine Teilnahme am Ersten Weltkrieg, wie er selbst einmal schrieb: „[...] Dann kam der schöne Krieg, durch das ewige Verwundetenschleppen ist wohl die Geschichte ins Rollen geraten. Der Arm wurde krumm, Schmerzen traten auf und dann fing die Atrophie an und ging Schritt für Schritt weiter [...]."[4]

Dieses Knochenleiden und die damit verbundenen Schmerzen hinderten ihn oft an seiner Arbeit.

Erhellt wird sein Leben aber nicht nur durch Sonia, sondern auch durch Berichte seiner Freunde. Zu diesen zählten Schriftsteller, Maler und solche, denen er sich verbunden fühlte. Großen Einfluß auf seine Gedankenwelt hatte der fast gleichaltrige Schriftsteller Hermann Kasack, den er schon während des Ersten Weltkrieges kennenlernte. In dessen Roman „Die Stadt hinter dem Strom", der erst 1947 veröffentlicht wurde, stellt die Gestalt des Malers Katell Walter Gramatté dar. Durch Hermann Kasack lernte Walter Gramatté Literaten wie Wolf Przygode und dessen Kreis kennen und setzte sich dort auch mit moderner Lyrik auseinander.

Im Herbst 1919 zog Erich Heckel in das Nachbarhaus von Walter Gramatté ein. Ab 1920 setzte die Bekanntschaft mit Karl Schmidt-Rottluff ein. Mit Erich Heckel diskutierte Walter Gramatté nächtelang: „[...] Hab ich Dir von Heckel erzählt", berichtete er seiner Frau, „daß wir Sonntag den ganzen Tag gedruckt haben? Dann brachte ich ihn nach Hause, wir aßen (Frau Heckel ist auch verreist) und kamen ins Sprechen. Das ging bis 1/2 5 morgens. Ich schlief dann dort und wir sprachen weiter von 10 h–5 h nachm. Es war sehr schön und sehr wichtig [...]."[5]

Aus der Bekanntschaft mit Karl Schmidt-Rottluff wird eine echte Freundschaft. Dieser bietet ihm 1928 auf Betreiben Sonias das „Du“ an. Walter Gramatté wird die wichtige Rolle Sonias bewußt, er schreibt ihr: „[...] Plötzlich ist aus der Befreundung eine Freundschaft geworden. Durch Dich. Wie ich oft die Brücke war von Dir zu anderen, so hast Du die Brücke gebaut zwischen mir und Schmidt-Rottluff [...].“[6] Im gleichen Brief schreibt er aber auch: „[...] Du hattest vor 10 Jahren meine Freunde fortgejagt. Damals empfand ich es schmerzlich [...].“[7]

„Damals“, das kann durchaus im Jahre 1922 gewesen sein, malte Gramatté das Bild „Mädchen am Harmonium“, auf dem eine der leuchtenden Kugeln der Deckenlampe vom Spiegelrand durchschnitten wird, als wenn es anzeigen wollte, daß die Lichter weniger werden könnten.

Wir können davon ausgehen, daß der Maler die Lampenkugeln als magische Symbole im Bild verwendete, um dem Betrachter etwas mitzuteilen. Die Sprache des Malers ist das Bild. Diese Art Sprache ist ihm schon früh bewußt geworden. So schrieb Walter Gramatté schon 1917 an den Dichter Hermann Kasack: „[...] Worte gehören Dir, Worte sind Deine Sprache. [...] Hermann, heut' hab' ich ein Selbstportrait begonnen, das ich Dir gebe. Da will ich meine Sprache reden [...].“[8]

In dem Gemälde „Mädchen am Harmonium“ gibt es viele Symbole zu entdecken, die ihre eigene magische Sprache sprechen. Außer den Lampenkugeln sind der Spiegel, das Ofenrohr und die zwei an den Wänden hängenden Bilder zu nennen. Auch die Farbe im Bild hat ihre eigene Aussagekraft.

Auf zweierlei Weise lenkt Walter Gramatté unseren Blick auf den Spiegel. Einmal ist er als hochrechteckige Form ein auffälliges Motiv im Bild. Zum anderen läßt er, um nochmals auf ihn hinzuweisen, den Spiegel durch das rotbraune Ofenrohr leicht überschneiden. Rot und Blau sind die Farben, die das Zimmer bestimmen. Nur die Spiegelwelt ist in ein abgestuftes Grün getaucht.

Wir wissen nicht, ob Walter Gramatté die überlieferte symbolische Bedeutung des Spiegels bekannt gewesen ist. In der Kunstgeschichte gilt der Spiegel als ein Symbol der Selbsterkenntnis des Menschen. Spiegel waren Attribute der Tugenden Prudentia (Klugheit) und Veritas (Wahrheit).

Walter Gramatté verwendete Spiegel auch in seinen früheren Bildern. Schon 1919 entstand die Kaltnadelradierung „Der Mann am Spiegel“. Taf. 38
Dasselbe Motiv wurde auch als Holzschnitt und als Ölbild verarbeitet. 1922, als er „Das Mädchen am Harmonium“ malte, fertigte er auch eine Bleistiftskizze mit dem Titel „Selbst im Spiegel mit Kerze“ an.

Man kann doch wohl davon ausgehen, daß das Spiegelmotiv für ihn eine besondere Bedeutung hatte. Teilte man nämlich das Bild in der Längsachse und dächte sich die linke Seite fort, so bliebe ein Geschehen im Bild erhalten, über das es sich lohnte, nachzudenken. Anders ist es, wenn man sich die rechte Seite fortdächte, so bliebe eine etwas karge Darstellung eines Mädchens am Harmonium bestehen. Das Bild weckt also besonders deshalb unser Interesse, weil der Maler selber wie beiläufig aus der Distanz am Geschehen im Raum teilnimmt. Die Distanz wird durch den Spiegel als solchen gegeben. So gesehen ist die Spiegelwelt wohl diejenige, die den eigentlichen Sinn des Bildes ausmacht. Hier wollte der Maler mit seinen Mitteln etwas von dem künden, was ihn bewegte. Da er den Spiegel nur benutzte, um vornehmlich sich selbst wiederzugeben, darf er hier als ein Symbol der Selbsterkenntnis gesehen werden.

Das Selbsterkennen seiner eigenen Person lag Walter Gramatté am Herzen. Krank, mit herunterhängenden, völlig bewegungslosen Händen stellt er sich dar. Um dieses Leiden noch stärker auszudrücken, wählte er die Farbe Grün als ein „krankes" Grün, das nur im Spiegel und im Bild an der Wand vorkommt. Es ist ein Grün, das an die Mitteltafel des Isenheimer Altars von Grünewald erinnert. Gerade dieser Altar hatte auf Walter Gramatté in jungen Jahren einen außerordentlich großen Eindruck gemacht, wie er immer wieder betonte. Mit dieser Farbe schaffte Walter Gramatté in seinem Bild einen neuen Raum im Spiegel, der sich distanziert abhebt von den realen Gegebenheiten des Zimmers, die vornehmlich in Blau und Krapplackrot gehalten sind. Die Distanz, die Einsamkeit und das Leiden an der Realität werden deutlich gemacht. Noch unterstützt wird die Aussage durch die zwei an der Wand hängenden Bilder. Jedes Mal ist eine Person in ihrer Isoliertheit wiedergegeben. Man kann wohl aus den Umrissen annehmen, daß es sich auch hier um den Maler selbst handelt. Das eine Bild hängt isoliert, weit vom Harmonium entfernt, an der Wand, das andere wiederholt auf der rechten Bildhälfte als einziges die Farben im Spiegel. Das Grün korrespondiert zum Grün im Spiegel. Die Figur steht isoliert im Bildgrund, sie ist allein in der Landschaft, wie der Mann im Spiegel auch, isoliert und bewegungslos. Das eigene Leiden ist wohl das eigentliche Thema, die zentrale Aussage dieses Bildes. Der Titel „Mädchen am Harmonium" ist nur eine Aufforderung an den Betrachter, über den Titel hinaus den wahren Inhalt des Bildes genauer zu erkennen. Das Thema steht im Mittelpunkt, nicht formale Probleme der Kunst. Um dieses Thema so eindringlich wie möglich darstellen zu können, benutzte Gramatté die Sprache der Symbole, sowohl in dinglicher wie in farblicher Hinsicht. Die schnellen Pinselstriche an den blauen Wänden täuschen über die Arbeitsweise des Malers hinweg. Nicht schnell, sondern langsam und überlegt ist dieses Bild gemalt worden.

Wie aber ist Walter Gramatté zu Inhalt und Art dieser Malerei gekommen?

Themen, die allgemeine Zustände und seelische Prozesse aufweisen, wurden schon früh von Walter Gramatté aufgenommen. Das Warten, das Frieren, das Kreisen, die Angst, der Traum und das Sterben sind Titel, die bereits in den ersten Bildern auftauchen. Diese seelischen Angstgesichte werden in den ersten Graphiken, aber auch in den Ölbildern, durch lemurenartige Köpfe, übergroße, erschreckt aufgerissene Augen oder verkrampfte Hände wiedergegeben. Kleine Körper mit dünnen Beinen hängen an diesen übergroßen ausdrucksstarken Gesichtern. Lebensangst und Existenzangst sind zu spüren.

Im Laufe des Jahres 1920 änderte sich diese Ausdrucksform. Die Thematik des Leidens blieb, doch die Mittel, um diesen Ausdruck zu veranschaulichen, veränderten sich. Walter Gramatté spürte, daß etwas Neues in seiner Malerei auftrat. So schrieb er dem Kunsthistoriker Wilhelm Niemeyer über das Bild „Die Beichte", an dem er noch 1920 arbeitete: „[...] Das Bild wird der Inhalt eines Schrittes sein. Die Summe der letzten Jahre. Es ist mir, als müßte ich das tun, bevor ich mich an das ganz Neue wage. Ich muß das tun, um mich loszulösen [...].“[9]

Tatsächlich löste sich Walter Gramatté langsam von den Vorbildern.

Dem späten Malstil von Vincent van Gogh war Walter Gramatté noch in den zwei Ölgemälden „Sturm“ (1915) und „Paderborn“ (1915) verhaftet gewesen (vgl. „Sturm“, 1915 mit „Champ de blé aux corbeaux“ von Vincent van Gogh, entstanden 1899).[10]

Die Erregung des Malens spiegelt sich in „Sturm“ in den windzerzausten Bäumen wieder. Die expressive Pinselführung läßt die subjektive Handschrift des jungen Malers erkennen. Die Farbe ist dick aufgetragen. Eine psychische Stimmung wird in dem Gemälde wiedergegeben. Psychische Stimmungen dieser Art hatte Walter Gramatté schon früh an Bildern Edvard Munchs bewundert.

Auch der positive Einfluß der deutlich älteren Brücke-Maler ist nicht zu übersehen. Die expressive Farbigkeit Emil Noldes oder Karl Schmidt-Rottluffs findet ihren Niederschlag im „Leichenbegängnis“ (vgl. „Leichenbegängnis“, 1917 mit „Im Nachtcafé“ von Emil Nolde, entstanden 1910/11 und „Im Walde“ von Karl Schmidt-Rottluff, entstanden 1913).[11] Die Reihung der Personen läßt an Bilder von Marianne von Werefkin denken (vgl. „Begräbnis“, 1916 mit „Herbst“ von Marianne von Werefkin, entstanden 1907 und „Leichenbegängnis“, 1917 mit „Corpus Christi“ von 1911).[12] Im Ölbild „Die Genesende“ ist weniger in der Farbigkeit und in der Technik wohl aber im Typus der Frau und im Arrangement der Details die Nähe zu dem 1912/13 entstandenen Bild Erich Heckels zu spüren. (vgl. „Die Genesende“, 1921 mit „Genesende“ von Erich Heckel, entstanden 1912/13).[13] Den gerade genannten Malern war stets der Ausdruck einer psychischen Stimmung sehr wesentlich, dem sie durch Linien, Farben und Verzerrungen einen bestimmten Ausdrucksgehalt gaben.

Verzerrungen der Gesichter einerseits und Umrißlinien der Menschen andererseits sind Möglichkeiten, um innere, psychische Vorgänge deutlich zu machen. Werner Hofmann geht dabei sogar soweit, die Expressionisten mit den Karikaturisten zu vergleichen, wenn er schreibt: „Sieht man davon ab, daß der Karikaturist das Innere entblößen will, um lächerlich zu machen, während der Expressionist in der Regel von dieser Tendenz nichts wissen will, so ist beiden das Kunstmittel der verzerrenden Übertreibung gemeinsam. In einem wesentlichen Punkt allerdings zeigt sich der Karikaturist anspruchsloser: Er pocht nicht wie der Expressionist darauf, psychisches Erleben in seinen Gegenstand zu investieren.“[14]

Walter Gramatté wollte aber psychische Erlebnisse mitteilen. Beim „Mädchen am Harmonium“ verwendete er Gegenstände als Symbole. Die Farbe wurde, wie das „kranke“ Grün, im Spiegel zum Ausdrucksträger. Der Umriß der Figuren dagegen wurde jetzt geschlossen und blockartig. Verzerrungen sind hier nicht mehr zu erkennen. Der Künstler reduzierte auf das Wesentliche, so daß sein Bild fast karg erscheinen mag. Man kann hier von einer gewissen Askese im Stofflichen sprechen.

Um 1925 schrieb Franz Roh sein Buch „Nach-Expressionismus“, in dem er die Tendenzen der neuen Malerei gegen Expressionismus und Impressionismus aufzeigte. Ein Absatz daraus könnte hier auf das Ölbild „Mädchen am Harmonium“ angewendet werden, wenn Franz Roh schreibt: „Mit dem Nach-Expressionismus aber kommt das still gerahmte, transportable Staffeleibild, dem die Liebe nicht nur des nach-mittelalterlichen Europa gehört hatte, noch einmal zur Blüte. Hebt man aber ein Stück vorgetäuschter ‚Wirklichkeit‘ an der Wand rahmend heraus, so hat das nur Sinn, wenn – bewußt oder unbewußt – die Grundvorstellung des ‚Fensters‘ zugrunde liegt: Magischer Einblick in ein (hier künstlich hergestelltes) unbetont gedeutetes Stück ‚Wirklichkeit‘. Diese Vorstellung vom Bild an der Wand ist es denn, die wieder aufkommt. Die Begegnung von tatsächlicher und von Schein-Wirklichkeit (im Zimmer der ‚Ausblick‘ der Malerei) hat einen, wenn auch zunächst nur elementaren Reiz von jeher gehabt, der jetzt in neuer Art genossen wird.“[15]

Das Gemälde „Mädchen am Harmonium“ kann man mit seiner Größe und in der Auffassung, nach der es gemalt ist, zu dieser Art Staffeleibilder zählen.

In diesem Buch listet Franz Roh sieben verschiedene Tendenzen auf, die den Nach-Expressionismus kennzeichnen und leitet davon ein Schema ab, um Expressionismus und Nach-Expressionismus miteinander vergleichen zu können. Einige dieser Punkte scheinen sehr auf die Gemälde Gramattés zu passen, die nach dem „Mädchen am Harmonium“ entstanden sind. So stellt Franz Roh die Begriffe „dynamisch“ für den Expressionismus gegen „statisch“ für die neue Kunstrichtung. „Laut“ wird gegen „still“, „ausschweifend“ gegen „eher streng puristisch“ gesetzt.

In den Jahren 1924 bis 1926 lebte Walter Gramatté mit seiner Frau in Spanien. In dieser Zeit entstanden viele Landschafts- und Stadtbilder. Die hier genannten, von Franz Roh entwickelten Kennzeichen der nachexpressionistischen Kunst lassen sich auf die Stadt-Landschaften Walter Gramattés sehr wohl anwenden. Es sind stille Bilder, die streng aufgebaut sind. Die Stadt-Ansichten wirken immer als wenn sie in der Zeit der Ruhe, vielleicht während der Stunden der Siesta aufgenommen worden sind. Eine südliche spanische Stadt ist in unserer Vorstellung quirlig, voller Menschen und Leben, doch für Walter Gramatté scheinen diese Städte leer, menschenlos. Oft zieht ein großer Platz den Betrachter ins Bild hinein, bis er an die blockartig gesetzten Häuser stößt, die mit vielen dunklen Fenstern eine eigene Sprache sprechen. Weder kraftvoll noch lebensfroh wirken die vornehmlich in matten roten und blauen Farbtönen gehaltenen Bilder, sondern seltsam verhalten, geradezu wie abgewaschen. Walter Gramatté spürte das Eigenartige an ihnen, als er 1927 an Paul Rauert, einen seiner wichtigsten Sammler, schrieb: „[...] Ich bin ebenfalls mit meinen Bildern vorangekommen, am glücklichsten entwickelt sich nach wie vor Almería, das mehr und mehr das Traumhafte jener Welt annimmt. [...]“[16]

Schon ein Jahr vorher, 1926, hatte der Maler gemerkt, daß seine spanischen Bilder weiter in die neue Richtung gingen. So schrieb er an seinen väterlichen Freund, den Hamburger Arzt Paul Sudeck: „[...] *Da* ist das Neue, da ist das, wo ich mich fühle und von wo ich weiterfinde. [...]“[17]

Walter Gramatté wendete nun in seinen Bildern eine glättende Malweise an, die sich sehr unterschied von der Pinselführung früherer Jahre.

Die Farbschicht wurde dünn aufgestrichen. Die gestische Pinselführung ist verschwunden und hat beruhigten Farbflächen Platz gemacht. Die Objekte zeigen keine expressive Deformierung mehr, im Gegenteil. Sorgfältig werden die Einzelteile im Bild wiedergegeben. Symbole tauchen in diesen Gemälden nicht mehr auf, da der Künstler nun durch den Aufbau des Bildes und mit der Farbe das ausdrücken konnte, was ihn immer beschäftigte. Diese menschenleeren Stadt-Landschaften kann man wohl wieder als Sinnbilder seiner Einsamkeit, seiner Isoliertheit und seines körperlichen Leidens sehen. Der Ausdruck der menschlichen Psyche in seinen Bildern ist Walter Gramatté wichtig. Er hat ein Ziel vor Augen, das er immer wieder verwirklichen will, wie er an Alexander Graf Brockdorff 1926 schreibt, nämlich: „[...] *Zufallslose* Magie zu schaffen, mich *menschlich* dahin zu bringen, daß mir Dinge sichtbar erkenntlich werden, die man nicht bis heut' erkennen konnte. [...]“[18]

Das Seelische als stillen Ausdruck des Menschen darzustellen, ist das eigentliche Thema Walter Gramattés in seinem kurzen Leben gewesen. Noch in seinen letzten Lebensjahren, nun wieder in Berlin lebend, versuchte er es im Porträt darzulegen. Mit nur zwei Farben, Blau und Rot, die für Walter Gramatté die Farben des Traumes und des Lebens waren, ist das Porträt „Vava“ (1927) gemalt. Blockartig, mit feiner Zeichnung des Gesichtes, mit umschatteten dunklen Augen, will auch dieses Gesicht einen tiefen seelischen Vorgang vermitteln. Taf. 158

Das Thematische stand für Walter Gramatté von Beginn seiner Arbeit an im Vordergrund. Das war schon 1919 Willi Wolfradt klar gewesen, als dieser im „Kunstblatt“ schrieb: „Nicht so sehr eine eigene Ausdrucksform, als vielmehr das Thematische kennzeichnet zunächst das Schaffen des jungen Gramatté.“[19]

Zuerst waren es die vielen Selbstporträts, die seinen eigenen leidvollen, von Krankheit gekennzeichneten Weg, widerspiegelten. Damals verwendete er noch die „expressive Deformierung der Objekte“ wie Franz Roh es in seiner Studie ausdrückt.[20] Später kamen Gemälde, wie das „Mädchen am Harmonium“ hinzu, die distanzierter das Thema wiederholten, und es trat eine „harmonische Reinigung der Gegenstände“[21] ein. Walter Gramatté wollte allerdings niemals inhaltlich ein harmonisches Bild wiedergeben, doch Art und Weise, wie er sein Thema nun neu behandelte, läßt es auf den ersten Blick, wie eingangs die zitierte Kunsthistorikerin Doris Schmidt empfand, „harmonisch“ erscheinen. So stellt tatsächlich das Gemälde „Mädchen am Harmonium“ einen Wendepunkt in der Malweise von Walter Gramatté dar.

Über die Grenzen seiner eigenen Person hinaus vermochte Walter Gramatté in den letzten Lebensjahren eine allgemein gültige Aussage zu machen. Diese, seine Auffassung von Kunst, faßte er in einem mehrfach überarbeiteten Aufsatz zusammen, den er „Meine Einstellung“ nannte. Die letzten Sätze daraus verleihen wohl besser als jede Interpretation den Gedanken seiner Kunst sprachlichen Ausdruck: „[...] Das Fundament, die Grundlage einer wirklich großen Kunst ist für mein Gefühl die Menschlichkeit, aus der herausgeschaffen wird. Hand in Hand mit dem künstlerischen Wert geht der menschliche Wert. Kunst und Menschlichkeit sind ein großes Ganzes und unzertrennbar. [...]“[22]

Anmerkungen

1 Schmidt, Doris: Bilder von Walter Gramatté, in: Frankfurter Allgemeine Zeitung vom 10. 3. 1952.

2 Brief an Nick de Fridman-Kochevskoi vom 22. 10. 1921 (nicht in der Dokumentation).

3 Brief an Rosa Schapire vom 30. 3. 1921 (vgl. S. 133).

4 Brief an Hetta Lindhorst vom 25. 9. 1916 (vgl. S. 65).

5 Brief an Sonia Gramatté o. D. (Anfang 1923?) (vgl. S. 138).

6 und 7: Brief an Sonia Gramatté vom 20. 7. 1928 (vgl. S. 294).

8 Brief an Hermann Kasack vom 14. 11. 1917 (vgl. S. 68).

9 Brief an Wilhelm Niemeyer vom 15. 7. 1920 (vgl. S. 126).

10 Kat. Ausst. Paris (Orangerie Des Tuileries) 1971: Vincent van Gogh, Paris 1971 Kat. Nr. 107 o. S.

11 Kat. Ausst. Berlin (Brücke Museum) 1989: Emil Nolde in Berlin 1910/11, Berlin 1989 Kat. Nr. 3 S. 50. und
Brix, Karl: Karl Schmidt-Rottluff, Wien und München 1972 Kat. Nr. 21 o. S.

12 Kat. Ausst. Wiesbaden (Museum) 1980: Marianne von Werefkin. Gemälde und Skizzen, Wiesbaden 1980 Kat. Nr. 16 S. 61 und Kat. Nr. 55 S. 105.

13 Kat. Ausst. Essen (Museum Folkwang) 1983: Erich Heckel 1883–1970, München 1983 Kat. Nr. 33 S. 111.

14 Hofmann, Werner: Grundlagen der Modernen Kunst, Stuttgart 1966, S. 254.

15 Roh, Franz: Nach-Expressionismus - Magischer Realismus, Leipzig 1925, S. 30, 31 weiterhin S. 119, 120.

16 Brief an Paul Rauert vom 7. 3. 1927 (vgl. S. 267).

17 Brief an Paul Sudeck vom 12. 12. 1926 (vgl. S. 265).

18 Brief an Alexander Graf Brockdorff vom 15. 5. 1926 (vgl. S. 259).

19 Wolfradt, Willi: Walter Gramatté, in: Das Kunstblatt, 3. Jahrgang (1919) Heft 11, Berlin 1919 S. 338.

20 Siehe Anmerkung 15.

21 Siehe Anmerkung 15.

22 Gramatté, Walter: Meine Einstellung, (vgl. S. 53 u. 54).

Abb. 25 Walter Gramatté, 1925

Dokumentation

Walter Gramatté: Meine Einstellung.
o. O., o. D.

Jeder Künstler arbeitet heute, scheint mir, an einer anderen Ecke eines gemeinsamen Baues. Alles zieht, obgleich es manchmal nicht so scheinen mag, am gleichen Strang. Wir arbeiten für eine kommende *Generation*. Ich glaube absolut an das Fluidum. Einmal in die Welt geschleudert, kann ein Gedanke nicht verloren gehen. Irgendwann wird jemand geboren werden, dem all unsere in Schmerzen geborenen Taten als Sprungbrett dienen werden. Die Weisheiten unserer letzten Lebensstunde werden ihm unmerklich zufliegen. Unsere Probleme sind ihm selbstverständliche Basis. Er wird ein Genie sein.

Man darf, wenn man nicht das zweifelhafte Glück hat, mit genügender Selbstüberzeugung geboren zu sein, nicht ganz schwach sein, um nicht den Pinsel beiseite zu legen und sich lieber aufzuhängen. Letzteres wäre, weiß Gott, bequemer. Ich erinnere mich meines furchtbaren Erlebnisses vor dem Isenheimer Altar. Ich brach derart zusammen vor dieser aller aller allerletzten Kunst, daß ich fast ein Jahr keinen Strich mehr tun konnte, weil ich mir lächerlich vorkam. Dann aber wurden aus den Grübeleien Überlegungen. Ich dachte an die Zeit, in der Grünewald lebte, dachte an die Zeit vor Grünewald und mußte erkennen, daß sehr viele Generationen erforderlich sind, um einen solchen Menschen hervorzubringen.

Wir haben nicht das Glück, schon zu einer letzten Generation zu gehören. Wir müssen heute bescheiden unsere Steinchen zu dem bißchen Vorhandenen legen, und uns dessen ganz bewußt sein.

Hier könnten einige Menschen zufrieden lächeln, einige der edlen Bürger, die darin ein Zugeben der Mäßigkeit und Wertlosigkeit ersehen. Aber dies sind nicht die, zu denen ich hier bescheiden spreche, nicht die, die ahnen können, wie zufrieden ein Mensch sein kann, erkannt zu haben, daß je ein Blättchen des Lorbeers –den kommenden Genius – ihm gehört und daraus alle Kraft zur Arbeit und Leben schöpft. Jene Bürger fühlen sich solchen Gedanken gegenüber erhaben, fühlen sich längst mit Lorbeer gekrönt und lächeln und sind in Wirklichkeit nicht einmal mit einer Blattrippe beteiligt. Und er könnte es so gut sein! Würde er sich nur wenigstens gedanklich ernsthaft mit Kunst befassen! [...]

Das Fundament, die Grundlage einer wirklich großen Kunst ist für mein

Gefühl die Menschlichkeit, aus der herausgeschaffen wird. Hand in Hand mit dem künstlerischen Wert geht der menschliche Wert. Kunst und Menschlichkeit sind ein großes Ganzes und unzertrennbar. [...]

Walter Gramatté an Hans Wahl.
Hermsdorf bei Berlin, 3. 8. 1915

[...] Was mich anbetrifft, so fange ich ja, wie Du wohl schon weißt, am 11. Oktober mit der Königl.[ichen] Kunstschule an. Von der Militärbehörde bin ich immer noch nicht entlassen. [...]

Walter Gramatté an Otto Gramatté.
o. O., o. D. (Feldpostkarte, Abschrift)

Liebe Eltern und Hilde, anbei wieder mein tägl.[iches] Lebenszeichen. Mit Gruß und Kuß Euer Walter.

Die Zeichnung habe ich in Karlsbourg (Belgien) gemacht. Legt sie bitte einzeln, damit sie nicht verwischt.

Hermsdorf bei Berlin, 29. 3. 1916 (Abschrift)

Wie ist es möglich, daß einem Menschen Offenheit langweilig werden kann? Wie kann ein Mensch denjenigen, der seine Seele vor ihm auf den Tisch gelegt, in den Schmutz treten? Zwei Fragen, die nie beantwortet werden, und nicht beantwortet werden können. In meinem Schädel pocht und klopft es wie närrisch ...

Das nennt sich also ... Menschheit!. Was lachend über zuckende Glieder schreitet und erst im Dampf des Blutes in Stimmung kommt?!

So sieht also das Leben aus?! Ha, ha, sehr neu! Ha, sehr spaßig!

o. O., 21. 4. 1916

Ha, ha! Was bin ich denn
eigentlich?
Ich male,
ich dichte,
ich componiere.
Ich denk, ich bin ein Maler? –
Laß nur, was es auch sei,
am End' ist doch alles das
Gleiche.

Draußen ist Sonne.
Ich machte die Türe auf, um
mich an ihr zu wärmen.

Jetzt muß ich sie schließen,
... ich friere. .....
....
... Ich glaube, man kann
auch an der Sonne erfrieren.

o. O., 21. 4. 1916

Was ist denn Künstler? Was –
ist denn das –? Ja, gewiß –, ein
Mensch der hoch und immer
höher will, und doch ist er
nur der Falke in der Hand
eines schönen Burgfräuleins,
den man fliegen läßt, mit
der Schnur am Fuß –, und den
man herunterreißt, wenn
er grad jubelnd die Flügel
breitet und der Sonne ent-
gegen will.
Und dennoch: ......
Immer wieder wird er
jubeln, wenn man ihn frei-
gibt und immer wieder
wird er hoffen und glauben
und die Schnur vergessen, bis
er sich eines Tages – an seinem
eigenen Glauben verblutet.
Ja, das ist Heldentum,
das ist Kunst,
das ist ... der Künstler.

o. O., 8. 6. 1916

Kennst Du das Würgen, das manchmal im Halse sitzt?
  Und kennst Du die sehnende
Angst, wenn bei jedem Atem-
zuge das Herz stockt?
  Kennst Du sie?
Kennst Du sie wirklich? –
Dann, ...
Dann ... Kennst Du auch ...
.... mich! .

Walter Gramatté an Hetta Lindhorst.
Frankfurt/Oder, 22. 8. 1916 (Abschrift)

[...] Weißt Du, ich habe hier schon zweimal denselben Traum geträumt, ganz gleich, von Anfang bis zum Ende, und diesen Traum habe ich vor 14 Jahren immer geträumt, 4 Wochen lang, jede Nacht, ich weiß auch jetzt wieder alles, und doch kann ich nichts erzählen. Eigenartig, jetzt nach 14 Jahren wieder. Es ist immer ein wüstes Durcheinander; ich sehe zuerst da immer eine unglaublich große, blanke Fläche, und ich glaube, sie bewegt sich immer rückwärts, dann ist eine Tür, da renn ich immer rein und raus, und habe auch ein Federbett immer in den Händen, weiß aber nicht, was ich damit soll. Dann habe ich immer das Gefühl, als wenn alles einfallen muß, wenn ich es nicht doch schaffe, aber was schaffe?? Es ist kein schöner Traum. Ich weiß, daß ich mich früher unglaublich davor gefürchtet habe, und doch kam es jede Nacht. Heut regt es mich nicht mehr auf, eigenartig. Ich mußte unwillkürlich an meine Malerei denken. Vielleicht, daß mich irgend eine Kraft davon abbringen will. „Du schaffst es nicht!" Und weißt Du, ich habe wirklich noch einmal vieles durchgedacht. Was ich will? Ja, ich weiß schon, was ich will, und was ich will, ist *sehr sehr* viel. Ob ich das schaffe? Natürlich schaffe ich's, es kommt mir überhaupt gar nicht so unendlich schwer vor. Aber wenn ich mir nun andre Maler ansehe. Sieh mal Liebermann, Corinth, Brockhusen, Röseler, Max Beckmann und die anderen, es sind ja nur noch ein paar, die was können, sieh mal, das kommt mir alles noch so wenig vor, noch zu zwecklos. Max Beckmann ist doch nun der, den ich für den größten, jetzt lebenden Maler halte, er ist ja erst 35 Jahre und wird vielleicht noch unendlich viel Kunst schaffen, aber immer kommt mir das zu wenig vor, noch zu gehaltlos, alle wollen sie ganz etwas anderes als ich es will. Mir ist das alles erst so in der letzten Zeit eingefallen, da hab ich auch so erkannt, daß ich mit gar keinem nahe verwandt bin. Am liebsten bleiben mir Beckmann und Röseler, vielleicht aber auch nur, weil sie die *Großstadt*, also Kampf, Menschenklumpen, schwarzer Himmel, Tod, weil sie dies alles auch so unglaublich packt wie mich. Beckmann malt sicher keine Sterbescene, weil er Freude daran hat, ich meine am Motiv, sondern, um etwas zu sagen. Wenn den elenden Leuten das, was er sagt, nicht laut genug [ist], dafür kann keiner, dann sollen sie aber ihre schmierigen Hände davon lassen und nicht das Motiv auseinanderkratzen und dicke Artikel schreiben und ihn herunterreißen. Sollen sie sich doch meinetwegen sonst was an die Wand hängen, wirklich gute Bilder würden mir leid tun, wenn sie von solchen Leuten erworben würden, ich male doch schließlich für mich, und mit den wenigsten, die sich darüber freuen, freut man sich mit, und es ist eine Freude, viel reiner, viel offner und schöner, als wenn die ganze Welt mitjubeln würde. Die Kunst ist und bleibt für den Künstler, ich meine nicht allein den schaffenden Künstler, man kann auch in seiner Auffassung Künstler sein. [...]

Tafel 1
„Das Entsetzen". Kreidelithographie, 1917
(Eckhardt 46)

Tafel 2
„Der Narr“. Kreidelithographie, 1917
(Eckhardt 47)

Tafel 3
„Die Sehnsucht". Kreidelithographie, 1917
(Eckhardt 48)

Tafel 4
„Memento 1917". Kaltnadelradierung, 1917
(Eckhardt 114)

Tafel 5
„Das Betteln". Öl auf Leinwand, 1918
(B 50)

Tafel 6
„Lesender Mann“ (Vater). Öl auf Pappe, 1917
(B 22)

Tafel 7
„Selbstbildnis mit weißem Gesicht". Öl auf Leinwand, 1917
(B 28)

Tafel 8
„Lesender Mann". Kreidelithographie, 1917
(Eckhardt 45)

Walter Gramatté an Hetta Lindhorst.
o. O., 22. 8. 1916 Mittag (Abschrift)

[...] Wenn ich nur erst wieder malen könnte! Mein Skizzenbuch ist auch voll, eine Platte radiert habe ich auch, alles was ich noch machen kann ist eine Radierung; die werde ich heute machen, dann bin ich mit meinem Material fertig. Hoffentlich entlassen Sie mich dann. --- [...]

Walter Gramatté an Hetta Lindhorst.
Frankfurt/Oder, 25. 9. 1916

[...] Väterlein will an mich schreiben? Ich wart schon jeden Tag, aber bisher war nichts. Er soll auch ruhig etwas mehr schreiben wie von dem dummen Arm. Nun, das wird es auch wohl so werden, wenn er erst davor sitzt. Ich freu mich schon so. – Ja, gemacht wird hier schon etwas, aber das hat man schon alles X-mal mit mir gemacht, ich bin ja fast schon ein halbes Jahr im Garnisons-Lazarett 1, Berlin behandelt worden, aber es hatte damals wie heute negative Wirkung. Es wird massiert und elektriziert, dann muß ich noch med.[izinisch] mech.[anisch] Übungen machen. Wenn die Entzündung in der Ellenbogenbeuge nicht wäre, könnte das ja alles recht gut sein, aber so habe ich nach der Behandlung immer mordsmäßige Schmerzen und an die entzündete, oder besser jetzt wieder frisch entzündete Stelle, kann ich dann kaum rühren. Neulich war der Arm einen ganzen Tag lang ganz krumm, direkt im Winkel von 90° stand er und zum Davon-laufen war's, hatte schon Angst bekommen. Bin auch zum Arzt gegangen, (aber Du weißt ja, der Mensch fängt beim Militär erst beim Offizier an), da war ich sehr bald abgefertigt: Ich sei zur Behandlung hier und das muß weiter gemacht werden. Heute geht mir's auch wieder ganz gut, Du siehst ja, ich kann auch ganz tüchtig schreiben. Zu machen ist sicher noch etwas, es hat nur noch kein Arzt feststellen können, was eigentlich los ist. Sag nur Väterlein: Der Arm wäre im Winkel von 30° gekrümmt, der Ober-Arm wäre ziemlich stark atrophiert, der Unterarm weniger und in der rechten Ellenbogenbeuge wäre eine Entzündung. Die Kraft wäre auch natürlich gering. Sag ihm das noch: Ich hätte als kleiner boy von ungefähr 6 Jahren schon einmal Schmerzen im Arm gehabt. Wir waren damals bei den größten Ärzten, stellten aber alle fest, daß nichts Besonderes vorläge. Einer sagte, es wäre ein entzündeter Nerv. Die Sache verlief sich dann wieder. Ich hatte keine Schmerzen, konnte alles machen, was ich wollte. Trotzdem ist wohl der Arm ganz gering schwächer gewesen. Dann kam der schöne Krieg: durch das ewige Verwundetenschleppen ist wohl die Geschichte in's Rollen geraten. Der Arm wurde krumm, Schmerzen traten auf und dann fing die Atrophie an und ging Schritt für Schritt weiter. Der Sache war nicht abzuhelfen, und ich wurde aus dem Lazarett entlassen. Dann ging es mir ja ganz gut, das weißt Du ja, ich konnte nur nichts tragen, das tat weh. [...]

Walter Gramatté an Hetta Lindhorst.
Hermsdorf bei Berlin, 29. 9. 1916 (Abschrift)

[...] Gestern habe ich 2 Radierungen drucken lassen, die ich in Frankfurt gemacht habe. Kaltnadel, habe viel Schmerzen dabei gehabt, das Einkratzen strengt mächtig an, aber es ist gegangen, und beide ganz gut geworden. Habe hier jetzt viel zu tun. [...]

Walter Gramatté an Hetta Lindhorst.
Frankfurt/Oder, 10. 10. 1916 (Abschrift)

[...] Ich warte immer, daß jeden Tag die Papiere aus dem Lazarett hier ankommen, damit ich endlich wieder vor den Arzt komme. Klarheit möchte ich, ob ich wieder „D. u." [dienstuntauglich] werde, oder „k. v." [kriegsverwendungsfähig] bleibe. Ich habe mir die Geschichte schon überlegt. Also sollte das Letztere eintreten, so gehe ich zu Prof. Franck und bitte ihn, mich zu reklamieren, er braucht ja nur schreiben, daß voraussichtlich ein Mangel an Zeichenlehrern eintreten wird, und bittet für mich, mich mein „Studium" fortsetzen zu lassen. Das würde vollständig genügen. Ich darf hier auf keinen Fall mehr zu lange bleiben, sonst kann ich am Ende statt der zwei Jahre noch 3 Jahre, „Student" sein. Nein, nein, das geht nicht, das wäre ein Jahr länger warten. Das Examen muß ich in zwei Jahren haben, und ich werde es auch haben. Ich will es sogar *gut* machen. Siehst Du, eins hab ich doch wieder gelernt: Einzusehen, daß auf der Kunstschule jede Opposition schadhaft ist. Diese Leute werde ich doch nie von meiner Auffassung überzeugen, es ist ja auch verständlich, sonst müßte die ganze Bude auf den Kopf gestellt werden. Bei Mayard [?] werde ich es aber, glaube ich, ganz gut haben. So nach den Erzählungen zu urteilen. [...]

1917

Walter Gramatté an Hete Witt.
Berlin, 6. 9. 1917 (Abschrift)

[...] Sonntag bin ich erst nach Haus gekommen. Aber da lag schon das Verhängnis: Ich muß morgen Freitag früh 8 Uhr wieder Soldat werden. Infantrie!! Fein. Zum dritten Mal nun schon. Es ist zum Verzweifeln, wenn man so alles wieder anfangen muß. Wissen Sie, daß ich ein Atelier in Wilmersdorf hatte? Das ist natürlich alles zu Essig geworden. Von der Ausstellung wissen [Sie] ja wohl. Ich habe für ungefähr 800 M verkauft und 3 Portraitaufträge erhalten. Leider konnte ich erst eins malen und nun muß ich fort. Nun dann habe ich wenigstens, wenn ich zurück komme gleich wieder Geld in den Händen und brauch nicht ganz von vorn anfangen. Mit der Kunstschule bin ich mir noch nicht ganz im klaren. Ich weiß noch nicht, ob ich wieder hingehe. Sehen Sie, wenn ich nun wieder eingezogen bin, bis weit in die Kunstschulzeit hinein, wie soll ich dann das Examen machen? Ich habe bisher, so lange ich dort bin noch keine Ferien gehabt, immer gerade dann Soldat. Und dann wissen Sie ja auch, wie ich mit Franck stehe. Ich glaube, ich komme ohne Examen weiter und schneller zu etwas als mit. Im übrigen kann ich wirklich nicht immer umhin, auch den Banausen in der K. S. gegenüber an meiner Überzeugung festzuhalten und sie zu verteidigen. Dann glaube ich auch, daß ich ganz bestimmt früher heiraten kann, wenn ich auf das Examen pfeife, denn wer stellt mich mit 21, 22 Jahren an? Kein Mensch! Nun, ganz sicher weiß ich noch nicht, was ich tue, aber ich merke, daß das Schwergewicht sich zur Aufgabe des Examens neigt. Den Ausschlag wird wahrscheinlich der „Marsyas" geben, eine Kunstzeitschrift, die jährlich 6 Hefte bringt und 2000 M kostet. Es ist möglich, daß ich dort als Mitarbeiter ankomme. Bei den Einnahmen, wird natürlich auch ein ziemlich hohes Honorar für Beiträge geliefert. Hoffen wir das beste. Wenn nur erst Morgen vorbei wäre, daß ich wüßte, ja oder nein. Vielleicht komme ich doch noch frei!

Walter Gramatté an Hetta Lindhorst.
Paderborn, 2. 10. 1917

[...] Hier arbeite ich den ganzen Tag, heut hab ich zwei Lithographien fertig gemacht, das Eine ist „das Entsetzen", das Andre „der Narr" ein drittes „Sehnsucht" habe ich zerstört, werde es aber noch einmal tun. Ich komme jetzt auf die ganz reine Expression, aber ganz rein, es fing mit dem Memento an, das ich „o Welt" nannte.

Taf. 1 bis 5

Das hat sich hier nun fortgesetzt. Das erste, was ich hier machte war „das Betteln". Diese 4 Dinge: „die Sehnsucht", „das Betteln", „das Entsetzen" und „der Narr" werde ich ganz bestimmt malen. Dazu kommt „Erinnerung an Paderborn" als Selbstportrait, das ich mir beinahe „absolut" vorstelle. Wenn ich nur erst wieder malen könnte! Ich bin so angefüllt, daß ich bald sprechen muß, ich kann es kaum noch so herum tragen. Und dann hab ich so Angst, daß die Eindrücke sich verwischen könnten und dabei müssen sie in Extase gemalt werden, direkt plötzlich, sonst wird es nichts. Wenn ich nur alles rein ertrage. Eigentlich sind doch alle Arbeiten, die ich hier mache, nur Illustrationen. Und doch scheint mir, als wenn diese Illustrationen gemacht werden müssen. Ich erlebe etwas, zum Beispiel beim Antreten, ich sehe die lange Menschenschlange mit ihren Eßnäpfen in dieses Loch des dreckigen Etwas, was eine menschliche Behausung sein soll, verschwinden, man schlägt sich, wenn sich einer vordrängt.

Dann nach langem Warten sehr langem, geduldigem Warten, man ist ja ohnmächtig, kriecht man mit in das Loch und hält auch seinen Eßnapf hin und hört nun ein barsches brutales „Weg"! Und auf der andern Seite rutscht man aus der stinkenden Halle heraus und setzt sich in eine Ecke und ißt.

So etwas trifft mich kolossal und mein Hirn arbeitet zum Zerspringen, so bitter wird's einem um's Herz und dann würgt es im Halse bis Du zu dem Nächsten sagst: „Willst Du essen? Ich mag nicht." Und alles johlt und schreit: „Gib mir! Hier her!" Und statt zu essen zeichne ich: „Das Betteln". Wann wird dies ein Ende haben? [...]

Walter Gramatté an Hermann Kasack.
Berlin, 9. 10. 1917

[...] Heut war ich bei Cassirer (Viktoriastr. 35, Ausstellung). Ich hatte das Portrait meines Vaters auf dem Sofa mit. Er hat es dort behalten. Ich soll noch 5 oder 6 andere Bilder bringen, er will dann ausstellen! Das Portrait gefiel ihm gut. Hoffentlich wird's was. [...]

Taf. 6 und 8

Walter Gramatté an Hetta Lindhorst.
Paderborn, 12. 11. 1917

[...] Du, ich hab mich schon lange mit einem Selbstportrait herumgeschleppt, so lange, und ich dachte immer, daß ich es auf irgend einem Urlaub malen könnte, aber Urlaub ist bis Frühjahr 1918 gesperrt. Da bin ich gestern losgegangen und hab Farbe gekauft. Alles von Anfang bis Ende, und Pinsel und Palette. Ich hatte ja nichts hier. Du und es hat gelohnt. Ich habe das Portrait in sehr kurzer Zeit geschafft, ich wußte, daß es schnell gehen würde und noch eine Kasernenstubengeschichte.

Taf. 7

Du, das Selbstportrait ist das beste Portrait (nicht wegen der Ähnlichkeit) was ich überhaupt bisher gemalt habe.

Es ist sehr eigenartig. Denke: Uniform! Rot und Schwarz, ganz ganz einfach. Dunkler Hintergrund, der sich um die Schultern herum sehr plötzlich ins Helle steigert. Ganz weißes Gesicht, reines Weiß –, nur um die Augen Rot. Etwas verweint sieht das Ganze aus –. Das Gesicht ist so durchsichtig, daß ich Dir keinen Vergleich geben kann. Dieses Portrait ist eine Vorarbeit zu dem großen, was ich malen will, wenn ich wieder zu Haus bin und das ich „Erinnerung an Paderborn" nennen will. Das große hätte ich schon gemalt haben müssen, es stand damals selten klar vor mir, jetzt ist es etwas verwischt. Ich denke aber, daß es zurückkehren wird, sonst wart ich damit. Wenn es trocken ist, schicke ich es Dir vielleicht. Eine Aufnahme sollst Du *bald* haben, nur wird sie nicht gut werden, da kolossal viel Zinnober drin ist, und Zinnober immer so dunkel auf der Aufnahme erscheint, fast schwarz. Will sehn, was ich tun kann. [...]

Walter Gramatté an Hermann Kasack.
o. O., 14. 11. 1917

Worte gehören Dir, Worte sind Deine Sprache. Worte der Unendlichkeit gabst Du mir. [...]

[...] Hermann, heut habe ich ein Selbstportrait begonnen, das ich dir gebe. Da will ich meine Sprache reden. Ich werde mich quälen, bis ich nicht mehr kann. Und wenn ich's zehnmal male, und es zehnmal nicht alles – sagt, was ich Dir sagen möchte, dann werde ich es zehnmal vernichten und zum elften Mal beginnen. Du sollst mich verstehen und wirst mich verstehen – immer. [...]

Walter Gramatté an Hetta Lindhorst.
Paderborn, 19. 11. 1917

Taf. 9 und 10

[...] Am Tage male ich gewöhnlich und des Abends schreibe ich an einem Drama. Nicht immer natürlich, aber gewöhnlich. Manchmal bin ich auch dazu verurteilt, nichts zu tun, wie gestern und heute und wer weiß noch wie lange. Ich muß 3 neue Bilder malen, und wenn ich es nicht bald kann, dann werf ich sie wieder fort, weil ich mich nicht hinterher, nach dem Erleben, künstlich in die Stimmung zurückversetzen will. Dann ist das Beste doch fort und es wird eine leblose, wissenschaftlich durchdachte Geschichte. Ja, mir fehlt das, worauf ich malen muß. Hab keine Leinewand und auch keine Pappe in ganz Paderborn bekommen. Ich hab, schon alle Kartons und sonst etwas verbraucht, aber nun hab ich nichts mehr. Ich möchte malen: „Das Warten". Rechte Hälfte des Bildes nimmt ein knieender Mensch ein, der nach einer schwarzen Sonne schaut, die wieder licht werden möchte. Dann: „Der Wahnsinn". Das kann ich aber nicht so beschreiben. Die Hälfte des Bildes nimmt wieder ein kauernder Mensch ein, der in der linken Hand irgend etwas hält und es mit idiotischem Gesicht anglotzt. Hintergrund nach rechts gebogene, nach links abrutschende Häuser und eine Kirche. Der Himmel wie durch einen Säbelhieb aufgerissen. Farben: Zinnoberrot-Elfenbeinschwarz und einiges dunkles, teils fahl, teils glühendes Grün. – Dann noch: „Der Traum", den ich Dir noch nicht beschreiben will. Die Skizzen sind alle fertig und ich habe sie hinten mit einer Widmung für Hermann versehen. [...]

Taf. 11

Walter Gramatté an Hetta Lindhorst.
Paderborn, 23. 11. 1917

[...] Ich habe eben den „Traum" gemalt, „Ein Traum" heißt es. Ich schrieb Dir schon. Es ist sehr gut geworden. Ich wundere mich nur, wo ich jetzt hin komme. Wenn es so weiter geht, kann ich bei Cassirer gar nicht ausstellen. Dann bin ich zu modern. Der „Traum" geht noch, aber gestern „Der Wahnsinn"! Das kann ich nur noch im „Sturm" anbringen oder in der „Freien Sezession". Aber Cassirer hält es ja mit der „Freien", und er hat ja auch schon Ansätze zum Mitgehen gemacht, wenn auch nur in einem kleinen finsteren Raum, den er dazu opfert. Ich bin gespannt, was Du zu meinen neuen Arbeiten sagen würdest. Der „Traum", Du, der wird Dir sicher gefallen. Ich freue mich auch so darüber. Er hat so schöne klare Farben. Etwas sehr kalt, fast Eis. Ach, ich möchte Dir ja alles sagen, wie es so ist, aber Worte können ja die Farben doch nicht malen. 6 Bilder hab ich jetzt fertig, 3 Portraits, die „Kasernenstube", „der Wahnsinn", „Ein Traum". Jetzt muß ich bald „Die schwarze Sonne" malen. Aber ich hab mir schon so den Kopf zerbrochen, ich weiß nicht recht, wie ich schwarzes Licht malen soll. Heut mach ich einen Entwurf dazu. Da habe ich denn 2 Sonnen genommen, eine helle und eine schwarze. Von ganz hinten bis vorn, ganz groß –, laufen einem da entsetzte Menschen ins Gesicht, ganz gerade aus, und hinten ist ein Dorf oder so etwas, Häuser und dahinter ein niederer Hügel; und links steht die schwarze Sonne und rechts die andere

Taf. 12 bis 14

und die schwarze Sonne zieht ihre Strahlen über alles hinweg, tötet alles, auch die lichte Sonne, die mit ein paar langen Fingern noch hindurch faßt. Aber das gibt dann eben einen Kampf zwischen Tag und Nacht, (den ich auch bald malen werde) und das ist mit dem jetzigen nicht meine Absicht. Wie ich es mache, weiß ich noch nicht. Vielleicht kann man so etwas gar nicht malen? Vielleicht muß man so etwas schreiben? [...]

Walter Gramatté an Hetta Lindhorst.
Paderborn, 26. 11. 1917

[...] Aber das Eine will ich noch sagen: Der Krieg dauert nicht mehr ewig, der Krieg ist sonderbarer Weise sogar für die gesamte Kunst in Bezug auf Verkäufe vorteilhafter als der Frieden gewesen und Unternehmungen wie „M". [Marsyas] gehen durch den Krieg nicht aus dem Leim. „M". ist im Kriege entstanden und, wie ich schon schrieb, bis zum letzten Exemplar vergriffen. Damit kann kein Herausgeber rechnen, sondern er muß so denken, daß bei Subscribierung so und so vieler Exemplare die Sache geht. Also von allen ist gar nicht die Rede. Hier sind aber *alle* weg, so daß sogar noch 60 hinzugenommen werden, was wieder ungefähr 25–30000 M ohne neue Unkosten ausmachen. Deine Angst ist also unbegründet. Die Hauptsache ist mir jetzt mal Cassirer, erstmal direkte Fühlung mit der Öffentlichkeit haben, Kritik in der Zeitung haben. Das ist heut zu Tage mehr Wert, als für 3000 M Bilder verkaufen. Das kommt dann schon. Beckmann war selbst über mein bisheriges Glück so verwundert, daß er mir nur alle Hoffnung machte, er kennt ja doch meine Arbeiten. [...]

Walter Gramatté an Hermann Kasack.
Paderborn, 16. 12. 1917 (Abschrift)

[...] Nun denke ich gerade an das Selbstportrait für Dich. Du warst glücklich, als Du meinen Brief erhieltst? Ich kann es kaum fassen. Lieber Hermann, und ich war heute so glücklich, als ich das las. Das Selbstportrait ist fertig, ich muß aber ein neues malen. Zuerst dachte ich „Ja". Nun wieder: Nein. Vielleicht übermale ich es auch. Jetzt kann ich es leider nicht mehr, weil ich schnell wegkommen kann und da müßte ich dann alles im Stich lassen. Ach, Du, was für Kummer es bringt, daß die Farben jetzt so schlecht sind, glaubst Du gar nicht. Es ändert sich alles so entsetzlich, nach 14 Tagen schon ist oft viel Fremdes da. Es ist so niederdrückend. Ich quäle mich und quäle mich, aber es hilft nichts. Vielleicht wäre es das Beste, wenn man aufhörte zu malen bis 2, 3 Jahre nach dem Kriege, dann werden die Farben wieder etwas besser sein. Aber ich kann eben nicht, obgleich es sicherlich das Richtige wäre.

Das Selbstportrait hatte einen reinen roten, tiefroten Hintergrund und es ist nun ganz schmutzig geworden. Ich kann es Dir so gar nicht zeigen, oder gar geben. Es ist nicht gut genug. Ich sehe Dich da ganz gerade, von vorne, an, ernst. Und ich habe einen weißen Kragen und grün-gelbe Krawatte um und darüber einen zu großen Uniformrock. Ach, Du Lieber, Taf. 15

es ist doch alles zu wenig. *Ein* Gesicht genügt mir da nicht, ich glaube, ich werde es doch noch einmal malen. Und dann muß ich Dich aus vielen Augen ansehen. 100 Köpfe muß ich darauf malen, sonst siehst Du mich doch nicht ganz. [...]

Walter Gramatté an Hermann Kasack.
Paderborn, 18. 12. 1917 (Abschrift)

[...] Ich lege aber ein paar kleine Skizzen, Uranfänge dabei, vielleicht hast Du im Ansehen ein wenig Freude und kannst Dir vielleicht vorstellen, wie
Taf. 16 es ungefähr sein könnte. Da ist eine „Salome“. Die dachte ich mir so, als ein braunes Tier, das vor dem zuckenden Haupte tanzt. Eine nächtliche Scene, ein Fest, mit glotzenden, geilen Augen. Dies werde ich später, wenn ich noch einige Akte gemalt habe, einmal ganz groß malen, vielleicht lebensgroß. Die Figur muß in dem langen Format aber schräger stehen, fast die Diagonale muß es sein von der rechten Ecke oben nach der linken unten. – Dann ist „der Flieger“, den ich als Lithographie gestern machte. Ist das nun eigentlich symbolisch? Allegorisch? Ich weiß es nicht. Es kam nur so durch einen neuen Absturz hier. Es hat mich so schrecklich gepackt. Er fiel so direkt aus der Sonne herunter und ich fühlte während des Sturzes ganz scharf das lauernde Etwas, – und ich stand auf diesem Etwas. Es war schrecklich. Vielleicht muß ich das auch malen. Aber es müßte sehr gräßlich werden. – Dann ist noch „der Wahnsinn“, den ich als Zeichnung habe und gemalt. [...]

[...] Die rechte Hälfte des Bildes nimmt ein Wahnsinniger ein. Er hockt zusammengekauert mit blödem Lächeln und hält in der Hand irgend etwas Weißes, das ihn wohl interessiert, das er aber nicht begreifen kann. Hintergrund ist eine Handlung für sich. Absichtlich, um zu zeigen, wie unberührt der (oder die?) Menschen der ganze Naturvorgang läßt, er ist nur bei sich und seinem Weiß. Der Himmel ist ganz schwarz. Wie durch einen Hieb aufgehauen (ich schreibe so, wie ich es mir denke, ob es erreicht ist, weiß ich augenblicklich nicht) brechen aus der Wunde, die zinnoberrot ist, rote und gelbe Strahlen, so daß eine fahl-rote Beleuchtung entsteht. Zwei Häuser und eine Kirche neigen sich nach rechts dem Lichte zu, wie in Sehnsucht, mit aufgesaugt zu werden. [...]

1918

Walter Gramatté an Hermann Kasack.
Berlin, 12. 4. 1918 (Abschrift)

Hermann, irgend etwas in mir ist heut gestorben. Es ist sehr leer plötzlich, oder, nein, sehr müde bin ich, so müde, weil es so geschmerzt hat. Ich habe erst nach Potsdam angerufen, vielleicht, daß Du da wärst. Dann dachte ich zu telegraphieren, aber das kam mir sehr albern vor, vielleicht ist das
Taf. 17 und 18 Ganze albern, aber denke doch, die Zeichnungen! *Das Betteln –, ist nicht mehr*!!! Der Narr, das Entsetzen – verdorben! Das Frieren, an dem ich so hing verdorben, zu schlechtes Papier, es löste sich nicht. Ich war selber beim Drucker, er hat wie toll gearbeitet, es ist nichts zu retten, er hat vor

meinen Augen alles getan, was möglich war. O! Das tat weh so eines nach dem andern entzweizugehen sehen. Der Drucker wollte schon nicht mehr, aber ich wollte es erzwingen. Nur die „Sehnsucht" ist noch da. Da haben wir die geilen Hände von gelassen. Eine Hoffnung bleibt noch, „Das Frieren" wird gerade noch als Skizze für das Bild zu gebrauchen sein. Taf. 19

Das Betteln im Papierkorb, das ist so häßlich, so traurig, das Frieren verdorben! Hermann, ich habe nicht geglaubt, daß ich so an diesen Dingen hätte hängen können. [...]

Walter Gramatté an Hetta Lindhorst.
Bernried, 17. 7. 1918

Eben habe ich die vier Entwürfe zu der Erzählung von Manfred Georg für den „Marsyas" fertig gemacht, einen („ersten Zustand") radiert, die Scene in dem Café mit den Krüppeln, die durch die zerbrochne Scheibe wanken. Morgen mache ich die andern: einen großen Kopf, mit irrsinnigen Augen, dem man eben eine Kugel durch die Stirn gejagt hat, dann eine Scene im Theater, dann die vierte, auf die ich mich sehr freue: ein Sturz irgendwoher in die Unendlichkeit, ein Sturz ohne Ende. Ich werde mir große Mühe geben, da ich Manfred Georg gern habe –. In den nächsten Tagen mache ich auch die Illustrationen zum Gogol fertig, [...] Taf. 20 bis 34

[...] wenn nur keine Musterung kommt! Nur nicht wieder Soldat werden. Ich möchte so gern den Krieg vergessen, hier wenigstens, aber es geht doch schlecht. Ich lese zwar gar keine Zeitung hier, aber man kann hier manchmal den Geschützdonner von der österreichisch-italienischen Front [hören], da wird man dann schon aus seinen Träumen wachgerüttelt. Vorgestern gingen wir lange spazieren und hatten einen schönen Abend, da ging es plötzlich unheimlich los mit dem Gegroll, man konnte sogar die schweren Geschütze heraushören. Wir haben lange gelauscht, jeder hatte ein fröstelndes Gefühl. Heut höre ich zufällig von Dr. Przygode, der aus München kam, der Heeresbericht, italienische Front: „Schlagartiger Feuer-Überfall der Italiener..." Das war's also. [...]

Tafel 9
„Warten". Kaltnadelradierung, 1918
(Eckhardt 124)

Tafel 10
„Der Wahnsinn". Tusche, 1917
(Z 39)

Tafel 11
„Traum". Tintenskizze, 1917
(Z 43)

Tafel 12
„Die schwarze Sonne". Tusche, 1917
(Z 42)

Tafel 13
„Die schwarze Sonne". Kaltnadelradierung, 1919
(Eckhardt 130)

Tafel 14
„Die schwarze Sonne". Tusche, 1919
(Z 90)

Tafel 15
„Novemberportrait“ (Selbstportrait). Kaltnadelradierung, 1918
(Eckhardt 125)

Tafel 16
„Salome". Tusche, 1917

Tafel 17
„Das Müdesein". Lithographenkreide, 1917
(Z 68)

Tafel 18
„Das Frieren“. Kreidelithographie, 1917
(Eckhardt 49)

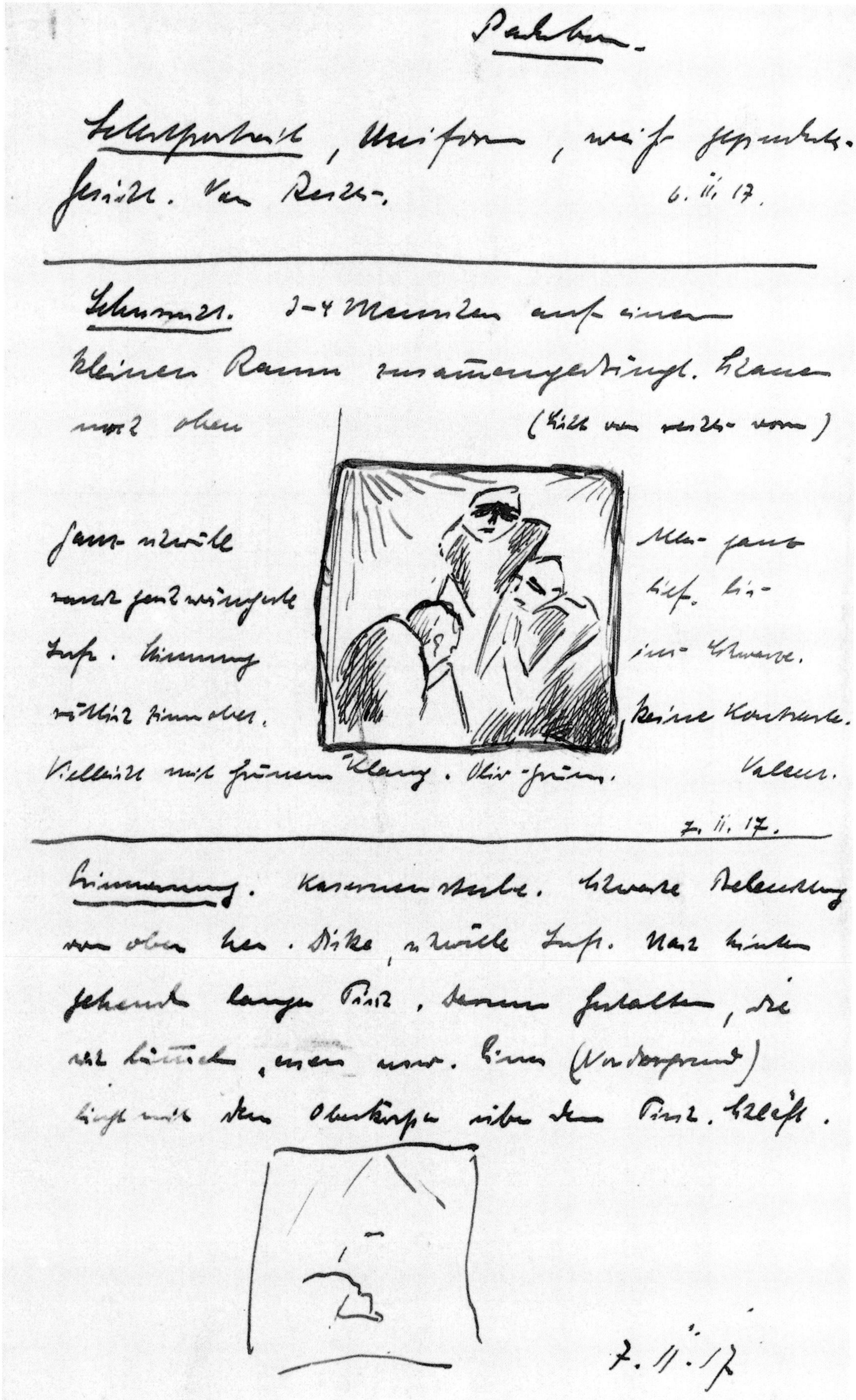

Tafel 19
„Sehnsucht". Tinte, 1917
(Z 44)

Tafel 20
„Der Rebell". Kreidelithographie, 1918
(Eckhardt 52)

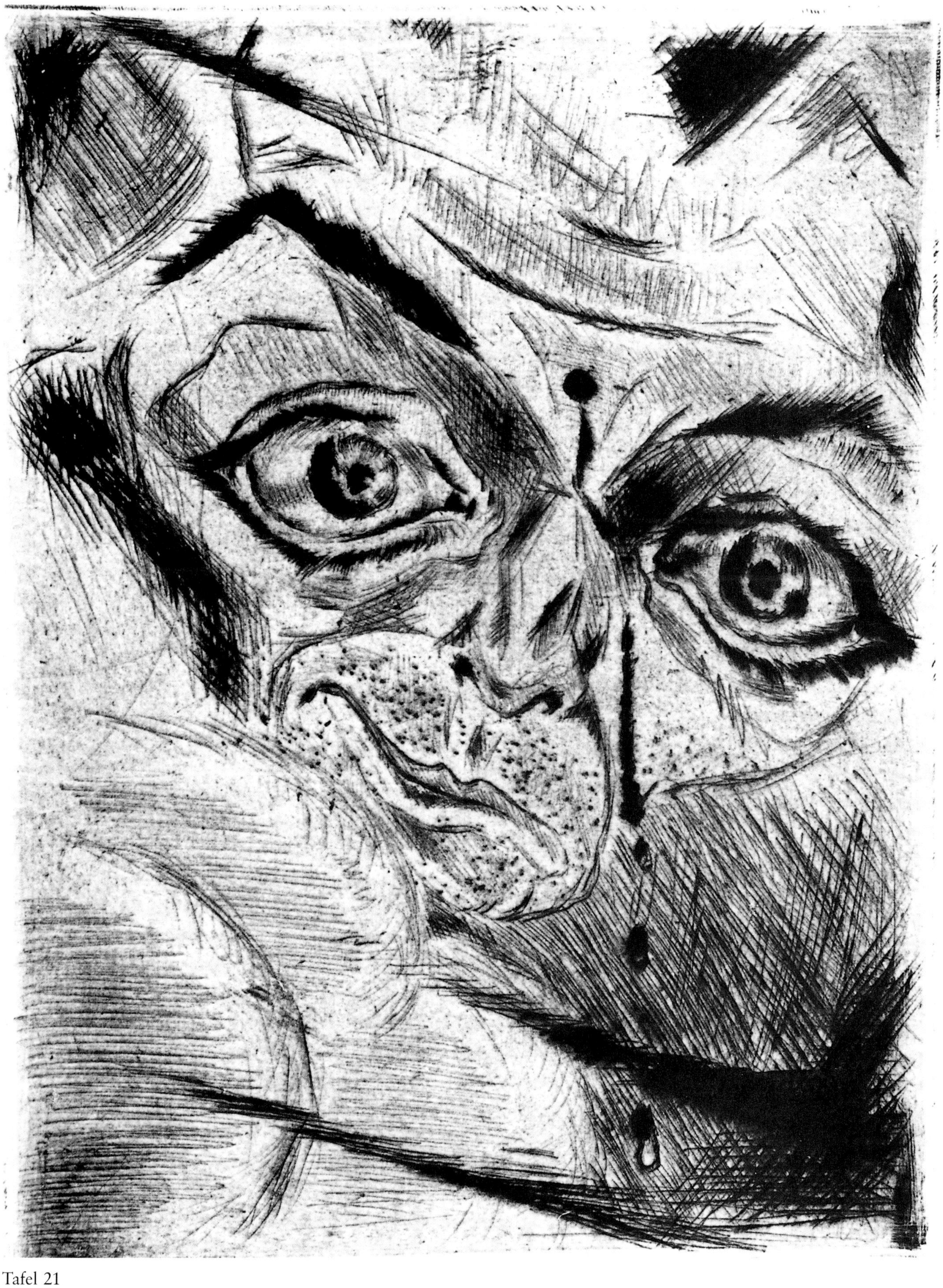

Tafel 21
„Der Rebell“ (Blatt 1). Kaltnadelradierung, 1918
(Eckhardt 119)

Tafel 22
„Der Rebell“ (Blatt 2). Kaltnadelradierung, 1918
(Eckhardt 120)

Tafel 23
„Der Rebell" (Blatt 3). Kaltnadelradierung, 1918
(Eckhardt 121)

Tafel 24
„Der Rebell“ (Blatt 4). Kaltnadelradierung, 1918
(Eckhardt 122)

Tafel 25
„Der Mantel“ (Blatt 1): Der Morgenweg zum Amt.
Kreidelithographie, 1918
(Eckhardt 55)

Tafel 26
„Der Mantel“ (Blatt 3): Akaki zeigt dem Schneider die auszubessernden Stellen. Kreidelithographie, 1918
(Eckhardt 57)

Tafel 27
„Der Mantel“ (Blatt 4): Akaki geht ratlos auf der Straße.
Kreidelithographie, 1918
(Eckhardt 58)

Tafel 28
„Der Mantel“ (Blatt 5): Akaki läßt sich einen neuen Mantel anmessen.
Kreidelithographie, 1918
(Eckhardt 59)

Tafel 29
„Der Mantel“ (Blatt 6): Akaki trägt den Mantel das erste Mal auf der Straße. Kreidelithographie, 1918
(Eckhardt 60)

Tafel 30
„Der Mantel" (Blatt 7): Akaki hat in einer Auslage das Bild einer hübschen Frau gesehen. Kreidelithographie, 1918
(Eckhardt 61)

Tafel 31
„Der Mantel" (Blatt 8): Zwei gespenstische Hände greifen nach etwas.
Kreidelithographie, 1918
(Eckhardt 62)

Tafel 32
„Der Mantel“ (Blatt 9): Akaki in Fieberphantasien.
Kreidelithographie, 1918
(Eckhardt 63)

Tafel 33
„Der Mantel“ (Blatt 10): Akaki im Sarg aus Fichtenholz.
Kreidelithographie, 1918
(Eckhardt 64)

Tafel 34
„Der Mantel“ (Blatt 12): Die Kalinkin-Brücke, bei der es nachts spukt.
Kreidelithographie, 1918
(Eckhardt 66)

Walter Gramatté an Manfred Georg.
Bernried, 18. 7. 1918 (Abschrift)

Heute, mit diesem Brief zusammen, gehen die Platten an Ruckenbrodt ab. Ich will Ihnen darum, nein nicht darum, sondern, ich will Ihnen nun sagen, welche Momente ich herausgegriffen habe. [...]

Also ich habe gewählt: 1. Manuskript Seite – 9 –. Sturmangriff, Verwundung Peters. „Ein schreckliches Lachen floß ihm breit heraus, als er die Reiterpistole vom Gurt riß und dem sich in Todeswehen bäumenden Freund mitten zwischen die entsetzten Augen schoß." Ich habe da ganz groß Peters Gesicht gezeichnet, mit den irrsinnigen Augen, zwischen denen ein dunkler Kreis sitzt, aus dem dunkles Blut über sein Gesicht rinnt und herabtropft. Rechts in der Ecke angedeuteter Pulverdampf. Ich glaube, es wird Ihren Beifall finden. Ich halte es besonders darum schon für geeignet, da es als erstes eben das Gespenst Peter zeigt, das sich ja dann so entsetzlich bis zum Ende hindurchwälzt. *2. S.* – 14 – Theater-Scene. Robert zwischen den Leuten „und ich muß meinen Freund erschießen? Für wen denn? Für die da ...?" *3.* Dann die Café-Scene. *4.* zu – 45 – Der große Sturz. Ein Sturz aus Sonne und Sternen in die Dunkelheit. Ich glaube, Sie werden sich freuen. [...]

1919

Vertrag zwischen Walter Gramatté und Hans Joel.
Berlin und München, Januar 1919

§ 1

Herr Hans Joel zahlt Herrn Walter Gramatté jährlich M. 6000,– in monatlichen Raten von M. 500,–.

§ 2

Herr Walter Gramatté verpflichtet sich, als Gegenleistung Herrn Hans Joel seine gesamten graphischen Werke, bestehend aus radierten Platten, geschnittenen Holzstöcken und lithographierten Steinen, sowie Druckplatten usw. für andere graphische Techniken zur Verwertung mit sämtlichen Rechten zu übergeben. [...]

§ 4

Wird nach der festgesetzten Wertberechnung der oben erwähnten Lieferungen der Satz von M 6000,– im Jahre nicht erreicht, so steht Herrn Hans Joel das Recht zu, ein Gemälde dafür zu übernehmen, zu den unter § 8 festgesetzten Bedingungen. [...]

§ 8

Herr Hans Joel besitzt für sämtliche künstlerischen Arbeiten des Herrn Walter Gramatté, soweit sie während der Vertragsdauer bestehen oder geschaffen werden, zeitlich unbeschränktes Vorkaufsrecht. Portrait-Aufträge liegen außerhalb des Vertrages. [...]

Unterschrift:

....	*Walter Gramatté*
München, den 1919	Berlin, den 30. Jan. 1919

Erich Heckel an Walter Gramatté.
o. O., 16. 10. 1919

Wie ich mich mit Ihnen freue, daß Ihnen die wenigen Tage am Meer so viel gaben. Möchten Sie nun gut arbeiten können. Es ist sehr viel von Ihnen, jetzt sich mit dem Umbau, den Handwerkern u. der Wirtin zu beschäftigen und Kraft und Zeit mir zu opfern. Ich habe so selten Menschen gefunden, die fähig waren, einem andern zu liebe etwas zu tun – ich meine Männer –, daß ich es sehr hoch achte. Flaubert unterbrach irgendeine ihm äußerst wichtige Arbeit in Rouen und fuhr nach Paris eines Freundes wegen und sagte: Die menschlichen Beziehungen gehen vor allen anderen Arbeiten vor. [...]

Erich Heckel an Walter Gramatté.
o. O., 4. 11. 1919

Sie haben mit dieser leidigen Ateliergeschichte eine Menge Mühe und ich wollte wirklich, es würde nun so oder so entschieden, damit Sie sich wieder Ihrer Arbeit widmen können. Sie schrieben von den Zweifeln, ob Sie diesen Vertrag abschließen sollen. Ich muß ja in Ihrem Falle fast dazu raten, da Sie eine solche Fülle von Ausgaben haben, die so regelmäßig mit Ihrer Forderung an Sie herankommen, daß Sie eigentlich durch solchen Vertrag erst etwas freier werden. Freilich ist es für die Kunst eine große Belastung. Aber vielleicht ist Joel kein allzu kalter Geldmensch. Und die Hauptsache dabei: Sie müssen nicht liefern müssen, was nicht fertig ist für Sie.

Bald bin ich ja nun auch in Berlin und wir können dann einmal eine Nacht reden und vor Ihren neuen Arbeiten wie vor meinen manche Frage zu klären suchen. Denn das starke seelische Erlebnis allein macht noch kein Bild – wenn es auch die Voraussetzung, die Ursache, der Sinn des Bildes ist. Der Reichtum oder besser die Einfachheit der Mittel der Darstellung wird wohl nur von einem einfachen Menschen gefunden – ich meine einem gesammelten, klaren – sogar heiteren Menschen.

Walter Gramatté an Edleff Köppen.
o. O., 20. 11. 1919 (Abschrift)

[...] Lieber Edleff, mich könnte nur eines zum zweiten Mal an den Rand bringen: Daß mir die Möglichkeit genommen wird zur Arbeit, zu der Arbeit, die mich hält, die mein Leben macht. Ich stehe Tag und Nacht vor der Staffelei, male, schnitze, kratze, bis ich eben schlafe. So geht es. Ich habe schreckliche Angst vor dem Augenblick, an dem eine Arbeitspause eintreten kann. Wo dann hin mit der vielen Zeit? Mein Leben überlegen? Ob ich das wohl ertrage. Ich habe mir überlegt, daß ich dann vielleicht in die Druckerei gehen werde und drucken lernen, damit ich Beschäftigung habe und nicht allein mit meinen schlimmen Gedanken bin. Vielleicht ist es ein Glück für mich, daß ich soviele äußere Sorgen habe. Vielleicht! Ach

Taf. 35, 36 und 53

ich wollte ja nun sachlich etwas sagen. Das Geld. Ja. Lieber Edleff. Du weißt, ich habe 500 M im Monat. Du weißt, daß ich 200 M brauche für Miete, Aufwartefrau, Licht, Gas zum Kochen, Porto und so Kleinigkeiten. (Vergiß nicht, daß ich einen Haushalt habe.) Ob Du Dir denken kannst, daß ich, wenn ich mich bis zum *äußersten* einschränke 150 M für Material brauche, weiß ich nicht. Ich kaufe *keine* Rahmen oder so etwas. Nur Kupfer, Farbe, Pinsel, Leinwand. Das sind knapp gerechnet 350. Bleiben 150 M. Ich esse gewöhnlich die Woche 2 mal zu Mittag (das ist gewöhnlich bei Frau Heckel), sonst koch ich mir Pellkartoffeln oder so etwas, rauchen tue ich ganz wenig. Bücher, Theater, Concert oder derlei Belustigungen sind natürlich ausgeschlossen. [...] Lieber Edleff, nun zieht Heckel in 3 Wochen etwa ins Nebenhaus. Beide sind sehr sehr gut zu mir. Das gibt sehr viel Mut und auch einige Kraft. Ich werde im Frühjahr in der „Freien Sezession" ausstellen, mit Heckel, vielleicht kommt dann etwas Geld. [...]

1920

Walter Gramatté an Edleff Köppen.
o. O., 15. 2. 1920 (Abschrift)

[...] Ich will Dir sagen, was ich so tue. Ich zeichne viel. Ich habe ein Modell, ein schön gewachsenes junges Mädchen. Es rief eines Tages bei mir an, ob es kommen könnte. Da ich zufällig jemand suchte, sagte ich ja. Ich weiß weder wie es heißt, noch die Wohnung. Ich gebe die Woche ungefähr 20 M. Ich zeichne möglichst jeden Tag 3–4 Stunden. Dann, wenn sie fort ist, muß Pritzkow, der vorläufig bei mir wohnt (wir wollen Ende nächster Woche eine kurze Zeit fort und es lohnt nicht, jetzt schon ein Zimmer zu mieten) heran. Da mache ich meist große Farbstudien. Pritzkow mit der Gitarre, beim Essen, in der Badewanne usw. Ich arbeite ohne bestimmte Absicht drauf los und glaube, daß ich dabei etwas lerne. Ich habe schon einen ansehnlichen Haufen solcher Ergüsse. Von Hetta weißt Du wohl schon, daß ich ein neues Bild habe, eine Andacht. Eine Häuserlandschaft um eine Kirche herum in der Frühe „Der Mann am Spiegel" (das Bild kanntest Du wohl schon?). Hat sich sehr verändert. Es ist jetzt ganz dunkel. Blau, Rot, Blaugrün, das Gesicht nur helles Gelb. Mit der Leerheit der Flächen im „Lesenden" wirst Du wohl recht haben. Ich habe es daraufhin angesehen. Ich mag aber nicht drüber sprechen. Ich glaube, es lohnt nicht, ich liebe das Bild nicht. Ich muß dir bald einmal Genaueres schreiben über den Wert, den diese Bilder für mich haben. Ich will ja nur der Verkittung [?] meiner Farben ausweichen. Gestern hab ich mein bisher größtes Bild begonnen. „Die schwarze Sonne", die dann wohl einen anderen Namen haben wird. Es ist 1,60 x 2,20 Mtr. Ich habe gestern und heute daran gearbeitet. Dieses Bild strengt unglaublich an. Es ist schwer. Vielleicht hätte ich es nicht malen sollen. Es wird noch sehr lange dauern. Es ist sehr teuer. Die leere Leinewand mit Keilrahmen 450 M. Und nun, was ich drauf male an Farbe, Lack usw. Es ist ein schrecklicher Zustand. Meine Ausstellung ist nun geschlossen. Ich habe 7 Graphiken verkauft und das „Selbstbildnis mit weißem Gesicht". Nun ist es fort und wird nicht mehr quälen. Graphik: „Warten", „Mann am Spiegel" (Rad.) und die 5 Blatt Tolstoi. Die Ausstellung geht weiter nach Hamburg, von wo mir eine

Taf. 54 und 37 bis 45

Einladung zuging. Die Kritiken enthielten fast alle viel Ablehnung. Sie sind sehr unsicher und behandeln mich teilweise als „komplizierten Fall". Man weiß nicht so ganz. Trotz allem finden sie dann doch noch immer etwas, das „sehr stark", „grausig-gräßlich" (Kreuzabnahme) oder „unheimlich und dämonisch" ist („Traum v. d. Fischen") und „Mann im Schlitten". Am stärksten lehnt mich Dr. Glaser ab (BörsenCourir). Ich freue mich aber, daß er sich ab und zu kratzen muß, und sich räuspern und mir wie im Vorjahre eine lange Spalte widmet. Ohne längere Vorrede gehts auch nicht. Die Hauptbestandteile sind: „Von sehr verschiedenartigen Erscheinungen sei zu berichten ... Einlaß ins Tor der Kunst ... ernstlich strebend ... bleibt verschlossen. Nach diesem Stoßseufzer sei mit dem Bekenntnis begonnen, daß Walter Gramatté ebenso wenig wie im vergangenen Jahr „dem Beschauer von seinem Genie zu überzeugen vermag. Ein nicht eben starkes Talent, verführt, Vorstellungen einer leicht erregbaren Phantasie zu realisieren. Gemalte Literatur, deutlich, aber bildnerisch wohlmeinender Dilettantismus. Selbstquälerische Manier." Dann kommt Vergleich mit Paul Klee, als am andern Pol stehend. Wir beide ungefähr gleiches Niveau. („Der Mensch ist in der Mitte gut" hat einmal Hausmann gesagt. Vielleicht stimmt's.) Ernst Cohn – Wiener, der mir nach wie vor gut gesinnt ist, schreibt niedliche Sachen. Der kommt so mit dem Seziermesser: „Die Galerie Möller stellt Walter Gramatté aus, den Maler gespenstiger Alben, ängstigende Endlosigkeiten. Ein komplizierter Fall. Die Diagnose müßte etwa lauten: Das Lustgefühl, das im Schaffen jeden Bildes wirkt, ist bei Gr. nicht, wie meist, die Schöpfung des Bildes, sondern die Befreiung des Malers von quälenden Gesichten", – ach, ich habe ja diese Kritik zufällig 2 mal, ich schicke sie mit. Die Schlußfolgerung ist nicht so dumm. Ich glaube an die schönen Bilder. – Ein komischer Beruf! Wirklich! – [...]

Taf. 46 und 55 bis 58

Tafel 35
„Siddi Heckel“ (erster Zustand). Holzschnitt, 1919
(Eckhardt 22)

Tafel 36
„Siddi Heckel" (dritter Zustand). Holzschnitt, 1919
(Eckhardt 22)

Tafel 37
„Der Mann am Spiegel“ (Selbstportrait). Holzschnitt, 1919
(Eckhardt 26)

Tafel 38
„Der Mann am Spiegel“ (Selbstportrait). Kaltnadelradierung, 1919
(Eckhardt 135)

Tafel 39
„Lebender Leichnam“ (Blatt 2). Bleistift, 1919
(Z 84)

Tafel 40
„Lebender Leichnam“ (Blatt 3). Bleistift, 1919
(Z 85)

Tafel 41
„Der Lebende Leichnam“ (Blatt 1): Zum vierten Bild. Fedja und Sascha.
Pinsellithographie, 1919
(Eckhardt 68)

Tafel 42
„Der Lebende Leichnam“ (Blatt 2): Zum sechsten Bild.
Fedja vor dem Besuch Maschas. Pinsellithographie, 1919
(Eckhardt 69)

Tafel 43
„Der Lebende Leichnam" (Blatt 3): Zum siebten Bild. Fedja spielt zum ersten Mal mit dem Selbstmord. Pinsellithographie, 1919
(Eckhardt 70)

Tafel 44
„Der Lebende Leichnam“ (Blatt 4): Zum neunten Bild. Fedja und Pjetuschkoff. Pinsellithographie, 1919
(Eckhardt 71)

Tafel 45
„Der Lebende Leichnam“ (Blatt 5): Zum zwölften Bild. Fedja stirbt.
Pinsellithographie, 1919
(Eckhardt 72)

Tafel 46
„Der Traum von den Fischen". Kaltnadelradierung, 1919
(E 133)

Tafel 47
„Tragische Sendung" (zwei Skizzen). Tusche auf Pergament, 1920
(Z 101)

Tafel 48
„Tragische Sendung“ (Blatt 1): Zur ersten Szene. Holzschnitt, 1920
(Eckhardt 28)

Tafel 49
„Tragische Sendung“ (Blatt 2): Zur zweiten Szene. Holzschnitt, 1920
(Eckhardt 29)

Tafel 50
„Tragische Sendung“ (Blatt 3): Zur dritten Szene. Holzschnitt, 1920
(Eckhardt 30)

Tafel 51
„Tragische Sendung“ (Blatt 4): Zur vierten Szene. Holzschnitt, 1920
(Eckhardt 31)

Tafel 52
„Tragische Sendung“ (Blatt 5): Zur fünften Szene. Holzschnitt, 1920
(Eckhardt 32)

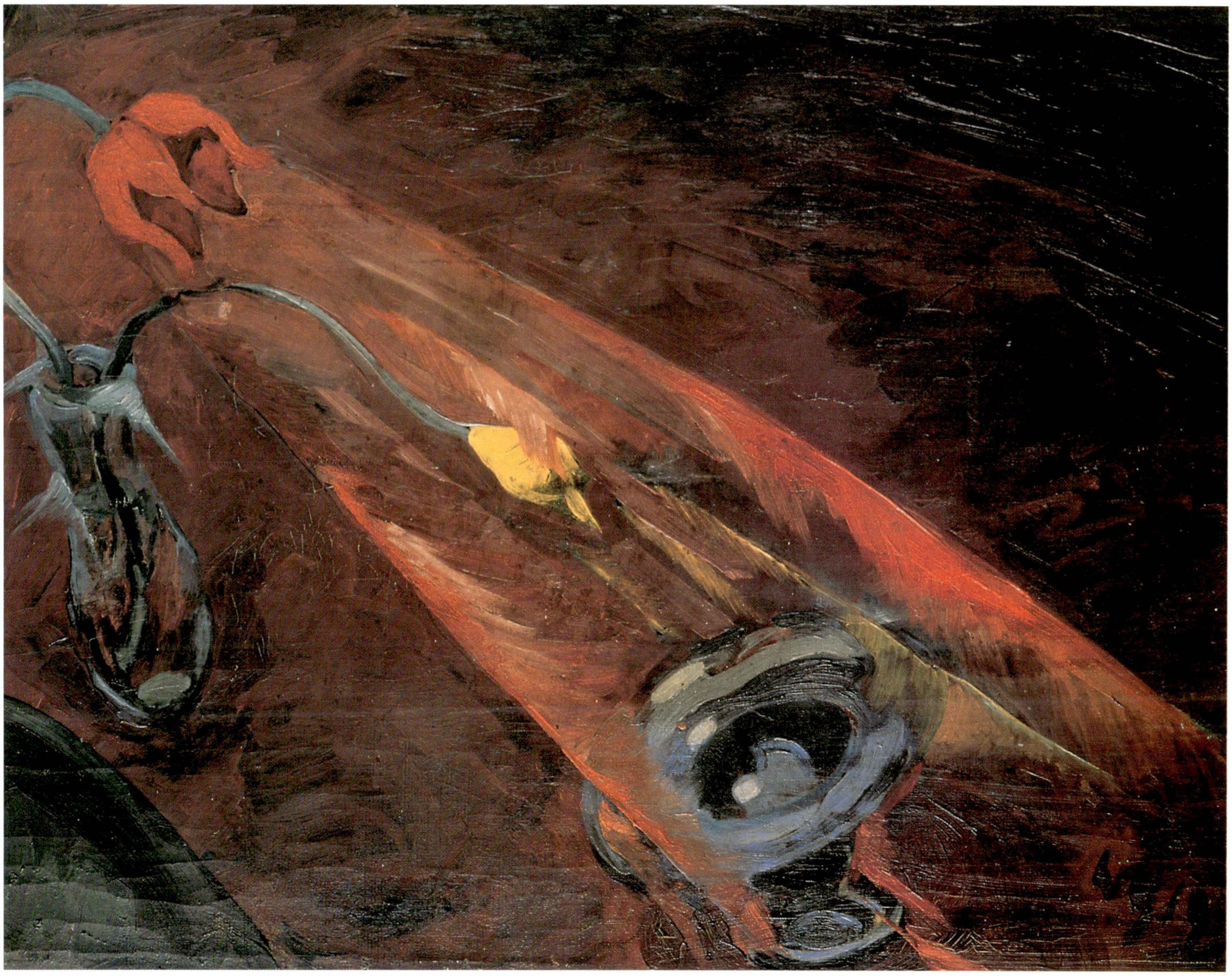

Tafel 53
„Kampf". Öl auf Leinwand, 1919
(B 55)

Tafel 54
„Kauender Mann“ (Walter Pritzkow). Aquarell, 1920
(A 22)

Tafel 55
„Kreuzabnahme". Öl auf Leinwand, 1919
(B 61 a)

Tafel 56
„Der Traum von den Fischen". Öl auf Leinwand, 1919
(B 60)

Tafel 57
„Der Mann im Schlitten". Öl auf Leinwand, 1920
(B 70)

Tafel 58
„Der Mann im Schlitten". Verdünnte Ölfarbe auf Pergament, 1920
(A 20)

Tafel 59
„Die Beichte“ (Studie). Tempera auf Papier, 1916
(A 2)

Tafel 60
„Die Beichte". Öl auf Leinwand, 1920
(B 74)

Walter Gramatté an Hermann Kasack.
o. O., 10. 5. 1920

Taf. 47 bis 52 Die „Tragische Sendung“ ist bis auf ein Blatt, das zweite fertig. Im Manuskript fehlt die zweite Scene. Wenn ich sie auch kenne, so will ich doch warten mit dem Schnitt, bis Du sie mir geschickt hast, damit ich sie noch einmal lese. Tu das doch bald. Die versprochenen Drucke kann ich nicht absenden, da ich selbst nur von jedem Stock einen Abzug besitze, den zweiten hat Rowohlt; ein paar 1. Zustände (ich glaube von 5 Stücken) schickte ich Edleff [Köppen]. (Nicht Dir, weil ich Dir ein ganzes Bild geben wollte). Die Drucke werden sehr bald hergestellt sein und ich schicke dann umgehend alles ab. Eine restlose Erfassung des ganzen Wesens der „Tr. S.“ war rein aus technischen Gründen für mich unmöglich. Das Format ist *zu* winzig. Einige Stücke habe ich ein paar Mal geschnitten. Ich mußte viel Kraft allein dazu aufwenden, das schmale Format durch rein geometrische Linien in der Wirkung zu vergrössern, besonders zu verbreitern. Ich war erst sehr enttäuscht über das Ganze, jetzt, nachdem ich die Abzüge der Reihe nach nebeneinander seit einiger Zeit auf dem Tisch habe, finde ich doch eine durchgehende Geschlossenheit. Ich habe in den Schnitten (wie in allen meinen Arbeiten jetzt) sehr viel Wert auf eine klare, einfache, ungekünstelte, ja, möglichst harmlose Form gelegt. [...]

Walter Gramatté an Edleff Köppen.
o. O., 15. 5. 1920 (Abschrift)

[...] Gestern bekam ich von Rowohlt 2000 M für die „Tragische Sendung“ (10 Holzschnitte). Ein paar ganz fein, aber das Format ist zu lächerlich (8 x 14), man kann nicht aus sich heraus und muß durch viele konstruktive Linien das Format in der Wirkung verbreitern. Ich hatte leider keine Druckerschwärze, um mehr drucken zu können. Ich habe von jedem Blatt selbst nur einen Abzug, dann Rowohlt je einen. Dies sind die ersten Zustände. Es hat sich manches noch geändert. So die letzte Scene erheblich. Ich schicke 1, 2, 5, 6, 9, 10. 6 ist vielleicht unklar, dennoch halte ich es für einen der besten, durch die große Einfachheit und Ruhe. Es ist für die Scene mit der Sängerin im Café. Das heißt, es ist die Abgeschiedenheit der beiden von dem lärmenden Tosen unter sich. Die linke Ecke zeigt, ganz ornamental und unauffällig einen der Schädel unten. Vielleicht kannst Du den Schnitt begreifen. [...]

Walter Gramatté an Wilhelm Niemeyer.
Berlin, 15. 7. 1920 (Abschrift)

[...] Nun arbeite ich. Male an einem großen Bild, das mich seit Jahren beschäftigt. Gremsmühlen war nötig, daß es endlich heraus kam. Ich male
Taf. 59 und 60 die „Beichte“. Ich habe selten mit einem solchen Gefühl von Kraft und Willen vor meiner Staffelei gestanden. Ich arbeite von morgens 8 Uhr bis nachts 4 Uhr, gehe nur aus Vernunft schlafen, so hat es mich diesmal. Nie

war das in dem Maße. Und ich glaube, es wird! Wird vielleicht ein wenig alten Bildern gleichen. Ich glaube, ich ahne jetzt meine Form. Das ist nicht ganz richtig. Die Form weiß ich, zu der ich muß; ich könnte mir ein Bild, das ich in 20 Jahren malen werde ganz klar vorstellen. Aber ich ahne den Weg dahin. Soll ich von der „Beichte" reden? Es ist sehr schwer, aber ich will es doch tun. Das Bild wird der Inhalt eines Schrittes sein. Die Summe der letzten Jahre. Es ist mir, als müßte ich das tun, bevor ich mich an das ganz Neue wage. Ich muß das tun, um mich loszulösen. Der Inhalt des Bildes ist vielleicht ein wenig polemisch. Ich brauche das hier, ich will und darf mich auch nicht aus der Zeit herausstellen. Es wird eine Beichte abgehalten. Vor dem Altar vor dem Kruzifix der Geistliche. Ein wenig fettes Gesicht, erhobene Hände. Es fallen wohl große und schwere Worte von Liebe und Sünde. Jedenfalls nimmt man das an, denn die Menschen in der Kirchhalle wälzen sich halb auf der Erde, heben flehentlich die Arme oder blicken stumpfsinnig und gelähmt, verharren in unsinnigen Gebärden. Links und rechts vom Altar blickt man durch zwei Fenster, die eine reine und klare unendlich gütige Landschaft sehen lassen. Ganz leichtes Licht führt von hier aus auf die Hauptgestalten des Bildes, zwei lebensgroße Figuren.

Abb. 26 Wilhelm Niemeyer, ca. 1940

Links eine kniende Frau, rechts ein stehender Mann mit über der Brust gefalteten Händen. Beiden das schwere Schicksal des Mensch-seins anzusehen, aber beide durchgerungen zum Wissen zum Ahnen um die Dinge. Mit dem ganzen Wollen ihrer Seelen beugen sie sich, beichten. Sie haben nicht Anteil an dem Taumel, der Verzweiflung des Raumes, sie knien ja in der Landschaft da draußen, in Gott. Eine kleine Figur ist noch wichtig: Die Stehende am linken Fenster. Es ist die einzige der kleinen Figuren, die ihr Gesicht den beiden großen Figuren vorn zuzuwenden versucht. Dieser Mensch ahnt ein wenig. Instinktiv ahmt er die gefalteten Hände der beiden nach und sein Gesicht nimmt einen befreiteren Ausdruck an. Wenn man hoffen kann, kann man sich in Bildern mit weniger Qual sehen, als sonst. Ich kenne den Geistlichen, ich kenne die Schreienden, die Verzweifelten, ich kenne den Mann am Fenster, ich sehe ganz fern die Menschen mit den gefalteten Händen. Vielleicht bin ich schon jetzt sehr glücklich. Eine Stille fühle ich schon. –

Ich will noch kurz von den Farben sprechen. Ich lege eine kleine Skizze ein, damit Sie wenigsten über den Aufbau orientiert sind, sie stimmt allerdings nicht ganz in den Verhältnissen; unten rechts ein Grundriß, der natürlich länger sein muß. Den Zusammenhang der einzelnen Werte (nicht Farben) zeichne ich mit Buntstiften ein. Also die Farben sind wieder sehr tief und dunkel. Ich habe jetzt unerhört tiefleuchtende Farben erzielt. Von der Intensität der Decke des „Mann im Schlitten", aber viel dunkler und ruhiger. Aller Hintergrund einschließlich der Figuren ist ganz düster grün gehalten. Die Landschaft in den Fenstern leuchtend blau. Dieses Blau springt etwas dunkler und tiefer auf das Gewand der Frau vorn über. Das Gewand des Mannes vorn tiefleuchtend Rot geht auf den Mann am Fenster über und verklingt in einer roten Altardecke. Blaue Schatten tupfen überall an und geben dem leeren kalten Raum Beweglichkeit. – Ich schrieb so, wie ich mir das Bild denke, nicht, wie es bereits ist. Das brauchte ich aber wohl nicht zu sagen. Ich habe nun von dem was ich malen will, berichtet. Es ist noch einmal viel Grauen da, aber ich mußte noch einmal hinein, um ganz die betenden Menschen zu fühlen. Aber es leuchten ja die Betenden, das Grauen ist stumpf. Was wird nach dem wohl kommen? Ich glaube, der neue Schritt wird groß und gewaltig sein. So wird es im Anfang nach außen hin nicht sein. Ich stehe ja dann wieder am Anfang, aber es wird kommen. Ganz behutsam und ohne Pose will ich ehrlich und einfach schaffen und beten. Ganz, ganz allein bin ich und doch bin ich ganz still, bin froh über die viele Zeit, die ich zur Arbeit habe. [...]

Walter Gramatté an Hermann Kasack.
Malente-Gremsmühlen, 30. 8. 1920

[...] Ich will Dir das heut nur sagen –. Dr. Rosa Schapire (Fräulein) ist aus
Taf. 65 Hamburg gekommen, damit ich sie hier malen kann und reist morgen schon wieder ab, darum habe ich keine rechte Ruhe zum Schreiben. Ich wollte Dich heut nur grüßen. [...]

Erich Heckel an Walter Gramatté.
Osterholz, 1. 9. 1920

[...] Sie sagen, Sie haben nur *beste* Grüße bekommen; gibt es bessere als beste, wenn man den Sinn des Wortes so faßt, wie er ist; braucht man eine Übersteigerung und dreifache Wiederholung? Mir liegt das gar nicht, so müssen Sie das wohl hinnehmen. Sie sind überschwenglich und bleiben es hoffentlich noch eine Weile und brauchen deshalb durchaus nicht anzunehmen, daß alle immer gleich für oder gegen sind. [...]

Walter Gramatté an Wilhelm Niemeyer.
Berlin, 16. 11. 1920 (Abschrift)

[...] Dann gibt es etwas ganz Neues. Ich habe jetzt, nachdem Friedländer und Berger (Regisseure der Staatsoper) in dauernden Streitigkeiten liegen und dahin führte, daß Berger die Ziganka-Inscenierung, die ihm übertragen war und deren 1. Akt völlig fertig (und auch bezahlt) war, immer hinzog und angeblich keine „Stimmung“ hatte, die gesamte Regie der
Taf. 61 bis 64 „Ziganka“ übertragen bekommen. Ich bin sehr glücklich. Die erste Nacht war schrecklich; ich hatte plötzlich eine solche Schwäche, daß ich glaubte, die Verantwortung nicht tragen zu können. Ich werde sie tragen. Ich werde geben, was nur in mir ist. Da ich über alles bestimmen kann, so muß zum mindesten eine Einheit herauskommen. Ich male die Kulissen oder laß nach meinen Entwürfen arbeiten, ich studiere die Handlung der Pantomime ein, wie ich sie mir vorstelle usw. Es wird viel Arbeit sein. Ssantscha [Sonia Fridman] hat nun den ersten Akt in der Handlung fertig gelegt, alles weitere war für sie Vision, die auf die Füße zu stellen ich mit Ssantscha versuchen werde. Denken Sie, fast mit Sicherheit werden wir zur Verfügung haben: Die Impekoven und Sent Miahesa, die Türkin. Eigent-

lich ist mir ja ein bißchen schwül, daß solche Menschen nach meiner Regie tanzen sollen. Aber immerhin. Mit solchem Material wird es gelingen, meine Vorstellung zu verwirklichen. Heute beginnt die Arbeit. [...]

Walter Gramatté an Rosa Schapire.
Berlin, 12. 12. 1920 (Abschrift)

[...] Ich möchte, daß Sie meine aufrichtige Freundin sind und möchte, daß ich Ihr aufrichtiger Freund sein darf. Sie sollen Kritik üben an meinen Menschen und an meiner Kunst, aber vom Zeichen der unerschütterlichen Basis, der Unzertrennlichkeit. Sie sollen mich schelten, aber Sie möchten nicht ironisch sein. Sie sollen sagen: „Hör auf zu malen", aber Sie möchten nie abfällig, ich meine gleichgültig über mich urteilen. Verurteilen Sie meine Taten, aber bleiben Sie mein Freund, gerade dann, wenn meine Taten nicht Ihren Beifall finden. Vielleicht brauche ich Sie gerade dann am meisten. Glauben Sie an meinen Willen und glauben Sie nicht, daß Briefe, die nicht geschrieben, unnütz sind; die Gedanken sind ja *doch* da. Antworten Sie mir bald. Denn in einem solchen Fall von Ungewißheit reichen die Gedanken nicht. – Ssantscha und ich werden nun heiraten. Ich weiß, daß Sie Ssantscha nicht lieben. Vielleicht werden Sie sie einst durch meine Bilder lieben, wenn es ihre Musik nicht schaffen sollte. Vielleicht! Wir sind sehr freie Menschen, aber Sie fürchten, ich könnte mich mit Beschlag belegen lassen und mich nicht entwickeln? Könnte durch zu viel Schweres zusammenbrechen? Haben Sie das Schwerste nicht auch bezwungen? Wären Sie der Mensch, der Sie heute sind ohne all das? Schrieben Sie mir am 15. 10. nicht selbst: „Sie dürfen schon glauben, es ist keine am grünen Tisch erworbene Weisheit, sondern mit Herzblut und Tränen erkämpft und erprobt." – Wäre es nicht so, würde ich nicht so um Sie kämpfen. Ich schaffe es schon, glauben Sie mir, wenn mich die besten Freunde nicht verlassen. Freund sein heißt nicht: Warnung. Freund sein heißt: Schätzung der Tat des Andern, bereit sein, für den Zusammenbruch. [...]

1921

Walter Gramatté an Wilhelm Niemeyer.
o. O., o. D. (wohl Anfang 1921) (Abschrift)

[...] Heut nur noch sagen, daß ich auf jeden Fall die „Kündung" mache, ich sende Ihnen Allerbestes. – Wann ist der späteste Termin? Bitte schreiben *Sie*! Über mich und den Holzschnitt mit Ihrem Gedicht werde ich [mich] *sehr* bald machen. Ich weiß schon wie. Gang des heutigen Tages: Erst 10 Uhr aufgestanden, da gestern erst 2 Uhr zu Bett. Kleiner Imbiß. 11–12 Angst, da um 12 Uhr zwei Wurzeln gezogen. 1 Uhr Trost bei Heckel gesucht. 2 Uhr zu Haus, Brummschädel. Bis 3 Uhr mißglückte Telefongespräche. 3–4 Küchendienst und Stubendienst, da Aufwartefrau rausgeschmissen. 4–1/2 5 los, um Kuchen zu kaufen, da um 1/2 5 Schmidt-Rottluff das erste Mal bei mir. 1/2 8 – jetzt Post, die schwer daniederlag. [...]

Tafel 61
„Der träumende Knabe“ (Ziganka): Zum ersten Akt.
Pastell auf schwarzem Naturpapier, 1920/1921
(A 74)

Tafel 62
„Der träumende Knabe“ (Ziganka): Zum zweiten Akt Teil 1.
Pastell auf schwarzem Naturpapier, 1920/1921
(A 75)

Tafel 63
„Der träumende Knabe“ (Ziganka): Zum dritten Akt.
Pastell auf schwarzem Naturpapier, 1920/1921
(A 77)

Tafel 64
„Der träumende Knabe“ (Ziganka).
Pastell auf schwarzem Naturpapier, 1920/1921
(A 78)

Karl Schmidt-Rottluff an Ferdinand Eckhardt.
Berlin, 26. 10. 1968

Lieber Ferry,
[...] Walter muß ich durch Heckel kennen gelernt haben, Rosa Schapire kannte ihn wohl schon vor mir, aber sie lebte ja in Hamburg. So Ende 1920 dürfte stimmen. [...]

Walter Gramatté an Rosa Schapire.
Berlin, 30. 3. 1921 (Abschrift)

[...] um zu einer Entscheidung zu gelangen und wieder einmal schlafen zu können, habe ich gestern den Vertrag mit Beckmann unterzeichnet. Also: in etwa 14 Tagen ziehen wir nach Hermsdorf. Vor drei Tagen habe ich noch überall berichtet, mit Hermsdorf würde nichts. Kaus, der mein Atelier bekommen sollte, wurde nun wieder abbestellt. Also nun geht es los, komme, was da mag. Ich glaube, ja, daß doch manches da draußen sehr schön ist. 1) Habe ich bereits 14 Jahre dort gewohnt, die Gegend ist mir also völlig vertraut, den meilenweiten Wald kenn ich bis in die kleinsten Winkel und Wege. 2) Es kommt wenig Besuch. 3) Wir sitzen uns nicht mehr aufeinander und ekeln uns an, sondern jeder kann arbeiten. Frau Beckmann ist ja Opernsängerin. Es existiert also, da das Haus von Beckmann selbst erbaut ist, ein herrlicher Musiksalon, ein fabelhaftes, etwas allzu großes Atelier, ich glaube 12 x 12 x 7 oder 8. Schwer heizbar. Dann hat 4) ein Mann, der so alle Hausarbeiten macht, zwei Kühe, und der hat mir bereits ins Ohr geflüstert: „Wenn Sie Milch möchten ...". Also, das ist vielleicht auch zu bedenken. Das Herrlichste aber ist 5) wahrscheinlich die Ruhe. Es wohnt kein Bankdirektor unter uns. Wir können Krach machen mit dem Flügel, wir können die Lithomaschine in Schwung bringen, wir können überhaupt alles. Zu bedenken sind eigentlich nur folgende Punkte: 1) Ich werde sicher enorm (gegen heute) besteuert werden. Meine hier einlaufenden Steuermahnzettel lauten: „Herrn Oberlehrer Gr." Den lege ich weg, dann kommt noch einer, dann kommt er, der Gerichtsvollzieher. Er kam schon oft. Das letzte Mal nun sagte er ganz traurig: „Ich glaube, Sie vergessen das bloß immer, wollen Sie nicht fürs ganze Jahr bezahlen!" Und das war nicht viel, das tat ich. Aber in Hermsdorf wird sich das wohl ändern. Mann mit „Villa". Na, man muß sehen. 2) Peinlich ist die Kohlenfrage. Im Atelier stehen zwei mannshohe Öfen, Koks täglicher Verbrauch 1 Ctr. ohne die andern Räume. 3) Das peinlichste an der Sache: Es sind viele Möbel stehn geblieben, da kein Platz war, sie fortzubringen, also halb möbliert. Also die Atmosphäre, die ich mir so langsam angewöhnt habe, ist falsch. Aber schließlich, es kommt ja auf das Arbeiten an und das geht sicher. Ich bin voll von Bildern [...]

Walter Gramatté an Rosa Schapire.
o. O., 26. 6. 1921 (Abschrift)

[...] Kennen Sie Hiddensoe? Kennt Schmidt-Rottluff diese Insel? Wie ein Gebet ist dieses Stück Erde. Rosa Schapire, mir ist als wenn ich versuchen muß dorthin zu kommen, für immer. Dort werde ich erreichen, was man überhaupt erreichen kann, oder ich werde seelenruhig mich an das Meer legen und keinen Strich mehr tun. Als ich auf diese Insel kam und durch den Dornbusch streifte, als ich auf den Bergen stand und dann vom Leuchtturm aus die kleine Insel übersah, mit dem rätselhaften Meer, da hatte ich so recht das Gefühl, wie lächerlich es ist, sich irgendwie auch nur im geringsten wichtig zu fühlen. Es ist ja so Wurscht ob man künstelt, oder sonst wie arbeitet, ob ein Hund bellt oder die Leute Fische fangen, jeder ist ein winziges Etwas, das zu dem Ganzen gehört. [...] Taf. 66 bis 68

Walter Gramatté an Paul Rauert.
Berlin, 10. 8. 1921 (Abschrift)

[...] Während Sie wieder von Berlin fort sind, habe ich eine gute Malperiode gehabt. Es gibt zwei neue Bilder und ein drittes noch nicht ganz fertiges. Das erste eine Stilleben, wenn man es noch so nennen kann, von toten Blumen und einem kleinen Altärchen. Das Altärchen mit einer Heiligenfigur, strahlt in überirdischem Licht. Gelb-bläulich-warm-weißlich; und auf roten Schatten kommen durch dunkles Blau Pflanzen, weiße und rosa Alpenveilchen, die ihre müden Blütenköpfchen hinter sich herziehen und vor dem Heiligen aufzurichten versuchen, wie, um einen letzten Segen zu bitten. – Das zweite Bild ist eine in Schlesien begonnene Mondlandschaft (nach dem Aquarell, das Ihnen gehört) und das jetzt fertig geworden ist. Das dritte Bild ist ein träumender Knabe, der mir schon lange vorschwebt, der dann im Pantegan seine schwarz-weiß-Lösung fand und jetzt fertig in fast gleicher Zeichnung entstehen soll. Nun, man kann ja im Brief nicht viel von Farben reden, es kommt doch nicht viel, oder gar nichts heraus. Ich freue mich jedenfalls darauf, Ihnen gelegentlich bei einem Ihrer nächsten Berliner Aufenthalte die Bilder zu zeigen. [...] Taf. 69 und 70

Walter Gramatté an Paul Rauert.
Berlin-Hermsdorf, 25. 9. 1921 (Abschrift)

[...] Ich habe in der letzten Zeit gut arbeiten können. Der „träumende Knabe" ist nun ganz fertig. Sie werden ihn kaum wieder erkennen. Ich glaube, dieses Bild ist eine meiner allerstärksten Arbeiten geworden. Wenigstens scheint es mir, als hätte dieser Knabe inmitten seines Waldes etwas von dem, was mir als das Wesentliche scheint. Er hat etwas von der Erkenntnis des Schmerzes der Menschheit, leidet und weiß zugleich, daß nichts umsonst ist. Und diese Erkenntnis führt fort von dem heißen Kampf, dem sich Aufbäumen, dem Gelähmtsein, dem Ermüden meiner früheren Bilder. Es führt zu einer Bejahung des Lebens. Das Leben wird freudig empfangen als eine Möglichkeit der Reinkarnierung. Von diesen Dingen zu träumen, vielleicht von dem Kommenden nächsten Leben kann niemand dem verwehren, der bald mit großem Bewußtsein aus eigenem Willen hingehen wird, um ohne alle Sentimentalität klaren Auges die Schmerzen die erfunden sind zu ertragen. Vielleicht kann es der „träumende Knabe“. Er träumt noch ein wenig, dann wird er erwachen und wandern. [...]

Walter Gramatté an Rosa Schapire
Berlin, 11. 10. 1921 (Abschrift)

[...] Gestern waren Heckels bei mir. Es war sehr schön. Ich habe den Schmidt-Rottluff aufgehängt, den kannte Heckel noch nicht. Er fand ihn *sehr* schön. Wir haben dann viel von S. R. gesprochen, und über Ihr Bild, das Heckel sehr gefällt. Ich bin sehr froh darüber. Haben Ihnen nicht die Ohren geklungen? Es war nur Gutes. Ich schicke Ihnen hier eine Reproduktion des Bildes nach Ihnen, weil ich glaub, daß es Ihnen ein wenig Freude machen wird. [...]

Walter Gramatté an Nick de Fridman-Kochevskoi.
Berlin-Hermsdorf, 22. 10. 1921 (Durchschlag)

[...] Ich habe für Berlin und von der allerbesten Kunsthandlung in Hamburg Einladungen zum Ausstellen erhalten, aber es wird sich nichts verwirklichen lassen, da zu wenig Arbeiten mir noch persönlich gehören. Da wir ungefähr 6000 Mark im Monat verbraucht haben, während des letzten Jahres mit seinen großen Umwälzungen, mußte ich zuviel Bilder hergeben. Nun habe ich mich wieder soweit heraufgearbeitet, daß ich wenigstens wieder 10 Bilder besitze, aber ich müßte noch den Winter durch arbeiten, wollte ich eine große Ausstellung veranstalten können. Darauf freute ich mich sehr, besonders, da ich in Berlin Januar 1920 zuletzt ausgestellt habe. (Damals war ich imstande drei ganz große Säle zu füllen. Bis dahin hatte ich jedes Jahr in Berlin ausgestellt, ebenso in anderen Städten Deutschlands, dann in Schweden, in Holland, in Amerika, in Belgien. [...]

Weißt Du, am liebsten möchte ich aus Deutschland raus. Ich liebäugle sehr mit Spanien, wohin ich gute Beziehungen hätte. Aber es ist vielleicht gut, wenn ich meinen Namen hier erst ganz unvergeßlich einpräge, dann kann ich später auch leicht und ohne Sorgen losgehen. – [...]

Walter Gramatté an Paul Rauert.
Paris, 27. 12. 1921 (Abschrift)

[...] Arbeiten! Wo anfangen? Wann schafft man auch Bleibendes? Ich habe gestern im Louvre die Mona Lisa gesehen. Haben Sie sie mal lange angesehen? Ich habe hier nicht viele Tage, darum werde ich vielleicht nur wenig ansehen. Es ist besser, wenig ganz zu sehen, als alles nur im Großen.

Gestern haben es mir zwei Dinge angetan. Die Mona Lisa und ein Bild von Velazquez: Portrait „d'une jeune femme" Ungeheuer! Da muß ich sehr oft hingehen. Dieser Velazquez! Ein kleines Portrait nur. Eigentlich nur zwei Augen und rosa lasierte Wangen. Unter dem Kopf in reichen ungeahnt zarten Farben Pelzwerk. Alles das gemalt in einer Art, die man als modern bezeichnen könnte. Ach, würde man indessen dieses „moderne" Bild in eine Ausstellung hängen, wo wären wir da. Kleine Schächer und Betrüger sind wir alle, unser ärmliches Geschmiere als Kunst zu bezeichnen! Mein Gott, haben diese Menschen damals wirklich Gott so nahe gestanden und sind wir wirklich so verlassen von ihm oder was ist sonst los? Das Merkwürdigste aber bleibt an unserem unbegnadeten Beruf, daß man nie ganz verzagt, daß man unendliche Leiden in die Seele fließen fühlt vor einem solchen Bilde, Leiden, die erst kommen werden und daß man sich beugt und sie bejaht! Das ist das Furchtbare, das Merkwürdige. Wie rätselhaft ist eine Menschenseele! Einmal, als ich in München den Isenheimer Altar sah, hörte ich auf, ein Jahr, ich tat nichts, vegetierte nur, wußte nichts. Und vielleicht war das eine sehr glückliche Zeit. Und nun ist es seit langem dahin. Wird vielleicht auch nicht wieder kommen. Ich werde wohl, wenn ich bald ein Atelier haben sollte, arbeiten, wie noch nie in meinem Leben. All unsere Arbeit wird nur zu keinem Ziel führen, wird aber vielleicht Kommenden ein gutes Sprungbrett sein. Aber selbst dafür muß man viel arbeiten, muß in dauerndem Kontakt bleiben. [...]

Walter Gramatté an Martha Rauert.
Paris, 30. 1. 1922 (Abschrift)

1922

Schimpfen Sie auf mich, tüchtig, seien Sie mir böse, vielleicht rüttelt es mich etwas auf. Ich bin sehr unglücklich. Deshalb schrieb ich nicht auf Ihren letzten Brief. Sie schrieben mir, wie sehr Sie das Bild lieben mit dem Meer! Welch eine Freude und welch Trauer für mich. Wie ich mich fürchte, nach Berlin zurück zu gehen und keinen Ort zu haben, wo ich arbeiten kann. Über ein Jahr nun schon dieses Leben. Ich werde ganz schwach und unglücklich, jeden Tag mehr und meine ganze Arbeit wird zu Grunde gehen. Und ich arbeite so gern! Aber ich brauche viel Ruhe und Alleinsein. Was wird werden? Ich schätze nicht meine Arbeiten, glauben Sie mir, aber ich fühle den Drang zu meiner Arbeit. Zu jedem Bild, das ich „beende" sehe ich einen neuen Weg, und nie kann ich weiter arbeiten. Und jetzt, wo ich das Gemale in Paris gesehen habe, fühle ich noch mehr die Verpflichtung. [...]

Taf. 73

Walter Gramatté an Paul Rauert.
Berlin, 21. 2. 1922 (Abschrift)

Wir sind wieder in Berlin. Viele herzliche Grüße von uns. Werden Sie bald wieder einmal kommen? Ich würde Ihnen gern manches aus Paris erzählen. So im Brief geht das schlecht und es ist auch nur halb. Es gibt vieles Schöne, aber ich bedaure sehr, daß ich nicht mit Ruhe dort sein konnte. Ich habe so gar nichts recht gehabt, weil die Sorge um Sonia und Wohnung mich ganz, fast ganz aufgefressen hat. Es war eine schreckliche Ankunft hier. So am Bahnhof stehen mit einem Gepäck und nicht wissen, wohin, Sonia ist jetzt bei ihrer Mutter in ganz furchtbarer Lage und ich sitze wieder bei Dr. Jatho, wenigstens nachts. Vom ersten Tag an bin ich wieder auf der Straße und suche. Nichts, nichts, nichts. [...] Ich war gestern in Hermsdorf draußen. Wie schrecklich alles. Ich habe im ganzen Ort nach Kohlen gefragt. Nichts. Und wenn in einem Jahr mein Vertrag abläuft, was dann? Ein Jahr ist nicht viel um eine Wohnung zu finden. Und außerdem, es käme ja doch nur der Sommer in Hermsdorf in Betracht. Es ist eine Eishöhle. [...]

Walter Gramatté an Paul Rauert.
Berlin-Hermsdorf, 2. 4. 1922 (Abschrift)

Taf. 71, 72, 74 bis 78 und 152

[...] Meine Arbeit schreitet indessen vorwärts. An der Mondlandschaft (aufgehender Mond auf Hiddensoe) habe ich sehr viel gearbeitet. Ich glaube eigentlich, daß sie fertig ist. Es ist ein ganz zartes Bild geworden, ganz vorsichtig, ganz behutsam in den Farben und in der Zeichnung. Ganz vorsichtig und behutsam steigt auch der volle Mond mit seiner oberen Hälfte aus zart rötlichem Nebel. Dann haben Sie ein Photo von einem Stilleben gesehen. Das ist jetzt ganz verändert. Es ist sehr fest geformt, in klaren starken Farben gehalten. Rosa, tief violett, Cobalt, Smaragdgrün und Kadmium. Es hat viel Räumliches bekommen, worum ich mich sehr sehr bemühe. Außerdem gibt es 5 neue Aquarelle und eins aus Paris, welches Sie nicht kennen, weil es mir zu schlecht schien. Ich hatte es nicht zerrissen, weil irgend etwas dran war. Nun habe ich es ganz überarbeitet und es scheint mir besser geworden zu sein. Oder habe ich es doch gezeigt? Es ist ein Mann hinter Blumen. Dann 1) Mondlandschaft, 2) Am Tisch sitzendes Mädchen. 3) u. 4) Schlafendes Mädchen. 5) Mein Atelier. Hoffentlich kann ich es Ihnen bald einmal zeigen.

Was die Pariser Aquarelle anbetrifft, die ich schicken sollte, so werde ich sie morgen bestimmt abgeben. Von dem Aquarell, wo man in mehrere Straßen von oben hineinblickt, möchte ich mich im Augenblick nicht trennen, da ich seit meiner Zeit in Hermsdorf an einem Bild danach arbeite und es bisher nicht zu schaffen war. [...]

Erich Heckel an Walter Gramatté.
Erfurt, 29. 5. 1922

[...] Die kl. Kirche auszumalen ist so verlockend als schwer – das kann ich Ihnen nachfühlen. Trotzdem: Hätten Sie nicht Skizzen machen können. Wenn man erst weiß, was man will, kommt auch die Kraft. Sie könnten sich es ja sehr erleichtern, indem Sie durch breite farbige Streifen den figürlichen Teil einschränken. Wenn es bis zum Winter Zeit hat, rate ich Ihnen gern und Kaus kann Ihnen technisch sehr helfen. – Von hier kann ich noch nicht viel sagen. Ich bin jetzt mit dem flüchtigen Aufzeichnen fertig.

Die meiste Zeit verging ja mit dem Abschleifen u. Waschen der Wände, die im Lauf der Jahrhunderte eine dicke Kruste Kalk- u. Leimfarbenanstriche bekommen hatten. Man muß wohl zu sich singen: Du Häuflein klein verzage nicht. [...]

1923

o. O., 11. 1. 1923 (?)

Flackerst Licht und leuchtest
müde, – so wie ich.
Weich dein Körper, blau die
Seele, – so wie ich.
Und dein Blut wird Flamme,
tropft wie meins
hast so viel von mir, sind
doch nicht Eins. –
Flackerst Licht und leuchtest
müder, willst verwehen
weiter muß ich, ich muß –
weiter gehen. –
Walter

Walter Gramatté an Sonia Gramatté.
Berlin, o. D. (Anfang 1923?) (Abschrift)

[...] Nun noch das, was so gewesen ist: Hab ich Dir von Heckel erzählt, daß wir Sonntag den ganzen Tag gedruckt haben? Dann brachte ich ihn nach Hause, wir aßen (Frau Heckel ist auch verreist) und kamen ins Sprechen. Das ging bis 1/2 5 Uhr morgens. Ich schlief dann dort und wir sprachen weiter von 10h–5h nachm. Es war sehr schön und sehr wichtig. Ich erzähle Dir das dann alles. Jedenfalls hat es uns sehr nahe gebracht. [...]

[...] Es steht schlecht mit den Finanzen. Gestern wieder ein Börsenkrach. Wieder die Hälfte verloren. Ist sehr schwer, sich noch durchzufinden. Wir haben im Ganzen nur noch 1 1/4 Million. Aber ich werde schon sehen, es wird noch alles gut gehen. Augenblicklich habe ich noch genau 5000,– davon sende ich Dir 3000,–. Bleiben für mich 2000,–. Die muß ich haben, falls eine Kleinigkeit zu zahlen ist morgen. Übermorgen bekomme ich von Heckel 20000,–. So lange muß es reichen. Ich fahre selbstverständlich III Kl. Wie kannst Du davon sprechen. Das ist doch klar. [...]

Walter Gramatté an Sonia Gramatté.
Berlin, 2. 3. 1923 (Abschrift)

[...] Gestern waren wir sehr fleißig. Heckel kam ziemlich früh. Das heißt, ich ging gegen zwei Uhr Mama besuchen und holte Heckel dann ab. [...] Gestern haben wir für Heckel 120 Drucke geschafft. Abends kam Frau

Heckel mit Abendbrot nach. Es war sehr nett alles. Es wurde wieder 12h. Ich bekomme ein schönes Blatt von Heckel. Gestern ging ich mit Heckels mit und schlief bei Ihnen. Wir haben noch bis 2 Uhr etwas gesprochen und etwas geschnapst und ich schlief dann sehr gut. Morgens dann schönes Frühstück. [...] Außer mit Heckel u. Zeitner habe ich mit niemand etwas zu tun. Ich gehe zu niemand; es ist schön, so zu arbeiten, ohne daß jemand weiß, wo man wohnt. Niemand kommt stören. Schwer müde bin ich vom vielen Drucken, aber vor Montag kann ich keine Pause machen, da gerade am Sonnabend und Sonntag viel geschafft werden kann. [...] Ich werde eben noch schnell Wallerstein die Aquarelle und Graphik bringen, die ich herausgesucht habe. Gestern kam die Einladung vom Buchmuseum Leipzig. Heckel bekam noch einen besonderen Brief, in dem das Museum ihm mitteilte, daß: „Herr Gramatté ist uns aus seinen Werken wohlbekannt und hoch geschätzt". [...]

Walter Gramatté an Martha Rauert.
Berlin, 15. 3. 1923

[...] Augenblicklich sitzt Sonia mit einer Kerze hinter mir, am Harmonium und schreibt an einer neuen Sonate, die ganz ganz herrliche Dinge bereits in sich hat. Sie wird für Violin solo. Jetzt schreibt sie wieder hinter mir. Ganz ganz voll und ganz groß geigerisch. Ganz herrlich. – Ich wollte Ihnen noch so vieles erzählen, aber ich kann mich nicht recht konzentrieren, wenn ich nicht allein bin, wenigstens ohne Musik bin. [...]

Walter Gramatté an Sonia Gramatté.
Berlin, 17. 4. 1923 (Abschrift)

Taf. 79 bis 81, 99, 100, 82 und 101

[...] Ich bringe zu Wallerstein (Aquarelle sind schon da) Stilleben mit Blick auf die Straße, „la Quasi-Diogène", „Hiddensoe", „Trinker", „Müdes Blumenmädchen", dann die von Emmel, und zwei sind ja dort: „Tulpe und Uhr" und „Mädchen am Harmonium". Zusammen 9 Bilder. Dazu noch Graphik. Ich denke es wird alles noch ganz gut werden. [...]

Walter Gramatté an Sonia Gramatté.
Trebnitz/Schlesien, 4. 8. 1923 (Abschrift)

[...] Und gerade der „träumende Knabe" hat wenige wirkliche Anhänger. Ich rechne es Sudeck hoch an, dieses Bild zu erkennen. Rauert hat auch einmal gesagt: „Dieses Bild ist das Vollkommenste", aber er hatte damals nicht den Mut, es wirklich haben zu wollen, weil er eben gern billig kauft und dafür aber wenig nicht zu bieten wagte. Ich bin alles in allem doch froh, daß es zu Sudeck kommt, obgleich es mir schmerzlich ist, es her zu geben. Deshalb, weil ich mich so sehr darin sehe, weil es mir vielleicht nie so gelungen ist, mein Grundseelengefühl so in eine Form zu binden. [...]

Tafel 66
„Hiddensoe" (nach dem Regen). Aquarell, 1921
(A 100)

Tafel 67
„Morgen am Meer“ (Hiddensoe). Öl auf Leinwand, 1921
(B 83)

Tafel 68
„Mädchen am Fenster" (Sonia Gramatté). Aquarell, 1921
(A 106)

Tafel 69
„Mondlandschaft mit Pferd“. Öl auf Leinwand, auf Goldgrund, 1921
(B 82)

Tafel 70
„Träumender Knabe“. Öl auf Leinwand, auf Goldgrund, 1920/1921
(B 84)

Tafel 71
„Mondaufgang“ (Hiddensoe). Aquarell, 1922
(A 137)

Tafel 72
„Mondaufgang am Hiddensoe“. Öl auf Leinwand, 1922
(B 94)

Tafel 73
„Nächtliche Straße“. Öl auf Leinwand, 1922
(B 90)

Tafel 74
„Selbst in Paris“ (hinter Pflanzen). Aquarell, 1922
(A 125)

Tafel 75
„Mondlandschaft“ (zwei Figuren im Kiefernwald). Aquarell, 1921
(A 112)

Tafel 76
„Schreibendes Mädchen“ (Sonia Gramatté). Aquarell, 1922
(A 127)

Tafel 77
„Schlafendes Mädchen II“. Aquarell, 1922
(A 129)

Tafel 78
„Atelierecke". Aquarell über Kreide, 1922
(A 126)

Tafel 79
„Weihnachtsstilleben“ (mit Blick auf die Straße).
Öl auf Leinwand, 1923
(B 104)

Tafel 80
„La Quasi-Diogène“ (die Mutter Sonia Gramattés). Öl auf Leinwand,
1922/1923
(B 101)

Walter Gramatté an Martha Rauert.
Trebnitz/Schlesien, 20. 8. 1923 (Abschrift)

[...] Ich möchte so gern noch einige Zeit nach Hiddensoe. Ich kann da so gut arbeiten und dieser Sommer ist mir so aus den Händen geglitten. Ich habe neue Graphik gemacht, konnte aber gar nicht malen. Nur ein paar Aquarelle im Anfang hier. Nun bin ich aber durch die Moorbäder so heruntergekommen, daß ich gar nicht mehr weit laufen kann. Ich bin so müde dann gleich. So bin ich dann immer in meinem Zimmer und konstruiere abwechselnd an meinem Flugzeugmodell oder an „Wozzeck", der es mir so angetan hat, daß ich ihn aus mir raus haben muß. Ich habe sogar „Lenz" (Büchner, Sie kennen sicher beides), an dem ich schon so lange arbeite, zurückgestellt. „Wozzeck" ist in allen Stücken fertig. Es muß nun nur alles radiert werden. Es werden 54 große Platten. Eine große Arbeit noch, aber ich bin mit großer Freude dabei, nur bin ich jetzt wieder gehemmt, dadurch, daß ich kein Kupfer mehr habe. Nun, ich werde die Zeit dazu benützen, alles noch feiner durchzufeilen. Wie freue ich mich auf den Tag, wo ich Ihnen mein bisher größtes graphisches Werk vorlegen kann. Und dann denke ich, folgt „Lenz", den ich bis zum Frühjahr fertig zu haben hoffe und dann folgt vielleicht meine letzte Arbeit, an die ich nun schon denke, so lange ich arbeite, „der Idiot". Aber das hat ja noch lange Beine und es ist besser, nicht davon zu sprechen. – [...] Wir denken ernstlich daran, auszuwandern, nach Spanien. Ich habe bereits viele Schritte bei zuständigen Stellen unternommen und harre der Antwort. Vielleicht kommen wir fort. So geht es nicht mehr. Ich verlasse mein Vaterland nicht aus Feigheit, aber dieses Vaterland hat doch nicht die Möglichkeit, zweien Menschen ein Heim zu geben, wo sie ihrer Arbeit leben können. [...]

Karl Schmidt-Rottluff an Walter Gramatté.
o. O., 23. 8. 1923

Das war uns eine große Freude, von Ihnen zu hören – wenn schon diese Heilbäder uns nicht eben freuten. Nur eins begrüße ich trotzdem dabei, daß Sie sich den Ruck gegeben haben, mit Ihrem Rheuma mal gründlich aufzuräumen. Und ich bin auch überzeugt, daß diese seelenmörderische Kur helfen wird. Lassen Sie sich gut zureden u. harren Sie trotz der einen Möwe aus – es ist schon richtig so. In diesem Jahr ist doch keine Weltlage unsrer Arbeit wohlgesonnen – das spürte ich schon mit Beginn. Es ist ein Saturnjahr – ein Jahr der Widerhaarigkeiten! Man sollte wirklich besser auf die astrologischen Deutungen achten. Ich habe mich nicht viel umgequält, trotzdem was zu machen – sondern bin in der Welt herumgebummelt, hatte Gelegenheit nach Italien zu kommen u. bin auch sonst noch etwas herumgezogen. Nun sitz ich aber gründlich hier in B.[erlin] im Dreck – muß die Ohren steif halten, wie ich wieder rauskomme. Nach Spanien auswandern ist ganz schön – es ist überall besser als in Deutschland, man lebt überall äußerlich ruhiger u. zufriedener. Ich fürcht von mir, daß ich nicht könnte, bin nun einmal mit diesem vertrakten u. augenblicklich gänzlich beschissenen Land verwachsen u. bei all dem neugierig, wie sich's wieder rauswindet. [...]

Walter Gramatté an Elisabeth Sudeck.
Berlin, 23. 12. 1923 (Abschrift)

[...] Über die Radierung im Profil bin ich sehr glücklich. Es scheint mir, daß die Ähnlichkeit nicht gelitten hat und daß sie viel belebter als die Zeichnung ist. Mich stört nur, daß die 5 kurzen Linien auf der Wange so stark geworden sind. Ich will versuchen, sie etwas flacher zu schaben und zu polieren. Die andere Radierung ist ja nun etwas sehr anderes geworden, wird Dir scheinen. Ich will davon heute aber nicht sprechen. Ich möchte lieber hören, was Du empfindest. Und ob Du überhaupt etwas von Dir darin findest. Lisel, vielleicht werde ich Dich noch oft zeichnen. Es ist wunderschön Dein Gesicht zu zeichnen, wenn es so ruhig schaut und besonders, wenn Deine Haare geöffnet sind. Sicher kannst Du das gar nicht so verstehen, was für ein Gefühl ich beim Arbeiten habe. Es ist eine große Qual am Anfang. Hat man aber gefunden, woran es liegt, daß eine Linie so unerhörten Ausdruck hat, dann geht es von der Hand aus ins Herz und überträgt sich auf den ganzen Körper. Es ist ein großes Wiegen dann in mir. Wie leises Tanzen ist das, oder wie wenn man große Formen mit Schlittschuhen auf dem Eise zöge. Lisel, es ist eine verfluchte Sache, die Kunst, eine Mordsqual, aber es gibt doch Momente, die man für nichts hergeben würde. – [...] Abb. 27

1924

Walter Gramatté an Elisabeth Sudeck.
Barcelona, 29. 2. 1924 (Abschrift)

Es ist tatsächlich einstweilen unmöglich, den versprochenen und absolut notwendigen Reisebericht fertig zu machen. Immerzu ist irgend etwas los und dann hocken wir noch immer in der Pension in einem Zimmer herum. Aber er kommt ganz bestimmt. Nun will ich heute, da Du unmöglich noch länger warten kannst, schnell einen Telegrammbrief schreiben. Paß auf: Im Slomanhaus mußten wir noch fast 3 Stunden warten. Dann Polizei.

Szpak mußte 25 Goldmark Strafe zahlen wegen vergessener Abmeldung. Dann los in die Pinasse. Zoll. Alles geht gut, da sich die Beamten über Sonia mächtig freuen. So brauchen wir keinen einzigen Koffer aufmachen und auch das Geld nicht einmal zeigen. Fahrt durch das Packeis 20 Minuten bis zum Dampfer Neapel. Verdammt! So klein! Wir hatten uns das Biest viel größer vorgestellt nach dem Photo. Dann sind wir oben, essen zu Mittag (die Verpflegung war während der ganzen Reise glänzend) und warten, warten. Nun ist es fast 3 h. Da ertönt ein Geschrei: Gramatté! Gramatté! Niemeyer steht am Quai und ... das Fränzchen Radziwill). Das letzte Geleit. Ich war wirklich gerührt. Konnte aber keinem von beiden die Hand drücken, da die Brücke schon eingezogen war. So bekuckten wir uns also eine halbe Stunde lang, dann eine furchtbare Sirene: Es geht los. Wir werden von „Deike" einem Schlepperchen abgeschleppt und das geht so 10 Minuten, da merken wir zum ersten Mal, daß die Reise am Freitag

Abb. 27 Elisabeth Sudeck, ca. 1925

begonnen hat. „Neapel“ fährt in einen Haufen festgebundener Schuten. Die Seile reißen. Ein furchtbarer Krawall. Ein schreckliches Fluchen. Aber es geht weiter. Der wackere „Deike“ zieht uns weiter und dreht uns dann herum, denn wir können ja schließlich nicht mit dem Hinterteil nach vorn durch die Biscaya fahren. Nach 15 Minuten fahren wir mit dem Bug in einen großen festliegenden Dampfer hinein, da angeblich die Steuermaschine nicht richtig arbeitet und zerknallen dem ein wunderschönes neues Fallrepp (ich weiß nicht, wie das geschrieben wird, jedenfalls ist das eine lange komfortable Treppe für die Passagiere). Eine Stunde Aufenthalt. Die Seepolizei erscheint. Tatbestandaufnahme etc ... Endlich weiter. Die Stimmung des Kapitäns ist mies. St. Pauli geht vorbei und ich denke, wie oft ich so gestanden habe und ersehnt habe, auf einem der ausfahrenden Dampfer zu sein. Nun bin ich's. Es wird bereits dunkel. Blankenese mit seinen tausend Lichtern, fast italienisch, dann denke ich Cuxhaven zu sehen, aber erst um 1 Uhr nachts sind wir dort und der Lotse geht von Bord. Am nächsten Tag schwieriges Wetter. Der Kapitän hat ein Radiotelegramm erhalten mit einer Sturmwarnung. Er geht nicht so weit in See wie gewöhnlich, sucht Schutz unter der Küste. Es ist etwas neblig. Ich bin dauernd auf der Brücke, am Bug oder am Heck. Da sehe ich, wie sich das Wasser braun färbt. Im selben Augenblick kratzt etwas, der zweite Offizier saust auf die Brücke zum Kapitän, wie ein geölter Blitz, Maschine rückwärts: Wir sitzen auf einer Sandbank. Ein schickes Gefühl. Jetzt ein bißchen Sturm und so 2 oder 3 mal hoch gehoben und hingesetzt und wir sind leck. Ist aber nicht, nach einer halben Stunde geht es wieder ab. Aber noch lange wird gelotet und alle Minuten geschrieen: (Die Tiefe) 6½ Meter, 7 Meter ... 6½ ... 7½ ... 6½ ... 8 ... 9 ... 10 ... 12 ... Wir sind raus aus der gefährlichen Gegend und plötzlich taucht ein holländisches Feuerschiff auf. Wir hatten uns ein wenig verkarrt, das Schiff macht eine Drehung von etwa 180 Grad und nun geht's weiter. Der angekündigte Sturm bleibt aus, aber es gibt eine erhebliche Dünung, die nicht sympathisch ist. Wir fahren und fahren, lassen uns sagen, dort liegt Belgien usw. ... Dann sehen wir die Küste Englands. Es ist der Abend des 2. Tages. Deutlich sieht man die steilen Felsen und drüben kreisen die Feuer und blinken die Lichter. Mit Riesengeschwindigkeit kommt ein großer Passagierdampfer vor unserem Bug vorbei, Calais-Dover. Wir sehen die Lichter Dovers und deutlich im Glas die Einfahrt nach Folkstone. Am nächsten Tage nichts, gar nichts, nachts 3h die letzte Erde vor Spanien. Ein Feuer von Brest. Kein Land natürlich. Und dann geht's los. Oh Biscaya! Ich dachte dort, die letzte Stunde ist gekommen. Nach Befragen des Kapitäns, was ich, ohne zu übertreiben schreiben dürfte, kann ich mitteilen, daß wir in das Centrum eines Riesensturmes gerieten. So etwas von Höllenspektakel habe ich mir bisher nie vorstellen können. Am Tage schon mußten wir in unsere Kabine, die etwa 2 m x 2 m groß war, darin zwei Betten übereinander, ganz schmal, (und das ist sehr gut) eine Bank, ein Tisch, Stuhl, Waschtisch, Schrank, ein kleines rundes Fenster zum Zuschrauben. Das Schiff schaukelte so, daß es unmöglich war zu stehen. Also ins Bett. Es war verflucht drückend. Sonia wimmerte erheblich und erinnerte mich daran, daß 3 Wahrsagerinnen ihr gesagt hätten, sie dürfte nicht vor 32 Jahren auf's Wasser gehen. Mir wurde dabei recht finster. Ich hoffte auf ein

Zeichen Gottes, auf einen Stern, oder sonst etwas, aber es wurde immer schlimmer. Plötzlich legte sich der Kahn auf eine Seite. Unser Fenster ist dunkel, das Licht geht aus, Tisch, Stühle, Geschirr, saust in der Bude herum, von unten ein rasendes Geklirr, die Küche ist ein Scherbenhaufen. Der Kapitän flucht, ich sause aus dem Bett, fliege mit in das ganze Tohuwabohu hinein und denke Schluß und du hast Sonia auf dem Gewissen! Da wird es wieder etwas heller. Das Schiff hat sich aufgerichtet. Mein Gott! Das Herz schlug mir doch. Und dann sah ich hinaus. Ein furchtbarer Anblick: Berge vor uns, neben uns, hinter uns, ein rasender Wind von allen Seiten, das Schiff fällt nach vorn über, nach hinten, nach rechts, richtet sich steil hoch, viel hundert Kilometer nach allen Seiten Wasser, kein Schiff nichts, nur wir auf diesem lächerlichen Schiffchen. Unwillkürlich fängt man an zu beten. Und es hört nicht auf, hört nicht auf. Ich stelle alles zurecht, beruhige Sonia, welche fürchterlich weint, schwindele das Blaue vom Himmel runter, das sei immer so, sage ich und schon kippt der ganze Laden wieder um. Verdammt und nun ist es inzwischen Nacht geworden. Die Lichtmaschine ist kaputt und man steckt die Petroleumlampen an, welche nun wunderbar anfangen zu schaukeln und an denen man den Winkel feststellen kann, in dem das Schiff liegt. Nee! Nie mehr durch die Biscaya! Und das geht einen Tag, und noch eine Nacht, jetzt sollen wir schon durch sein, nach 38 Stunden, aber das Schiff hat sich nicht vom Fleck gerührt, trotz voller Fahrt, und so geht es noch einen Tag, noch eine Nacht, noch einen Tag, noch eine Nacht. Während der ganzen Zeit, blieb der Tisch und alles, was umfallen konnte, mit den Beinen nach oben. Es war herrlich. Zuletzt war es dann besser. Man hatte sich an das Höllentheater gewöhnt, aber es war doch recht drückend. Da verkündete uns der Kapitän Land für den nächsten Morgen. Aber es kam nicht, um 5 Uhr früh sollte es sein. Wir waren zu weit rausgetrieben. Wie lange das dann noch dauerte, (ich glaube, einen Tag) weiß ich nicht mehr, aber ich wartete schrecklich. Und dann wurden 2 Inseln sichtbar, weit, weit noch, aber doch Land. War das ein Gefühl! In 5 Stunden hatten wir dann diese erreicht. Es waren eine Insel und ein Haufen von Riffen, dicht vor der portugiesischen Küste, die nun auch auftauchte. Sie war fabelhaft und das Meer wurde ruhig, jedenfalls schien uns diese Nordseeaufregung wie eine spiegelblanke See und ein unendliches Glücksgefühl überkam mich. Den ganzen Tag ging es an der Küste entlang, Sonne kam und ich hätte die Welt umärmeln mögen. Es kamen zwei herrliche Tage. Ich rannte von morgens bis nachts auf Deck herum. Sonia komponierte in der Kabine. Wenn etwas besonderes war, mußte ich sie holen. Dann hieß es: Gibraltar! 10 Uhr abends Cap Tarifa! Dies ist der südlichste Punkt Europas, um 12 h sollte Gibraltar passiert werden. Zu gemein. Immer wenn es was zu sehen gab, war es Nacht. Lissabon schon konnten wir nur glitzern sehen und nun wieder Gibraltar. Aber es wurde noch viel schlimmer. Es wurde wieder stürmisch und schließlich fing es an zu gießen wie irrsinnig. Aber ich war da. Ich sah es wenigstens in seinen Lichtern. Und dann Afrika. Den Affenberg und die Küste. Dann nahm das Wetter wieder zu. Und selbst im Mittelmeer erlebten wir einen Sturm, der selten ist, wie der Kapitän selbst sagte. Aber nun waren wir ja seefest und ich muß sagen, es war herrlich. So auf dem Bug zu stehen, die Delphine springen zu sehen, mit der Spitze des

Schiffes in den Himmel zu fahren, um im nächsten Moment bis oben ins Wasser zu sinken und sich, angeklammert an die eisernen Trossen, von den Sturzseen übergießen zu lassen, in einem Wind, der einem die Nase zudrückt, ist etwas so Gewaltiges, daß ich sofort wieder die Biscaya durchqueren würde. Dort ist Malaga, mehr als die Richtung ist aber nicht zu sehen, Almeria, Cartagena, Alicante (welches wir gemeinerweise nicht anliefen). Nun noch den Bogen um Cap Nao und St. Antonio, dann geht's auf Valencia los! Zum ersten Mal Land, nach 10 Tagen Mon Dieu! Und mein Wunsch geht in Erfüllung: wir kommen am Tage an. 5 Uhr früh! (Was sagst Du zu meiner Frühaufsteherei? Ich war stets der Erste). Es ist herrlich. Ein wunderschöner kleiner Hafen, voll von großen Seglern und Dampfern. Die ersten Palmen auf einem kleinen Vorsprung und wir gleiten durch die schmale Einfahrt zu dem uns angewiesenen Liegeplatz. Aber wieder zeigt sich die Freitagsabfahrt: Die Seile sind schon geworfen. Vor uns liegt ein neu aufgearbeiteter Dampfer fest am Quai, da kriegt die „Neapel" plötzlich Fahrt und mit furchtbarem Gekrach sitzen wir dem guten Spanier hinten im Heck. Es machte einen Höllenspaß. 22 000 Ptas. mußte der Kapitän hinterlegen um weiterfahren zu können. Das drollige ist, daß wir außer einer kleinen Beule bei allen diesen Sachen nichts abbekommen haben. Lislein. Hier heute Schluß, wir müssen jetzt wieder das Haus berennen, von dem ich auf der Karte schon schrieb. Morgen, oder so wie etwas Zeit ist, erzähle ich Dir von Valencia, Tarragona und Barcelona. […]

Walter Gramatté an Rosa Schapire.
Barcelona, 8. 4. 1924

[...] Barcelona ist eine in der Lage traumhaft schöne Stadt, aber ganz international. Ein Gemisch von Bauarten, alt und neu. Es ist über viele Hügel hin verstreut und die Sonne steht darüber und macht alles so weiß, daß man kaum hinsehen kann. Ganz unerhört sind die Mondnächte. Da verschwindet alles was körperlich ist, nur das Herrlichste bleibt übrig. So ist die Lage der Stadt, wie ich sie aus jedem Fenster unseres Häuschens sehe:

Abb. 28 Walter Gramatté an Rosa Schapire.
Barcelona, 8. 4. 1924

Nun denken Sie, wenn Sie erst nun ein Geflimmer sehen von Lichtern, kein Meer, nur so ein Dunst. Und dann langsam ein bleierner Streifen hart über der Stadt und immer heller und der Mond ist da und das Meer öffnet sich wie ein Fächer mehr und mehr!! Es ist ganz ganz toll. Ich habe auch gerade davon schon viel gemalt und hoffe, daß ich es einmal gut fasse. (Eben fährt ein Riesendampfer hier vorbei, wahrscheinlich nach Genua. Sicher legen Sie auch [in] Genua an und fahren dann so nah an mir vorbei.) [...]

Barcelona ist, wie man mir sagt, sehr ungesund. Ich weiß nicht, wie weit ich dafür maßgebend bin, aber ich fühle mich äußerst krank und muß sehr viel Schmerzen aushalten mit meinem Rücken, kann keine Nacht schlafen, lebe von Aspirin und denke manchmal wirklich, es geht nicht mehr lange. Auch mein Arm, der sich doch jahrelang anständig benommen hat, erwacht zu neuem Leben und schmerzt gewaltig. Ist das nun das Klima? Die Luftfeuchtigkeit soll ganz außerordentlich hoch sein. Merkwürdig, nachdem ich 4 Tage auf dem Schiff war, habe ich geschlafen wie eine

Ratte, war beweglich wie nie, hatte nicht die geringsten Schmerzen morgens, konnte ohne Hilfe aus meinem Bett und war glücklich. Wenn ich einmal eine solche lange Fahrt machen könnte, ein viertel oder ein halbes Jahr. Vielleicht hülfe mir das. Was ist nun hier für mich geändert? Sonia kann ungestört Musik machen. Das ist ein großes Glück. Aber nun ich? Was gibt es für mich? Ich habe kein Material und viel kaufen kann ich nicht. Ich habe kein Atelier, aber darüber klage ich nicht, denn ich kann hier schon arbeiten, ich vergleiche nur. Ich habe meine Maschine nicht, ich bin noch kranker als vorher und nun die Hauptsache, ich habe meine Freunde verloren, ohne die ich nicht sein kann. [...]

Ich sehne mich so nach Ruhe, daß ich mir denken könnte, wenn ich, und das wird nicht allzulange auf sich warten lassen, wieder einmal und dann länger, auf einem Dampfer sitze, ich nur noch so hinschwimme, nichts mehr tue, meine Arbeit an den Nagel hänge. Manchmal packt es mich noch und dann stehe ich mit großer, großer Erregung vor meinen Farben, aber dann glückt es nicht und finde alles so dumm und gleichgültig und lege weg und starre in die Luft. Aber vielleicht müßte ich einmal eine Pause machen mit diesem Leben. Es ist nicht gegen Sonia gemeint. Sonia ist ungemein lieb und gut zu mir, aber so das Ganze, die ewigen Hemmungen, die sich nicht ruhig entwickeln können, die Geldsorgen, meine Geschäftsuntüchtigkeit und vor allem meine unheimliche Krankheit, das ist es, was mich manchmal ganz verzweifeln läßt und gerade jetzt merke ich es besonders stark, da ich auf mich allein gestellt bin und nichts mich von meinen Gedanken abbringen kann.

Wüßte ich, was ich habe, so wäre ich ruhig, aber niemand weiß es. Und ich fühle es näher schleichen und schwächer werden und stehe ratlos –. [...]

Karl Schmidt-Rottluff an Walter Gramatté.
Bad Elster-Fürstenhof, 30. 4. 1924

Es ist wirklich rührend von Ihnen, mir ein solch umfängliches Briefbuch niederzuschreiben – alldieweil Sie in Barc.[elona] gewiß bessre Dinge zu tun wissen, als mir Briefe zu schreiben. Ihre Seefahrt ist aber was wert – verdammt nochmal – da können Sie sich freilich nicht beklagen – u. Ihre Stierkämpfe müssen ja auch toll sein – vielen Dank für die vielen Bilder – das müssen ja entzückende Herrschaften sein, diese Stierkämpfer mit fabelhaften Bewegungen u. immer dieser Kontrast zu den einfachen Kraftkomponenten des Stiers! – Der Kunstbetrieb kommt mir allerdings auch etwas spanisch vor – ohne rote Schärpe werden Sie sich wohl in ihrer Ausst.[ellung] nicht zeigen können. U. ich finde es beneidenswert mutig, wie Sie dazu entschlossen sind. Da Sie nun einmal dort sind, ist das auch das Richtigste so u. ich würde Ihnen raten, alles zu versuchen, um dort einigermaßen existieren zu können. Wenn Sie schon wieder etwas mit wackligem Herzen an Deutschland zurückdenken, ignorieren Sie das erstmal ruhig. Sie sind doch immerhin in Deutschland in so gutem Gedächtnis, daß Sie's ruhig riskieren können, eine Zeitlang wegzubleiben – vergessen wird man Sie hier nicht – u. von vorn anfangen brauchen Sie dann auch nicht, wenn Sie mal wiederkommen. Und – augenblicklich ist es so schauerlich hier, daß unsere Branche mit einem 100 % Leerlauf arbeiten muß, – u. anscheinend auf lange Zeit noch – wenn man uns dann nicht überhaupt vergessen hat! – Bei Euphorion will ich gern auf den Busch klopfen, sobald ich wieder in B.[erlin] bin -- fürchte aber, es ist vergeblich. Denn ich habe von 2 Seiten jetzt gehört, daß ganz geringe Beträge nicht von ihm zu kriegen sind. Überhaupt die Köpfe von unseren tüchtigen Kunsthändlern müßten Sie jetzt sehn! – [...]

Walter Gramatté an Walther Merck.
Barcelona, Juni 1924

[...] Und weißt Du, daß ich nicht mehr arbeiten kann? Daß es soweit ist, daß ich oft liegen muß, nicht laufen kann? O, ich hab geglaubt, es geht wirklich zu Ende und hab mich so gefürchtet, hier so allein aufhören zu sollen. Ich bin nun ganz ganz am Ende. Aber Du kennst mich ja, so wird mir niemand etwas ansehen, nur bin ich schon sehr krumm. Aber so schreckliche Schmerzen, immer, immer. Was ist es? Ja, was ist es, Wallerlein. Es ist alles. Es ist eine trocken gelaufene Maschine, die in allen Teilen sich reibt und sich ruiniert. Ich kann mich nicht allein hinlegen, nicht allein aufrichten, stehe ich vom Stuhl auf, bin ich ganz krumm, viel viel schlimmer als sonst. Schreckliche Schmerzen in der Brust, Herz, in beiden Armen, Rückgrat. Dazu dauernd heftige Schmerzen im rechten Bauch, vielleicht Blinddarm, und immer so zitterig, ich fühle mich so, als wäre ich eine verwackelte photographische Aufnahme. Und dazu dies schöne Land! Laufe ich 5 Minuten so ist mir schwindlig und die Luft ist weg. Was ist es Wallerlein? Was ist es? Es ist das Leben, das ich so schwer zu meistern im Stande bin und das mir nun die Energie genommen hat, gesund sein zu wollen und doch wie ich mich danach sehne. Ich bin so schrecklich am Ende. [...]

Abb. 29 Walter Gramatté mit Walther Merck, ca. 1922

Karl Schmidt-Rottluff an Walter Gramatté.
o. O., 3. 8. 1924

Ich danke Ihnen noch sehr für Ihre letzte Karte aus Spanien – mit der glänzenden Botschaft von Ihrer Frau 25 spanischen Konzerten. Das ist ja nun herrlich – aber von Ihnen berichten Sie nichts Ähnliches. 25 Ausstellungen – das wäre doch noch was – od. 25 Bilderverkäufe! Aber hoffentl. haben Sie doch in Spanien so vieles andere gefunden, das die Reise zu einem großen Gewinn macht. Wo hat's Sie's denn jetzt gefaßt? Immer dasselbe Übel – u. hat die südl. Sonne nichts geholfen? Machen Sie dem Übel nur recht bald den Garaus! [...]

Walter Gramatté an Sonia Gramatté.
Ahrenshoop/Wustrow, 26. 8. 1924 (Abschrift)

[...] Gestern ist das Aquarell von Lisel fertig geworden; habe 4 oder 5 Tage dran geschuftet. Nun ist es da und es ist furchtbar weit durchgearbeitet, wie ich es nie tat. Aber so gut oder schlecht es auch sein mag, es hat keine Befriedigung oder Freude in mir ausgelöst. Ich werde in dieser Weise nicht mehr arbeiten. Es führt zu nichts, führt nicht weiter. Eine solche Sache ist in sich abgeschlossen und nicht mehr entwicklungsfähig und das darf nicht sein. Ich freue mich aber dennoch es gemacht zu haben, denn es hat mir manche Erkenntnis gebracht. [...]

Walter Gramatté an Karl Schmidt-Rottluff.
Hamburg, 2. 9. 1924 (Abschrift)

Wie ist das lieb von Ihnen, mir Unwürdigen wieder einmal eine so schöne Zeichnung zu senden. Vielen, herzlichen Dank und den Brief, der an Rauerts Adresse ging, hab ich auch erhalten, wenn auch beide Sendungen viel hinter mir herlaufen mußten. Wie nett, daß Sie so lieb an mich denken, das tut mir so wohl. Da habe ich so eine Oase in meiner Wüste. Wenn ich Sie doch einmal wiedersehen könnte. Bleiben Sie noch lange in Jershöft? Wahrscheinlich so lange als möglich. Aber hoffentlich sind Sie vor Mitte Oktober zurück, da wir um diese Zeit wieder nach Spanien gehen. Sicher haben Sie nun doch noch gut arbeiten können. Wenn ich das nur endlich einmal von mir vermelden könnte! Aber mein Lebensinhalt scheint definitiv sich auf Hoffen und Harren beschränkt zu haben. Was hab ich bloß verbrochen, daß es mir so eklig gehen muß! Da hat man mich nun wieder kunstvoll der Grabesnähe etwas entrissen, bloß damit ich das schon erledigte Stück nun nochmals von vorn marschieren kann! Aber ich fühle, wie mir alle den Kopf streicheln und mich trösten: „Im Frühjahr! Im Frühling, mein kleines Knäbchen, da ist alles schön.“ Glauben *Sie* auch daran? Ich nicht. Ich habe nur das eine gute Gefühl, daß ich diesmal in Spanien werde arbeiten können. Ich bin leider furchtbar schwerfällig und es dauert recht lange, ehe ich die Dinge erreiche, ich meine begreife, aber ich habe so viel gesehen, wirklich herrliche Dinge, daß ich glaube, diesmal geht es, vorausgesetzt, daß ich mit den Peseten reiche; einstweilen sehe ich da allerdings noch recht trübe. Vom Ausstellen wird ja wohl bis auf Weiteres nichts zu erwarten sein. Sie fragen, ob ich nicht wie Sonia 25 Ausstellungen zu melden hätte! Es ist so gut wie nichts in Aussicht. Am 15. Sept. (bis 1. Nov.) wird eine Aquarellausstellung bei Kunde sein. Im Winter wahrscheinlich im Kunstverein Hamburg Bilder und ebenfalls im Winter eine große Graphik Ausstellung in Leipzig (Gutenberghalle, die jetzt umgebaut wird). Dies macht für mich Dr. Bockwitz vom Leipziger Buchmuseum. Das ist das Ganze. Selbstverständlich ist die Biographie ins Wasser gefallen. Es geht nicht und kann ja so auch nicht gehen. Ich sehe kaum einen Menschen, schreibe auch an niemand.

Offen gesagt, fühle ich mich so am wohlsten. Wenn ich die Öffentlichkeit hätte zum Arbeiten und das Allernötigste zum Leben, wäre ich in diesem Zustand sehr glücklich. Aber ohne einen gewissen Klimbim kommt auch das Allernötigste nicht. Aber für den Klimbim braucht man wieder die Öffentlichkeit ... es ist ein Ding ohne Ende. Wenn's einen nicht so ans Herz packen würde, wärs ulkig, es zu beobachten. Wie schwer haben wir es doch alle heute mit der Malerei, ich meine es rein als Problem allein. Es genügt doch völlig, einen Menschen mit Haut und Haar zu verschlingen und nun dazu diese äußere Lage und, was das Schwerste ist: Sonia zu sehen. Wenn es einen Menschen gibt, der es verdient, auf Händen getragen zu werden, so ist es Sonia. Und dies bezieht sich *rein* auf ihre Arbeit. Was dieser kleine heimat- und heimlose Mensch schafft, ist nicht zu begreifen und sie in dieser Lage zu sehen, ist so schmerzlich, daß es manchmal kaum mehr erträglich erscheint. Wieviel besser wäre es, wenn sie nicht meine Frau geworden wäre. Wieviel mehr könnte ich für sie tun, mich für sie einsetzen. Aber so, als Ehemännchen bin ich an Händen und Füßen gebunden, weil ja doch alles so aussieht, als wollte ich nur meinen Vorteil herausschlagen. Aber trotz allem kann ich ein bittres Gefühl gegen all die, die *wohl* helfen könnten, nicht los werden. Ich schwöre Ihnen, daß mir nie ein böser Gedanke kommt, irgend einem Menschen gegenüber, wenn es sich um mich handelt. Ich kann, selbst wenn ich trockne Graupen knabbern würde, nie und auf niemand böse sein. Ich denke gar nicht daran, merke gar nicht, wie ich lebe. Aber Sonia so zu sehen und gebunden dazustehen, lieber Herr Schmidt-Rottluff, wie komme ich dazu, Ihnen diese privaten Dinge vorzusingen. Es kommt eben so an mich heran. Heute müssen Sie einmal herhalten. Brauchen mir ja nicht antworten. Ich bin schon ausreichend glücklich, dies Gerede an Ihre Adresse schicken zu können. Wenn so Dinge zu lange in einem stecken, kriegen sie die Schwere von Geheimnissen und das kommt ihnen nicht zu, man muß sie zertrümmern. [...]

Walter Gramatté an Ida Wrage.
Berlin, September 1924 (Abschrift)

[...] Wissen Sie was? Der Lenz ist da! aber nicht der von Hildach, sondern von Büchner. Er ist ganz farbig! Es sind 12 große Radierungen geworden, 19 x 27, 10 Köpfe und zwei Landschaften. Und ich glaube, es ist etwas sehr Geschlossenes geworden und vielleicht mein bestes Werk. Und es wird im Hamburger Buchbund, der ganz neu aufgebaut ist, erscheinen in einer riesigen ganz fabelhaften Aufmachung. Mit Text natürlich. Ich freue mich sehr darauf, eben dort wird auch „Wozzeck" erscheinen, so daß ich demnächst um 2 Bände reicher sein werde. Am „Wozzeck" schufte ich jetzt, hab aber noch nicht so recht Klarheit. Vielleicht weil ich noch so lenzig bin. Aber es wird schon kommen. Gestern habe ich eine neue furchtbar komische Radierung gemacht. Furchtbar komisch. Sicher wird man sich mächtig darüber aufregen und mich kitschig und geschmacklos nennen. Aber wenn schon! Es ist auch kitschig wahrscheinlich, aber das kommt auf das Ganze an und wie es gemacht ist. Und ich glaube, daß mir darin ein paar Delikatessen gelungen sind, schon rein graphisch gesehen. Hab einen wunderschönen neuen Ton gefunden, der mir beim Wozzeck

Taf. 83 bis 97

Taf. 107 und 98

sehr, sehr helfen wird. Das Blatt selbst: Stilleben. Jawohl. Totenkopf, Embryo und der kleine chinesische Buddha. Sicher ist das sehr schlimm, aber schimpfen Sie nicht, bevor Sie es gesehen haben. Dann hab ich ein großes Bild von Barcelona farbig gemacht und ein anderes Bild angefangen. Es ist nach einem Gewitter am Meer, das während der voll untergehenden Sonne herabstürmte, ohne die Sonne zu verdecken. Es war toll. Hoffentlich glückt mir es. Bei Kunde ist augenblicklich eine große Aquarellausstellung, gegen 50 Blatt. Über die Hälfte habe ich nur geliehen und nur 16 oder 18 Blatt sind verkäuflich. Also es ist wenig Aussicht, denn meist vergucken sich die Leute gerade in ein unverkäufliches Blatt und wollen dann nichts anderes. Trotzdem hielt ich es für nötig, mich einmal nach so langer Zeit etwas breiter zu zeigen. In Leipzig wird dieses Jahr eine ganz große Sache steigen. Eine Riesenhalle, die eigens für Ausstellungen jetzt umgebaut wird, steht mir allein zur Verfügung und ich werde Graphik ausstellen. Es werden 150 bis 180 Arbeiten zusammenkommen und also eine große Schau abgeben. Darauf freue ich mich mächtig! Dies tut das Leipziger Buch-Museum für mich, das mich wirklich aufrichtig liebt, wie es scheint. Es ist wirklich eine Riesenfreude für mich. Viele Freunde hab ich ja nicht, da war es besonders rührend für mich, dies zu erleben. [...]

Walter Gramatté an Wilhelm Niemeyer.
Berlin, 25. 9. 1924 (Abschrift)

„Lenz“ ist fertig!! Ich packe heute noch alles ein. Eigentlich bin ich schon ein paar Tage fertig, aber es war hier und da doch noch an den Platten zu arbeiten, und nun glaube ich ganz fertig zu sein. Es sind 12 Platten geworden. 19 mal 27. Ich habe mich doch entschlossen, nur Lenz selbst darzustellen, das somnambule Mädchen habe ich auch herausgetan. Aber ich habe zweimal eine Landschaft allein gemacht. Die eine steckt am Anfang, die andre am Ende. Die erste hat geballte Wolken, Sonne, Gewitter, schwarz, weiß und darin eine schwarze Tanne, die andre ist die gleiche, aber still, grau abgekämpft und die Tanne vorn liegt abgebrochen. Aber es ist alles ganz ohne Schmuserei, ist ganz auf Zeichnung gestellt. Dazwischen verzweifelt, klagt, trauert, krankt, verebbt Lenz. Nun morgen oder übermorgen hast Du das Paket und kannst selbst urteilen. Nur sage mir etwas, sobald als möglich, denn ich warte sehr darauf. Ob ich „Wozzeck“ auch so bald schaffe? Ich bin noch so ganz im „Lenz“ und denke immer, ich müßte eine Zeit verstreichen lassen, ehe ich weiter arbeite. Nun, es wird schon so kommen, wie es muß. Nur bin ich über den Druck etwas unruhig. Wenn Dir nun „Lenz“ gefallen sollte und Du noch entschlossen bist, ihn zu bringen, können wir dann gleich losdrucken? Es wäre nötig, wegen des Signierens. Oder wird erst der Text gedruckt? Es ist eine verflixte Sache wegen unserer Abreise. [...]

Walter Gramatté an Wilhelm Niemeyer.
Berlin, 17. 10. 1924 (Abschrift)

Nun bist Du wohl aus Holland zurück und ich kann Dir sagen, wie überglücklich mich Dein Brief gemacht hat. Dreimal hatte ich schon angefangen, zuerst gleich in der Minute, da ich Deinen Brief erhielt, aber es ging nicht. Ich hatte ein paar schwere Ehetage zu überstehen und keine Minute Ruhe und Sammlung, besonders da meine Schwiegermutter auch noch hier war und so flüchtete ich dann, wie so oft schon, in ein Café, um mich auszuruhen. Leider aber habe ich vorher noch einen unserer schönsten Stühle siegfriedhaft emporgeschwungen und zertrümmert. Schrecklich! Wo sind bloß meine Nerven hin! Früher begnügte ich mich mit Porzellan. Hoffentlich bleiben meine Bilder am Leben, die reizen mich in solchen Augenblicken immer am meisten und dann lockt es mich sehr, sie in Fetzen zu reißen. Es ist eine schreckliche Lage. Und dann hat nicht etwa Sonia dran Schuld, oh nein! Wenn Du sehen würdest, in welch rührender Weise sie dieses Jammerleben, dieses Hungerleben mit mir teilt, Du würdest sie auch liebgewinnen. Natürlich geht es manchmal auch durch mit ihr, aber ist es ein Wunder? [...]

Walter Gramatté an Paul Rauert.
Berlin, 17. 10. 1924 (Abschrift)

[...] Ich habe übrigens wieder an dem Barcelonabild gearbeitet. Ihre Äußerung, daß der erste Eindruck stärker gewesen sei, hat mich sehr beschäftigt. Und ich glaube auch zu wissen, was den guten Eindruck verwischt hatte: der zu geleckte Himmel. Jetzt ist alles ganz locker und die Stimmung erreicht, glaube und hoffe ich, um derentwillen ich das Bild malte. Ich bin sehr gespannt, was Sie diesmal sagen werden. Es ist natürlich nicht völlig neu, es kommt ja am Schluß immer nur auf ein paar Nuancen an. [...] Taf. 103 und 104

Walter Gramatté an Walther Merck.
Barcelona, 17. 12. 1924

[...] Ich selbst stecke bereits tief im „Wozzeck“, habe ein paar Aquarelle (für „Wozzeck“) gemacht und arbeite sie graphisch um. 2 Blätter sind in der endgültigen Form schon vorhanden. Ich glaube, es wird. Ätzen werde ich einstweilen noch nicht, erst wenn ich sicher bin, daß ich den ganzen Laden nicht noch umschmeiße. [...]

Tafel 81
„La Quasi-Diogène“ (die Mutter Sonia Gramattés). Bleistift, 1922
(Z 145)

Tafel 82
„Müdes Blumenmädchen“ (Sonia). Holzschnitt, 1920
(Eckhardt 42)

Tafel 83
Zu Georg Büchners „Lenz“ (Blatt 1). Bleistift, 1924
(Z 231)

Tafel 84
Zu Georg Büchners „Lenz“ (Blatt 1). Bleistift und Tinte, 1924
(Z 208 b)

Tafel 85
„Lenz“ (Blatt 1). Radierung, 1924
(Eckhardt 182)

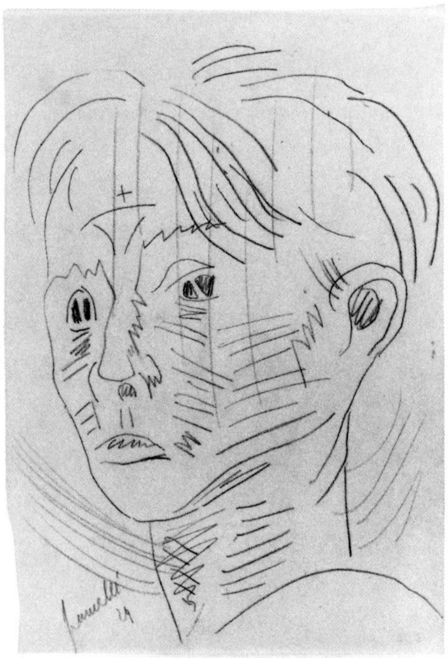

Tafel 86
Zu Georg Büchners „Lenz“ (Blatt 2).
Bleistift, 1924
(Z 232)

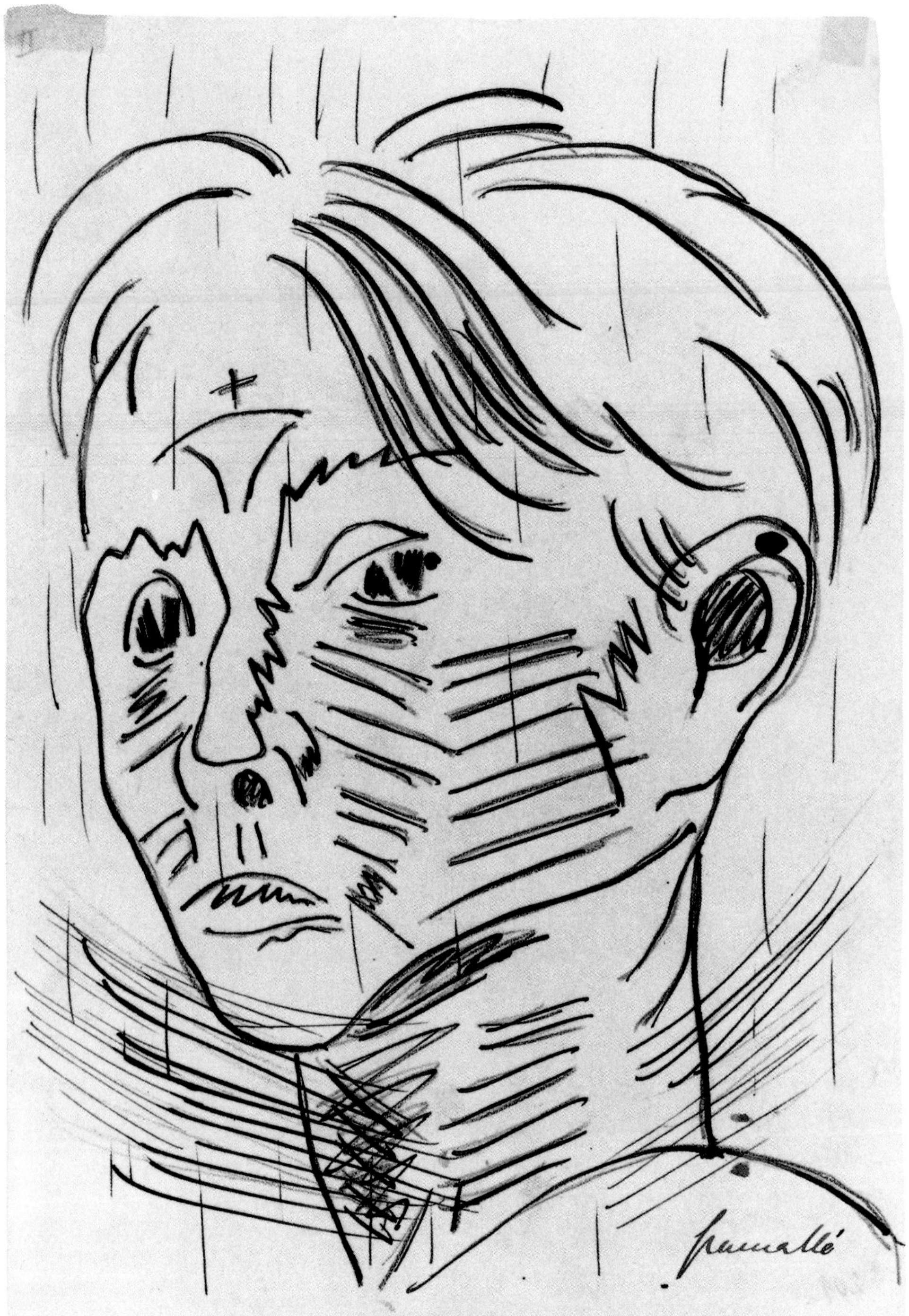

Tafel 87
Zu Georg Büchners „Lenz“ (Blatt 2). Bleistift und Tinte, 1924
(Z 209)

Tafel 88
„Lenz“ (Blatt 2). Radierung, 1924
(Eckhardt 183)

Tafel 89
Zu Georg Büchners „Lenz" (Blatt 3).
Bleistift, 1924
(Z 233)

Tafel 90
Zu Georg Büchners „Lenz" (Blatt 3). Bleistift und Tusche, 1924
(Z 210)

Tafel 91
„Lenz“ (Blatt 3). Radierung, 1924
(Eckhardt 184)

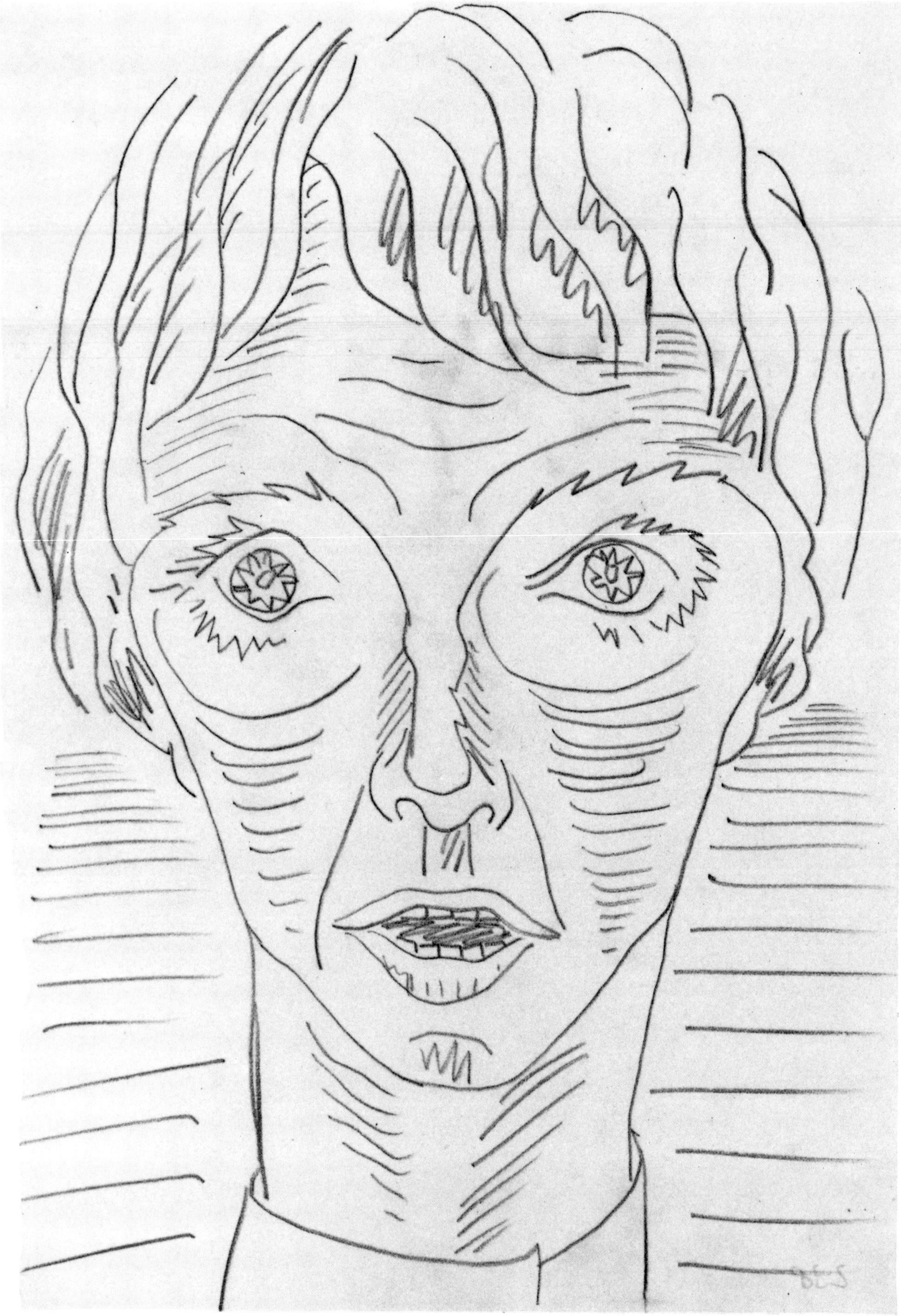

Tafel 92
Zu Georg Büchners „Lenz“ (Blatt 8). Bleistift, 1924
(Z 238)

Tafel 93
Zu Georg Büchners „Lenz" (Blatt 8). Tinte auf Pergament, 1924
(Z 222)

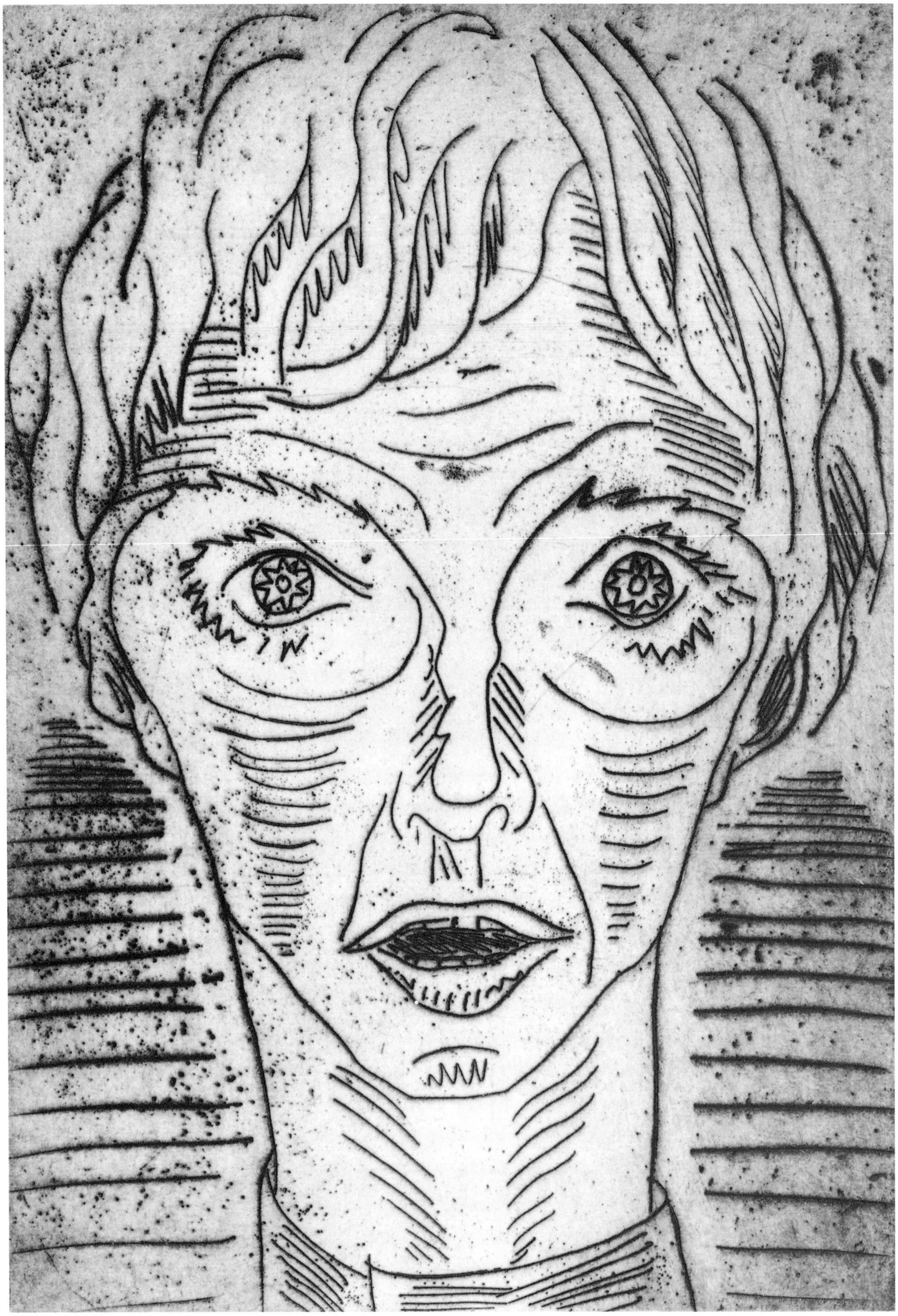

Tafel 94
„Lenz“ (Blatt 8). Radierung, 1924
(Eckhardt 189)

Tafel 95
Zu Georg Büchners „Lenz“ (Blatt 12). Bleistift, 1924
(Z 242)

Tafel 96
Zu Georg Büchners „Lenz“ (Blatt 12). Tinte auf Pergament, 1924
(Z 229)

Tafel 97
„Lenz“ (Blatt 12). Radierung, 1924
(Eckhardt 193)

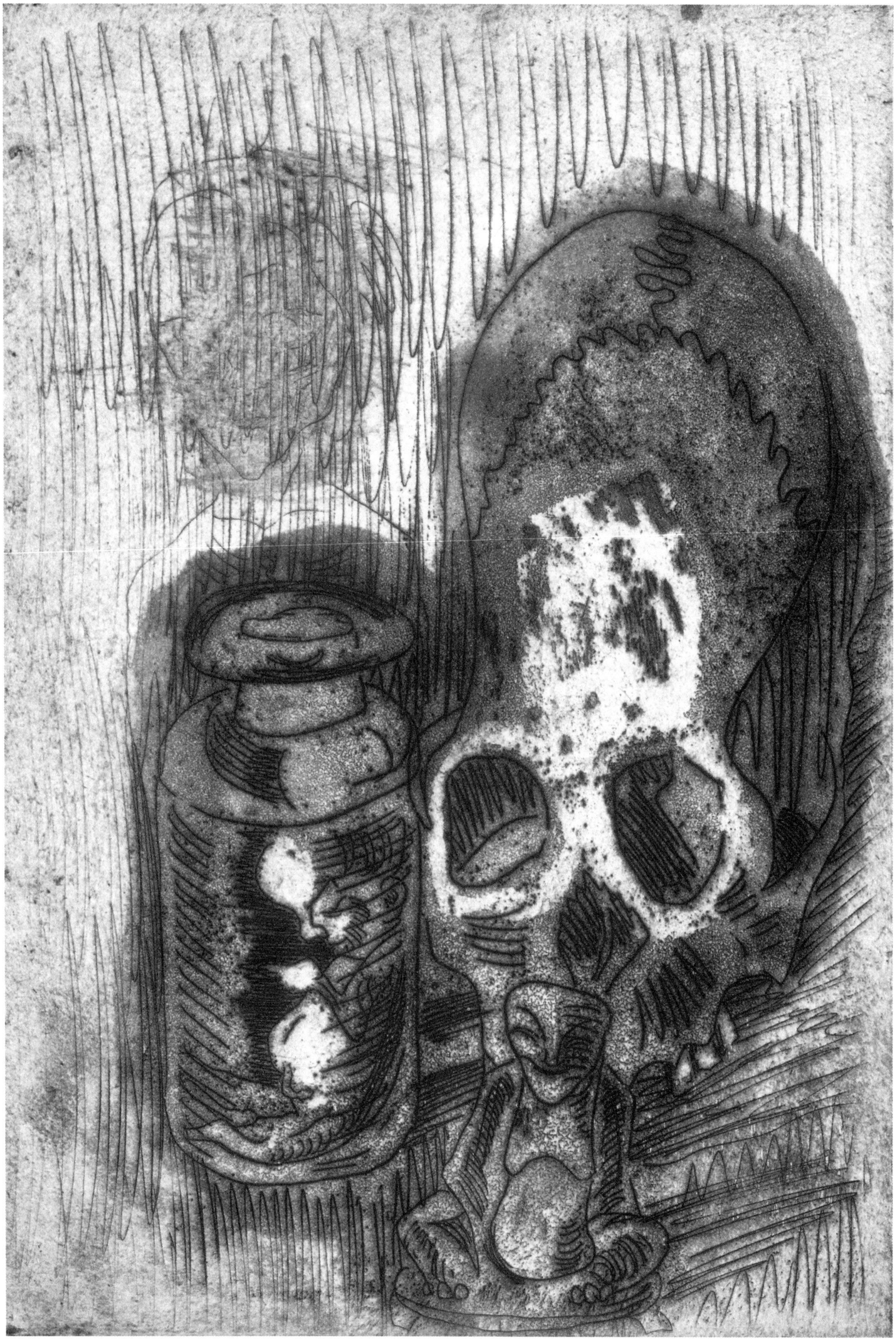

Tafel 98
„Stilleben mit Totenkopf".
Radierung, Strichätzung und Aquatinta, 1924
(Eckhardt 195)

Tafel 99
„Hiddensoe". Öl auf Leinwand, auf Goldgrund, 1922
(B 95)

Tafel 100
„Trinker“. Öl auf Leinwand, 1922
(B 91)

Tafel 101
„Müdes Blumenmädchen“ (Sonia Gramatté). Öl auf Leinwand, 1922
(B 89)

Tafel 102
„Sonnenuntergang“ Ahrenshoop (1. Fassung). Aquarell, 1924
(A 177)

Tafel 103
„Barcelona" (Blick auf nächtliche Stadt). Öl auf Leinwand, 1924
(B 106)

Tafel 104
„Barcelona bei Nacht" (1. Fassung). Bleistift, Aquarell, Deckweiß, 1924
(A 169)

Tafel 105
„Selbst in Barcelona“. Aquarell, 1924/1925
(A 188)

Tafel 106
„Selbst in engem Raum". Aquarell, 1924/1925
(A 191)

1925

Walter Gramatté an Elisabeth Sudeck.
Barcelona, Anfang Januar 1925 (Abschrift)

Taf. 102, 105 und 106

[...] Wir haben letzten Sonntag wieder eine herrliche Autofahrt gemacht. Nach Santa Christina. Es war unbeschreiblich schön. Und warme Sonne und alles, was nur der Süden geben kann. Dr. Krebs hat lange Zeit gebadet. Das Meer war viel wärmer als im Juli in Ahrenshoop. Anfang Januar!!! Ich habe bei allen Fahrten immer treu und brav meinen Malkram mit, aber nie kann ich. Es ist immer alles zu stark das erste Mal. Aber ich kenne nun eine Menge von ergiebigen Jagdgründen und werde demnächst ausziehen. Zu Hause bin ich mit „Wozzeck“ weitergekommen und hab aquarelliert. Ein Selbstbildnis ist ganz gut, glaube ich, und dann eine Blumensache. Die ist, glaube ich, sehr schön geworden. Es ist ein blühender Eukalyptuszweig und ein paar Mimosen. Ich glaube, ich komme langsam in Fahrt. Zwei lithographische Steine bekomme ich morgen. Walze, Drucköl, Farbe, Gummi arabicum und was ich sonst noch brauche, habe ich gestern erworben. So will ich bald ein paar Lithos versuchen und mache von jedem ein paar Handabzüge. Wenn was besonders glückt, mache ich mir einen Fettdruck und kann es dann im Herbst in Berlin auf den Stein bringen.

Ich mache jetzt Versuche mit Ölmalerei auf Kupferblech. Es scheint mir ein ganz herrlicher Malgrund zu sein. Nur ein bißchen viel Arbeit. Ich habe natürlich dies Kupferblech über Holzplatten hämmern müssen. Dabei wird es leicht wellig. Aber das ist ja Erfahrungssache. Es ist eigenartig, aber ich kann nichts dafür, Leinwand ist mir etwas ganz Gräßliches. Die Ernte dieses Jahr soll beweisen, ob ich mir diese Extramätzchen leisten kann oder nicht. Kommt nicht wirklich was Anständiges raus, mache ich nur noch Graphik. --------- [...]

Erich Heckel an Walter Gramatté.
Berlin, 13. 1. 1925

[...] Der Anfang des Jahres scheint für Deutschland überhaupt viel Schlechtes zu bringen. Obgleich alles geschäftlich sehr eilig ist, steckt doch nichts dahinter, auch im Kunsthandel und die Auktionen bei Graupe [?] erzielen lächerliche Preise wie etwa 12 M für Beckmann Zeichnungen, 100 für Kokoschka Aquarelle. Aber das braucht uns nicht zu kümmern.

Walter Gramatté an Wilhelm Niemeyer.
Barcelona, 15. 1. 1925 (Abschrift)

[...] Sonia war am glücklichsten dran. Sie bekam hier von Steinway gleich ein Klavier in die Bude und weg war sie. Vom ersten Tage schuftet sie, daß ich es nicht begreifen kann. Sie steht mit dem Milchmann, der um 1/2 7 kommt, auf. Um 7 Uhr ist sie schon bei der Arbeit, daß alles so kracht. Nachts um 1 oder 2 Uhr hört sie auf. Sie hat eine ganz unerhört schöne neue Klavier-Sonate geschrieben und ihr Konzert-Programm in den Fingern in überwältigender Weise. Mit mir sieht die Geschichte weniger günstig aus. Unser Häuschen ist irrsinnig leicht gebaut. Ich kann mich verkriechen wo ich will, es entgeht mir kein Pianissimo. Wachs in die Ohren stecken, hat sich gegen Sirenen bewährt, ist aber in diesem Falle fruchtlos, da es sich eben um keine Sirene handelt. Ich muß sehen, wie alles wird. [...]

[...] ich habe viel vor. Ich bin schon ganz gut drin, habe eine ganze Reihe fertiger Zeichnungen für Wozzeck und auch ein paar Aquarelle sind da. Eines [ist], glaube ich, besonders geglückt. Ein blühender Eukalyptuszweig und ein paar Mimosen. Nur mit Öl ist es zum Verzweifeln. Es ist so schwer, das richtige Material aufzutreiben. Ehe man alle Quellen gefunden hat, ist der Enthusiasmus flöten gegangen und dann eben die spanischen Benennungen dafür. Aber es wird schon langsam kommen. Für Lithographie habe ich fast alles beisammen, morgen kommen zwei schöne Steine an und mit dem Material kommt auch die Lust zur Arbeit. Ich werde ein paar Exemplare, falls etwas glückt, mit der Hand abreiben, das geht ja ganz gut. [...]

[...] Bis hierher kam ich am 15. Januar. Es folgten einige schreckliche Tage (gut, daß ich keine Moneten hatte, sonst wäre ich abgereist) und nun ist heute der 7. Februar und er bringt eine neue Nachricht: „Wozzeck" ist fertig! Ich bin sehr glücklich im Augenblick. Diese Nachricht bringt mir hoffentlich Deine Verzeihung für den weiteren Aufschub des Briefes. Wenn ich sage: „Wozzeck" ist fertig, so meine ich damit nicht, daß schon die Radierungen da sind. Aber endgültige Zeichnungen sind fertig, die Linie der Handlung ist gefunden. Hoffentlich habe ich recht gefühlt und wenn ich Dich wieder zu treffen im Stande war, diesmal wie mit „Lenz", so werde ich überglücklich sein. Es sind 12 Blätter und eine Titelradierung. Format 21 x 27. Also etwa wie „Lenz", nur 2 cm breiter. Die Titelradierung: ein kleiner Kopf in der Mitte, den ich handkolorieren werde, und Text: Georg B. „Wozzeck" mit 12 Rad. von Gramatté:

Taf. 108 bis 117

1. Wozzeck rasiert den Hauptmann. Dieses Blatt ist nötig, um den Widerspruch zu zeigen zwischen Wozzecks Tätigkeit und seinem Leben. Ich habe versucht, herauszuarbeiten, den Kontrast: Nachdenkender, mit sich nicht klarer Mensch und die äußere Tätigkeit, das Rasieren.
2. Wozzeck und Marie. W. vergrämt, aber beglückt in der Umarmung Maries. Eine Scene gibt es dafür nicht bei Büchner. Da aber mein Ziel bei Illustrationen stets ist, die Blätter unter sich in Beziehung zu bringen und außerdem klar ist, daß Wozzecks großes Glück und einziges Glück Marie ist, kann und muß dieses Blatt da sein.
3. Marie mit dem Knaben auf dem Arm, sehr nachdenklich.
4. Marie in wilder Umarmung mit dem geilen Tambourmajor.
5. Marie, den schlafenden Knaben im Arm vor dem Spiegel, verklärt über den Ohrring des Tambourmajors, im Hintergrund durch die Tür hereinstürzend, Wozzeck.
6. Großer Kopf Maries, sehr nachdenklich, betend.
7. Straße. Wozzeck will grüßend vorbei, aber eine große Hand im Vordergrund (Hauptmann) winkt ihn heran.
8. Großer Kopf Wozzecks. Restlos verzweifelt.

9. Der Mord.
10. Wozzeck geht in den Teich.
11. Wozzeck ertrinkt.
12. Zwei Bürger laufen eiligen Schrittes davon, sie hören unheimliche Laute.

An sich kann Dir die bloße Aufzählung der Handlung nicht viel sagen, aber ich wollte doch, daß Du ungefähr weißt, wie ich „Wozzeck“ dem Sinne nach gelöst habe. Es wird aber, wenn Du die Blätter sehen wirst, manche Überraschung für Dich geben. Darauf freue ich mich schon. Ich glaube, es ist sehr einfach und stark geworden. Morgen bekomme ich die Platten und in etwa 14 Tagen werde ich die Ätzerei hinter mir haben. Ich lasse, so gut es geht, hier Probedrucke machen und schicke sie Dir dann sofort. [...]

Karl Schmidt-Rottluff an Walter Gramatté.
o. O., 18. 1. 1925

Ich telegrafierte Ihnen gestern, also Kupfer gut, um Ihren Elan zum Malen nicht aufzuhalten. Jedoch möchte ich Sie auf einiges aufmerksam machen. Zunächst: ich habe Bilder auf Kupfer gesehen, die ein paar hundert Jahre alt waren, eins allerdings auch, wo das blanke Ku.[pfer] durchkam u. an den andren habe ich nicht drangeklopft – wahrscheinl.[ich] wäre dann die Malerei auch abgefallen. Aus vollster Überzeugung kann ich Ihnen darum nicht zum Kupfer raten – das Ku.[pfer] selber zwar ist beständiger als Leinen, aber schließl.[ich] muß die Farbe mal abpurzeln – das kann ich mir anders nicht deuten. Ich nehme an, daß sie dort Kupferfolie verwenden wollen, die sich genauso adrett aufspannen läßt wie Leinen – schöner! – Einen Nachteil hat die Geschichte: wenn sie von hinten gegengeraten, haben Sie eine Delle drin – u. die ist nicht wieder auszubessern u. mit einem Loch sieht's schon ganz faul aus. Daß eine Lacktechnik möglich ist, die recht gut auf Metall hält, kann man schon aus der Autoindustrie sehen – aber die wird Ihnen so leicht nicht ihre Erfahrungen preisgeben – u. außerdem müßte die ganze Ölfarbentechnik umgekrempelt werden. Solange Sie dünn auf Metall malen, haben Sie während Ihres Lebens wohl kaum was zu befürchten. Immerhin ist das ein Standpunkt, den man glaube ich nicht einnehmen sollte, es führt leicht zur Verantwortungslosigkeit der eignen Arbeit gegenüber, u. zwar der Qualität gegenüber, daß man denkt, ist ja wurscht, tausend Jahre hält's ja doch nicht! Das tut zwar Leinen auch nicht u. außerdem können wir die Menschen in 1000 Jahren nicht auch noch glücklich machen wollen! Ich rede höchst unwillig jemanden in die Arbeit hinein, aber da Sie einmal daran getippt haben, glaube ich, Ihnen vielleicht einiges für Ihre Malerei sagen zu können. Daß Ihnen die Graphik mehr liegt u. leichter sich Ihnen gibt, stimmt gewiß – sagt aber nichts über die Malerei. Ich fürchte, Sie suchen in der Malerei etwas, was Sie lieber nicht suchen sollten, weil's gar nicht Ihr Gebiet ist – nämlich den Mysterien der Farbe nachzuspüren. Es müßte Ihnen daran liegen, Ihre Vorstellungen ebenso leicht zu fixieren, wie es Ihnen bei der Graphik gelingt. Da es Ihnen bei der Gr.[aphik] leichter gelingt, wäre das ein Hinweis, das Bild als „größere Graphik" zu erfassen. Dafür ist es – wie Sie ganz richtig fühlen – erforderlich, das Malen beschwingt u. flüssig zu machen. Goldgrund sagte Ihnen sehr zu, das Kupfer wird es auch tun – nur haben beide die großen Nachteile, daß die Metallfarbe sich zu sehr im Licht wandelt – wie wäre es, wenn Sie Sperrholzplatten, die fabrikmäßig hergestellt werden, 5–7 mm dick, in allen Größen probierten? Sie könnten die Malfläche nochmal schwach abhobeln lassen, sie wird sehr glatt dann – grundieren Sie die noch mit Neapelgelb od. Brillantgelb, so haben Sie einen überraschend warmen Ton, der durch alle Malerei durchstrahlt, besser als Gold od. Kupfer – u. außerdem den Vorteil hat, daß er überall kann stehen gelassen werden. Außerdem wird er Ihnen eine flüssige und leichte Malerei ermöglichen u. Sie können die Fläche wie eine Graphik behandeln. Ich glaube auch, daß Ihnen das Problem der Farbe dann gar nicht mehr als Problem auftauchen wird. – Nehmen Sie mir's nicht übel, daß ich Ihnen hier dazwischen rede, wenn Sie's geniert, dann schieben Sie's einfach beiseite u. kümmern sich nicht drum, was andre quatschen. – [...]

Walter Gramatté an Paul Rauert.
Barcelona, 6. 2. 1925 (Abschrift)

[...] Heute also endlich komme ich dazu, wenigstens ein bißchen zu erzählen. Warum heute endlich, werden Sie fragen und sich gefaßt machen auf eine Ausrede, auf einen jener Gründe, die Sie immer ein bißchen belächeln. Aber heut ist es einer, den Sie wohl auch kennen werden: Ich stecke seit Wochen in „Wozzeck". Heut ist er fertig geworden!!! Es sind wieder 12 Bilder geworden, wie bei „Lenz". Dazu eine Titelradierung. Plattengröße ist 21 mal 27. Hochformat. Ein bißchen größer als „Lenz". Es ist wieder alles in sehr starken energischen Linien gearbeitet. Alles sehr einfach, aber sehr ausgewogen. Wie immer habe ich versucht, das mir Möglichste an innerlicher Spannung zu geben, verhüllt durch fast brutal scheinende Formen und Linien. Ich werde mir nun alles noch Fehlende besorgen, um die Platten ätzen zu können, und hoffe, Ihnen recht bald die ersten Probedrucke senden zu können. Ich glaube, ich habe einen Schritt vorwärts getan. Hoffentlich ist es nur der Anfang, denn ich will weiter, habe noch viel vor. Eigentlich schaudert es mich ein wenig vor dem nächsten Schritt, denn er ist sehr groß. Aber ich fühle mich einigermaßen kräftig und hoffe durchzuhalten. Ich will ein großes Werk von „Uilenspiegel" (Charles de Coster) machen. Es ist eine sehr große Aufgabe und der beglückende Augenblick des „Fertig-seins" ist noch gar nicht annähernd am Horizont zu erblicken. Aber ich will es wagen. [...]

[...] Ich hatte heute von Rosa Schapire einen Brief. Sie war bei Ihnen und sah das Barcelonabild. Ich habe mich sehr gefreut, denn sie hat mir viel Gutes davon gesagt. Hält es stand? Gefällt es Ihnen noch? Zu neuen Bildern bin ich noch nicht gekommen. Aber ich habe manches im Kopf. Ich bin leider furchtbar beschränkt im Raum hier. In dieser Woche fallen aber Taf. 118

zwei Wände und dann werde ich einen schönen Arbeitsraum haben. Augenblicklich muß ich mit einem Zimmerchen von 3,20 x 3,20 zufrieden sein. Eine Reihe von Aquarellen habe ich noch gemacht, ich glaube, daß 4
Taf. 151 gut sind und zwei davon besonders. Das eine ist ein blühender Eukalyptuszweig, das andre ein kleines Kruzifix in einem leeren Raum. In der nächsten Zeit wird die Ausstellung, die das Buchmuseum Leipzig veranstaltet, eröffnet werden. Sie findet in der Gutenberghalle, die ganz neu hergerichtet ist, statt und wird 120 Blätter von mir zeigen. Das Museum setzt sich ganz kolossal für mich ein, zu meiner großen Überraschung und Freude, es hat sogar 100 G.Mk ausgegeben für einen 20 Minuten Vortrag über meine bisherigen Werke. Zu schade, daß ich nicht zum Aufhängen nach Leipzig kann. Es ist das erste Mal, daß eine so umfassende Graphikausstellung von mir stattfindet und ich hätte gern der Klarheit wegen selbst gehängt. Aber es geht eben nicht. Aber etwas später wird es gehen. Ich glaube, bis August halte ich es ohne Pause trotz Rosen, Mimosen und Sonne nicht aus. Ich denke in etwa 3 Monaten auf 14 Tage nach Deutschland zu kommen. [...]

Walter Gramatté an Karl Schmidt-Rottluff.
Barcelona, 11. 2. 1925 (Abschrift)

Ich wollte Ihnen längst schreiben und Ihnen für Ihren lieben Brief und das Telegramm danken, aber es ging nicht früher und es geht heute auch nur ganz kurz. Mit der Malerei ist noch nichts geworden. Ich hatte mich inzwischen wieder so an „Wozzeck“ festgebissen, daß ich nicht los kann und nun kann ich Ihnen sogar sagen, daß er fertig ist! Es sind 12 Blätter 21 x 27 und eine Titelradierung. [...]

Es soll demnächst eine Ausstellung in Madrid gemacht werden. Das kann gut werden! Sonia hat einen großen Erfolg gehabt, trotzdem die guten Leute einigermaßen durch die Kompositionen, die zwei Drittel des Programms einnahmen, verblüfft waren. Ich schreibe auch davon genauer im nächsten Brief. Und dann eine Anfrage: Haben Sie noch einen Holzschnitt von Rosa Schapire, der verkäuflich ist? Sie haben einmal einige Abzüge R. S. zur Verfügung gestellt mit der Erlaubnis, sie zu verschenken. Ich war einer der Würdigerachteten und bekam einen. Dies nur, damit Sie wissen, um welchen es sich handelt. Und nun seien Sie bitte gerührt: Dr. Krebs, von dem ich Ihnen schon schrieb, möchte diesen Kopf haben!!! (Man muß Spanien kennen, um sich das vorzustellen!) Und er bat mich, Sie darum zu fragen und den Preis zu erfahren. [...]

Heckel schrieb mir vor einiger Zeit von den fabelhaften Preisen, die Auktionen in Berlin ergeben. U. a. Beckmann Handzeichnungen 12 Mk, Kokoschka Aquarelle 100. Das ist ja allerhand. Und Ausstellungen bringen wahrscheinlich gar nichts, da es ja Ehrensache ist, arm zu sein. Sie schreiben auch von Pleite, obwohl Sie in Berlin sitzen. Das kann ja gut werden. Ich bin hier ganz verraten und verkauft. Vom Buchbund Hamburg habe ich seit 1. Dez. anstatt 900 Mk ganze 300 erhalten und gar keine Aussicht, daß etwas kommt. Ich weiß nicht, was die Menschen sich denken. [...]

Walter Gramatté an Rosa Schapire.
Barcelona, 14. 2. 1925 (Abschrift)

Über Ihren lieben Brief habe ich mich schrecklich gefreut. Haben Sie vielen, vielen herzlichen Dank. Leider kann ich Ihnen heute nicht all das erzählen, was ich auf dem Herzen habe. Ich sitze seit einer Woche (und wohl noch auf zwei weitere) zwischen Kalk und Farbe, werde alle 5 Minuten gerufen, um etwas zu entscheiden (Entscheiden muß ich leider immer, so lange ich verheiratet bin. Wie ich das schon hasse, immer und immer entscheiden.) und da ist, für mich wenigstens, die Konzentration vorbei. Nun haben wir zwar 2 Zimmer weniger, aber dafür, Sonia sowohl als auch ich, wirklich schöne Zimmer. Jetzt haust der Maler. Er ist entsetzt über meine „Entscheidungen". Sowas hat er in Barcelona noch nicht gesehen. Schwarze und blaue Zimmer und die Decken auch schwarz und blau. Er ist erschüttert. Mit dieser Bauerei ist aber bei mir ein bißchen heimatlicheres Gefühl eingezogen. Bisher fühlte ich mich nur herausgehoben aus allem, was mir lieb und teuer war und in eine Umgebung gesetzt, die ganz fremd war und in die ich mich einleben mußte. Aber nun, da ich angefangen habe, ein bißchen alles so zu gestalten, wie ich es gern hab, fühle ich mich mehr zu Hause, mehr bei mir. Das werden Sie sicher verstehen können. Es nützen eben alle Mimosen und Mandelblüten nichts, die augenblicklich das Land bis zu den Bergen hinauf in Gelb, Weiß und Rosa tauchen. Die Menschen, die ich zu Hause lassen mußte, sind nicht ersetzbar und manchmal packt mich eine ganz schwere Sehnsucht. Ich glaube aber, jetzt bin ich über den Berg und meine Arbeit wird mir weiter helfen, den Kopf wenigstens einigermaßen hoch zu halten. Wissen Sie, daß ich meinen „Wozzeck" fertig habe? Ich habe mich sehr gefreut, aber leider dauert ja solch ein Augenblick des Fertig-Seins nicht lange, denn nun lebe ich bereits im „Uilenspiegel". Über „Wozzeck" schreibe ich Ihnen einen Extrabrief. (Das ist übrigens das Weihnachtsgeschenk! Vorausgesetzt, daß es Ihnen gefällt!) Es sind 12 Blatt geworden, 21 x 27 und eine Titelradierung. In der Ätzerei bin ich durch den Umbau gestört worden. Sowie ich fertig bin, sende ich Ihnen die Probedrucke.

Nun der „Uilenspiegel"! Da stehe ich vor einer schweren Aufgabe. Und wenn sie noch so schwer wäre und mir die Lösung nicht gelingen sollte, ich bin trotzdem glücklich, daß ich überhaupt an solche Aufgaben denken kann. Was war das Leben der letzten Jahre für eine maßlose Quälerei, was habe ich an Kraft daran setzen müssen, um überhaupt zu leben und meine Aufgabe nicht zu verlieren. Kein Mensch hat auch nur ungefähr eine Ahnung, wie es in mir aussah, wie schrecklich dunkel, und wie es in mir schrie, und wenn ich so die Augen meiner Freunde sah: Tiefes Mitleid und man fing an mich aufzugeben. Und nun wird es langsam ein bißchen heller und meine Gedanken können wieder anfangen, Form zu nehmen, brauchen nicht mehr Tag und Nacht wie irrsinnig um den gleichen unlösbaren Knoten zu kreisen. [...]

Walter Gramatté an Erich Heckel und seine Frau.
Barcelona, 28. 2. 1925

wie sehr habe ich mich über Ihren lieben Brief gefreut. Es war mir, als hätte er zum ersten Mal nach langer Zeit eine neue Luft gebracht und mein Herz schlug erheblich an. Gleich wollte ich Ihnen antworten und habe auch 4 oder 5 Seiten beschrieben, aber dann ging es nicht mehr recht. Ich komme in letzter Zeit immer ins Philosophieren und lese ich etwas später durch, was ich so geschrieben habe, dann finde ich alles dumm, unreif, langweilig, überflüssig. Dann kam ich richtig ins Arbeiten und ich freue mich sehr, Ihnen melden zu können, daß nach „Lenz" nun auch mein „Wozzeck" fertig ist. Es sind 12 Radierungen, 21 x 27 und ein Titelblatt. Daher hat dieser Brief auch ein heitereres Gesicht (wahrscheinlich), als der erst angefangene, denn mir wurde recht heiß, als ich las, daß Sie so gut haben arbeiten können nach der Belgien-Reise. Wenn ich das doch alles sehen könnte! Nun stecke ich bereits mit Herz und Gehirn im „Uilenspiegel" (de Coster). Sicher kennen Sie dieses herrliche Buch. Da werde ich nun wohl für ein oder zwei Jahre versorgt sein und manches neue weiße Haar erwerben. Aber daß ich überhaupt an solches Werk herankam, macht mich überglücklich. Was waren das doch für Jahre! Daß ich noch lebe, darüber wundere ich mich doch immer wieder. Aber darüber will ich mir heut keine Gedanken machen. Will anfangen, wieder etwas froher zu werden. Vieles, fast alles hab ich zu Haus lassen müssen, aber die letzten Jahre waren ein gutes Training für das Alleinsein und ich leide nun nicht mehr darunter, als ich zu ertragen im Stande bin. Und nun hab ich angefangen, mir ein bißchen die Atmosphäre hier zu schaffen, in der ich (im Hause) gern lebe und das wird mich weiter ermutigen und zufriedener machen. Seit 14 Tagen hausen die Maurer und Maler im Hause. Sie sehen, ich werde durch Schaden nicht klug und das ist ja wohl irgendwie doch ein Beweis für einen erwachenden Lebensmut. Wie schön wird es nun bald bei uns werden! Wir haben, ich glaube, ich schrieb es schon, diesmal ein ziemlich kleines Häuschen, eine Torre, gemietet. [...]

Sonias Musikzimmer ist im großen Vorderteil ganz blau, Decke, Türen, Fenster, Wände, alles blau. Das kleine Zimmer, das dazugekommen ist, bildet eine große Nische und wird durch einen großen Vorhang abgesperrt. Sie ist ocker und hat [eine] schwarze Decke. Mein Atelier ist ocker und hat blaugrüne Fenster und Türen, Decke natürlich weiß. Geschlafen wird umgekehrt: Sonias Schlafzimmer in meinen Arbeitsfarben: ocker, meins in Sonias: blau. Es wird alles sehr, sehr schön werden. Erst jetzt habe ich das Gefühl, ein bißchen bei mir zu sein. Bisher war die Aufgabe immer nur, sich einleben in völlig fremde Welten. [...]

Wenn Sie doch einmal herkämen! Aber Spanien ist weit. Weit, aber ein so herrliches Land. Was ist Italien dagegen. Herrlich und schön für kurze Zeit, aber in Italien leben? Italien, scheint mir, erlebt man durch das Land als Landschaft, aber Spanien kann man nur durch seine Menschen erkennen und erleben. Spanien ist für den Ankommenden eine rechte Enttäuschung. Aber wenn man nicht wie die meisten „Reisenden", auf dem nächsten Dampfer nach Genua flüchtet, sondern ausharrt, dann beginnt man Spanien zu lieben, so sehr, daß man Furcht hat, es zu verlassen, sei es auch nur für kurze Zeit. Das ist das eigenartige. Andere Länder (scheint es mir!) ziehen an einem vorüber, sind wie ein Traum, bleiben in der Erinnerung wie ein Traum, aber Spanien pflanzt eine brennende Sehnsucht ins Herz, man sehnt sich, muß es wiedersehen, muß wieder hier leben. Und so wenig kenne ich eigentlich, und schon so stark ist das Gefühl. [...]

Walter Gramatté an Walther Merck.
Barcelona, 11. 3. 1925

[...] ich hab mich ein wenig besonnen. Und etwas will ich noch sagen, was Dich vielleicht wundern wird: Ich habe allen künstlerischen Ehrgeiz verloren, berühmt zu werden und solche schönen Dinge. Für wen? Was macht denn die Berühmtheit aus? Weil der oder jener Herr Schulz etwas kauft, oder Manfred Georg etwas Nettes von mir sagt? Und dafür soll ich mir den Kopf zerbrechen und Hoffnungen machen? Mir scheint das Leben zu anderen Dingen nötiger zu sein, und, denke: Gerade diese Einstellung, die immer fester in mir wird, hat nicht zur Folge, daß ich nicht arbeite, sondern, daß ich 10 x mehr arbeite und inniger. So wie ich muß, ganz ehrlich und ohne Rücksicht. In diesem Sinne ist mein Wozzeck fertig geworden. Es sind 13 Radierungen, 21 x 27, 12 und 1 Titelblatt und 6 sind schon gedruckt; in 8 Tagen sind die letzten Platten fertig. Nun arbeite ich am „Uilenspiegel". Auch dazu habe ich eine große Radierung fertig und gedruckt, den „Uilenspiegel" selbst. [...]

Walter Gramatté an Wilhelm Niemeyer.
Barcelona, 24. 3. 1925 (Abschrift)

Taf. 119 bis 124, 132 und 134

[...] Morgen gehe ich wieder auf den Dampfer. Ich will nach Cadiz und Sevilla zur „semana santa" und der „feria", was mir die Überweisung sehnsüchtig erwarteter Gelder ermöglicht hat. Vielen, vielen herzlichen Dank. Hoffentlich kommt bald wieder ein so erfreulicher Schub. Von Cadiz aus will ich nach Afrika, besonders Tetuan will ich noch erleben. Wer weiß, wie lange die Spanier es noch halten und dann ist die letzte für uns Deutsche noch erreichbare Maurenstadt dahin, da die Franzosen uns weder nach Algier noch Oran noch Fez hereinlassen, trotz meiner großen Bemühungen. Ich freue mich ungemein auf die 5 od. 6 Tage Meer. Zurück dann noch einmal! Und ich denke, auch eine kleine Ausbeute für meine Arbeit zu machen. Mein großer Wunsch, „Wozzeck" vor meiner Abreise fertig zu ätzen, ist nicht in Erfüllung gegangen. Das Kupfer, das ich bestellt hatte und endlich vorgestern kam, hat sich als völlig unbrauchbar erwiesen. Nun bekomme ich endlich das richtige, aber es wird 4 Wochen auf Bearbeitung warten müssen. Ich habe bis jetzt 6 Platten fertig. Außerdem eine zu „Uilenspiegel". Mit den Druckereien ist es zum wahnsinnig werden. Keine Ahnung vom Druck! Und wie ätze ich! Die Linien müßten wie Eisen stehen. Aber sie haben keinen Ruß und wissen nichts vom Höhen, dafür aber sind sie liebenswürdig. Ich sende die Probedrucke alle zusammen. Ich mag sie nicht auseinanderreißen und erst 6 schicken. [...]

Tafel 107
Zu Georg Büchners „Wozzeck“. Skizze des Wozzeck und der Maria.
Tinte auf Papier, 1925
(Z 277 und 278)

Tafel 110
Zu Georg Büchners „Wozzeck“ (Blatt 5). Bleistift und Tinte, 1925
(Z 249)

Tafel 111
„Wozzeck" (Blatt 5). Radierung, 1925
(Eckhardt 206)

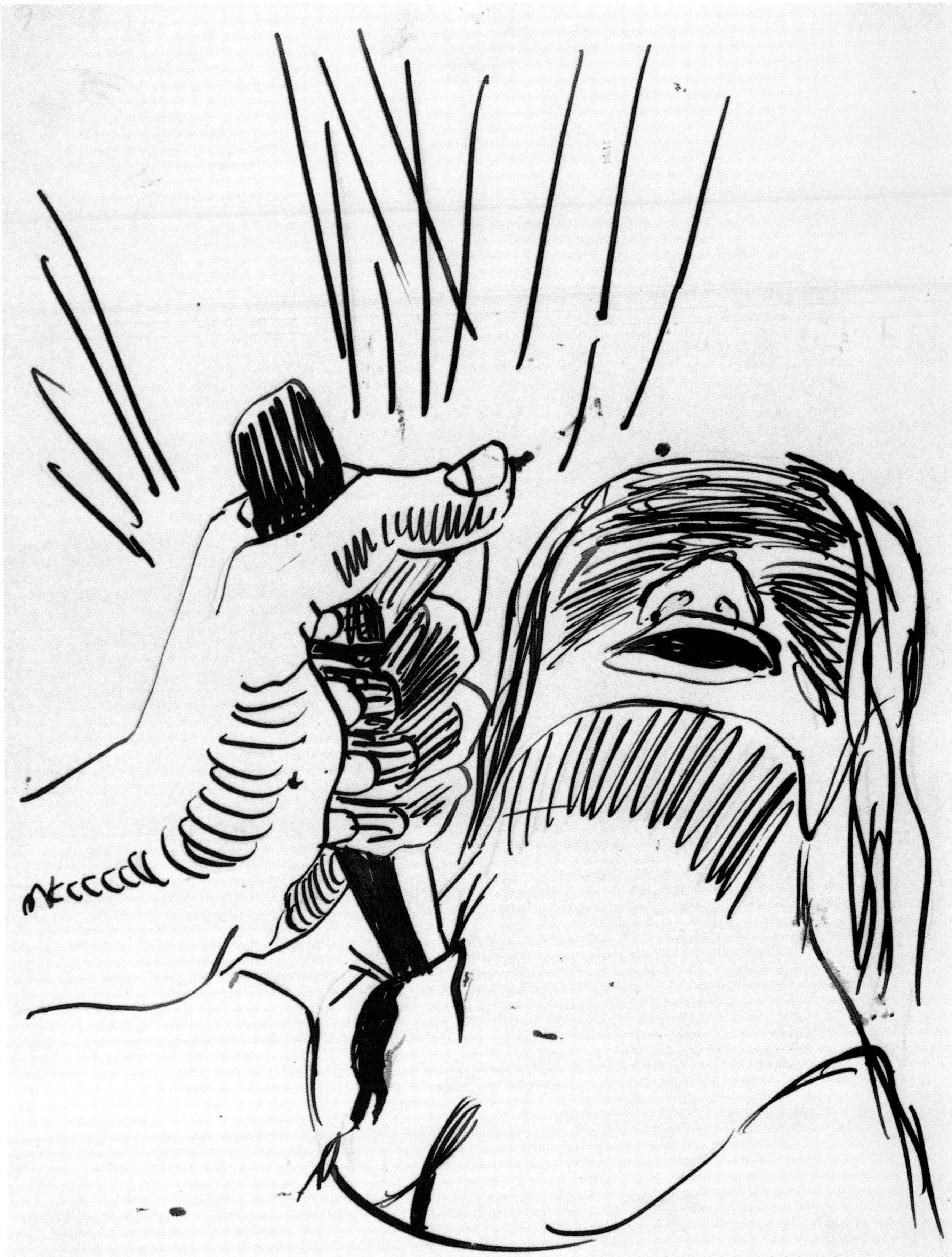

Tafel 112
Zu Georg Büchners „Wozzeck“ (Blatt 9). Tusche, 1925
(Z 255)

Tafel 113
„Wozzeck“ (Blatt 9). Radierung, 1925
(Eckhardt 210)

Tafel 114
Zu Georg Büchners „Wozzeck“ (Blatt 10).
Bleistift auf Seidenpapier, 1925
(Z 273)

Tafel 115
„Wozzeck“ (Blatt 10). Radierung, 1925
(Eckhardt 211)

Tafel 116
Zu Georg Büchners „Wozzeck“ (Blatt 11).
Bleistift auf Seidenpapier, 1925
(Z 274)

Tafel 117
„Wozzeck" (Blatt 11). Radierung, 1925
(Eckhardt 212)

Tafel 118
„Till Uilenspiegel“ (Selbstportrait). Radierung, 1925
(Eckhardt 199)

Tafel 119
„Cádiz". Tusche mit Farbangaben, 1925
(Z 326)

Tafel 120
„Cádiz". Tusche mit Farbangaben, 1925
(Z 320)

Tafel 121
„Cádiz". Tusche mit Farbangaben, 1925
(Z 322)

Tafel 122
„Cádiz“. Vorzeichnung zur Radierung, Bleistift, 1925
(Z 321)

Tafel 123
„Aus Cádiz“ (Blatt 7 der España-Mappe). Radierung, 1926
(Eckhardt 222)

Walter Gramatté an Sonia Gramatté.
o. O., 4. 4. 1925 (Abschrift)

Taf. 125 bis 131 und 133

[...] Nach Almeria will ich unbedingt mal ein paar Wochen mit meinem Hulele. Es scheint mir eine sehr, sehr stille Stadt zu sein, aber ganz unfaßbar schön in seiner Art, besonders das Höhlenviertel hat es mir angetan. Ein paar tausend Menschen haben sich ihre Wohnungen in einen großen Berg hineingegraben. Aber das muß ich alles erzählen, beschreiben kann man das nicht. In Malaga würde ich es nicht sehr lange aushalten, dafür aber um so mehr in Cadiz. Hulele, Du wirst Cadiz sehen, das weiße Cadiz. Es ist unbeschreiblich. Ich glaube, ich bin durch jede Gasse gewandert, dann rings um die Stadt mit einer Droschke gefahren, dann hinaus in die Vororte. Es war zum Niederknien. Cadiz ist etwas unfaßbar, traumhaft Schönes. Und Cadiz ist schöner als Sevilla. Ich habe nie eine so einheitlich gewachsene Stadt gesehen. Nur 8 Stunden Zeit hatte ich in Cadiz, habe sie aber ausgenützt. 4h nachm. ging dann mein Zug. Als Cadiz langsam in der „Bahia de Cadiz" (die der Zug ganz umfährt) versank, war mit einem Schlage alles verändert. Das uns bekannte Spanien war weggewischt. Ich glaubte durch Schlesien oder Holstein kurz vor der Ernte zu fahren. Eine Üppigkeit der Vegetation, die einfach phantastisch ist. Es platzt geradezu alles. So ging es über Jerez nach Sevilla. Wie immer anfangs bei allen Dingen: große Enttäuschung. Die Dinge, die ich erwarte, sind nie da. Aber tausend unerwartete kommen und beglücken. Dahin gehört vor allem das „Barrio de Santa Cruz". Das ist das alte maurische Viertel. Diese engen Gäßchen, kaum 1 Meter weit, die Straßen mit den tausend Blumen behangenen Balkonen und Balkönchen, die sich oben manchmal berühren, diese „Patios", die in ihrer Stille und Feierlichkeit unaussprechlich sind, diese kleinen Plätze vor den kleinen sauberen Häuschen, umgeben mit den vielen bunten Kachelbänken, alles das von Blumen übergossen und man weiß nicht für wen und wozu, einfach so aus der Natur heraus, und dazwischen stehen ein paar der immer feiernden Gestalten mit dem großen schönen Hut, stehen unbeweglich, manchmal in einer Reihe nebeneinander, als warteten sie auf etwas, niemand rührt sich. Und dann schreiten ein paar Frauen mit hohem Kamm und Mantilla durch ein Gäßchen und verschwinden hinter einem Gitter, oder man sieht die Novios am Gitter, die leise murmeln und es hat hier auf einmal nicht die Lächerlichkeit, wie der gute Cayol novio mit seiner Citrone. Es ist ein Friede, eine Ruhe, ein Duft, ein Dahinschweben. [...]

Walter Gramatté an Sonia Gramatté.
Sevilla, 6. 4. 1925 (Abschrift)

Taf. 135 bis 138 und 140 bis 142

[...] Es ist vielleicht eigenartig für Dich, daß ich davon gerade aus Sevilla und am Vorabend meiner Abreise nach Granada schreibe, aber eben gerade in dieser Lage, die mir Tausende von Menschen neiden, kommt mir immer wieder der Gedanke, daß ich trotz aller Herrlichkeiten nicht glücklich sein kann ohne meine Arbeit und das ganze Drum-rum. Immer mehr fühle ich den großen Zeitverlust und immer mehr beginnt eine

ganz banal gesagt, gut und groß zu sein. Und um das zu erreichen, muß ich mich noch viel schleifen, und dazu ist soviel Kraft nötig, daß ich meiner Freunde bedarf, um mich ein wenig verschnaufen zu können, ab und zu neuen Mut zu sammeln. Aber alle diese Worte sind vielleicht überflüssig. Auch ohne diese (die mir vielleicht nur schaden, weil sie so scheußlich unmännlich sind) verstehen Sie vielleicht die Situation. Sie muß möglichst bald ein Ende haben. Es ist nun wirklich genug. Es graust mich, wenn ich die 11 Jahre bis 1914 zurück denke. Es sind 11 wirklich gehaltvolle Jahre. Ich möchte so gern dieses Leben beenden, muß es beenden, weil es sonst restlos bergab geht. Ich fürchte mich davor, daß die große Gleichgültigkeit ganz von mir Besitz ergreift. Es ist so gefährlich, so lähmend; ich bin schon von Natur aus nicht mit sehr viel Selbstüberzeugung gesegnet, aber so viel will ich mir von mir selbst erzwingen, daß ich meine Arbeit nicht für ganz unwichtig halte, weil ich sonst eben gar nicht mehr kann und ein ganz ekelhafter Harlekin werden würde. Und dann zu all dieser inneren Unruhe und Wirrnis die rein äußerliche Situation. Pleite. Restlos. Es ist irrsinnig schwierig alles. An Verkauf irgendwelcher Dinge so gut wie nicht zu denken. Ich bemühe mich auch nicht mehr im Geringsten. Es ist wirklich ganz sinnlos. Und wie sehr fühle ich auf einmal den Ausfall der Verkäufe, die so nebenbei bei mir im Atelier stattfanden. Immer war irgendwer da, der einmal ein Aquarell oder ein paar graphische Blätter wollte, oder ich beteiligte mich hier und da an einer Ausstellung, die etwas ergab. Aber nun höre ich von Ausstellungen, wenn sie eröffnet sind. Das waren Summen, die doch erheblich mitsprachen. Jetzt warte ich auf Abrechnungen von Verlegern, aber es kommt nicht einmal ein Brief, das Atelier in Berlin kostet glücklich 120 Goldmark pro Monat und ich erhalte Drohbriefe. Vom Buchbund habe ich anstatt 7 Monatsraten bisher 3 (drei!), so daß ich einzig und allein auf Ihren Scheck als fest rechnen kann. Neuerdings kommt von Dr. Krebs 300 Peseten pro Monat dazu, da er meine Graphik haben will. Und im Anfang das *leere* Haus! Auch bei notdürftigster Lebensweise war doch schließlich manches anzuschaffen, das sammelt sich schon etwas. Also so geht es nicht. Und was ist aus der großen Concert-Hoffnung geworden? Es ist schwer mit Spaniern, für die unterschriebene Verträge nicht zu existieren scheinen. Also kurz und gut, die Lage ist alles weniger als rosig und was das Schlimme ist: es ist kein Ausweg, wenn wir hier weitermachen. Es muß diesmal etwas radikal Durchgreifendes geschehen. Wenn wir überhaupt wieder auf die Beine kommen wollen und zwar richtig, muß ich richtig und ohne Hemmung arbeiten können. Wir sind in den letzten Jahren hin und her gezogen mit uns und unseren Möbeln und immer von Neuem war die Situation provisorisch und wieder provisorisch. Nie wurde ganz ausgepackt, nie konnten meine Maschinen arbeiten, Sonia stand mit der Geige neben meiner Staffelei und ich wohnte mehr im Café als zu Hause. Das geht nicht mehr. Ich habe nun die feste Absicht, etwas Wirkliches für uns zu schaffen. Etwas wirklich nach allen Seiten Passendes. Ich will vielleicht zum ersten Mal im Leben ganz unbescheiden sein und sagen: Ich will einen Raum, ein großes schönes Atelier, will arbeiten können vor der Staffelei, an der Maschine, wo ich nur immer will, Sonia soll ein Musikzimmer haben, wo niemand sie stört und wo sie niemand stört und dazu die unerläßlichen

Wohn- und Wirtschaftsräume. Man hat mir geschrieben, daß die Wohnungsverhältnisse sich bedeutend gebessert hätten in Berlin. Aber ich glaube, daß das für uns eine weniger große Rolle spielt. [...]

Walter Gramatté an Fräulein Magnussen.
Berlin, 12. 9. 1925 (Durchschlag)

[...] Heut drängt es mich nur, Ihnen zu sagen, daß ich selbstverständlich mein Versprechen, Ihnen die nächste Aquarell-Ausstellung in Hamburg zu überlassen, halten werde, so gut ich kann. Es ist natürlich überflüssig das zu sagen, aber ich wollte es dennoch tun, weil ich so lange nichts habe von mir hören lassen, und Sie vielleicht beunruhigt sein könnten. Was nun das „so gut ich kann" betrifft, so meine ich damit, daß ich Ihnen alles zur Verfügung stellen werde, was ich habe, nur ist es bis zum Augenblick noch nicht überwältigend viel. Ich habe mich im letzten Jahr in ganz Spanien und auch Marokko herumgetrieben und die Eindrücke waren so gewaltig, daß ich an konzentriertes Arbeiten nicht denken konnte. Natürlich ist eine ganze Menge entstanden, aber es muß noch mehr werden und da ich augenblicklich guten Kontakt mit meiner Arbeit habe, glaube ich zuversichtlich, daß es bald mehr sein wird. [...]

Walter Gramatté an Wilhelm Niemeyer.
Berlin, 25. 9. 1925 (Abschrift)

[...] In dieser Woche wird die Platte (Titel) fertig. Kannst Du inzwischen an Ruckenbrodt das Papier senden? Dann wäre also der „Lenz" glücklich unter Dach und Fach. Weißt Du, eine Angst hat mir der „Lenz" doch gemacht: Ich fange selbst an zu sehen, daß die Lösung mit den beiden Landschaften und den 10 Köpfen eine besonders geglückte ist und mit der Art, wie Du den Text aufgebaut hast und überhaupt so das Ganze, wird wirklich etwas dastehen, was unzertrennbar ist. Das eine ist ohne das andre nicht mehr denkbar. Und da kommt mir die etwas entmutigende Idee, daß ich mir da vielleicht schon meinen glorreichen Leichenstein geschaffen habe. Es ist mir wahrscheinlich zum ersten und zugleich zum letzten Mal gelungen, Deine Begeisterung zu entfachen. Ich halte noch zäh fest am „Wozzeck" und die Platten sind bereits erheblich verändert, aber es wird nicht das sein. [...]

Von Rauert habe ich also die Litho gemacht. Ich schicke Dir dieser Tage einen Abzug. Einen dämonischen Rauert kann ich natürlich nicht vorlegen. Es ist eben Herr Dr. Rauert. Du kannst ja sagen, ob Du ihn bringen willst. Rauert fand sich ein wenig zu traurig, fand sich aber „ähnlich", war sonst vorsichtig und gab kleine Änderungsvorschläge, indem er meinte: „Ich denke da vor allen Dingen an meine Frau." Na, Du wirst ja sehen. [...]

Walter Gramatté an Sonia Gramatté.
o. O., 30. 9. 1925

[...] Hul, mein „Wozzeck" ist fertig und auch schon alles gedruckt. 12 Radierungen und ein Titelblatt. Ich glaube, es ist ein schönes Werk geworden. Schmidt-Rottluff, bei dem ich gestern von 1/2 5 bis 12 Uhr nachts war (und die Dich tausendmal grüßen lassen) fand es sehr stark. Ich freue mich sehr über dies Urteil. Ich mache heute noch Pause, morgen will ich mit der spanischen Mappe anfangen. Ich war 4 Tage sehr krank, hab mich aber nicht unterkriegen lassen und weiter gearbeitet. [...]

Walter Gramatté an Paul Rauert.
Berlin, 27. 12. 1925 (Abschrift)

[...] Also morgen geht es los. Ich bin sehr froh, denn ich sehne mich sehr nach Arbeit. Andererseits habe ich rechte Sorge um unser Leben. Aber vielleicht klappt es weiter. Irgendwie ging es ja immer. Und vielleicht habe ich bei der Hamburg-Ausstellung, die am 1. Januar im „Kunstverein" eröffnet werden soll, Glück und ich kann meine Arbeitspläne ausführen und ebenso Sonia. Ich wäre Ihnen außerordentlich dankbar, wenn Sie ein paar Menschen interessieren würden. Es sind 92 Blatt Graphik und 9 Bilder ausgestellt. [...]

1926

Walter Gramatté an Karl Schmidt-Rottluff.
Barcelona, 12. 1. 1926 (Abschrift)

[...] morgens muß ich nach Madrid abdampfen, um meine Ausstellung dort zu hängen und zu eröffnen und „Fühlung" zu nehmen. Donnerstag werde ich im „Hotel Nacional" von Künstlern und Kritikern empfangen werden und werde wohl meine erste spanische Rede schwingen. Heiliger Bimbam! Das kann gut werden. Und dabei meine nicht endenwollende Ruhr. Heute morgen habe ich zwecks Radikalreinigung 4 große Gellatineeier Rizinusöl heruntergewürgt. Jetzt bin ich bei Eldoform und Opium. Es geht tatsächlich etwas besser und vielleicht hat das Grieß- und Hafermehlsuppenessen, was mir in diesem Lande besonders schwer fällt, doch noch einmal ein Ende.

In Hamburg ist am 3. Jan. meine Kunst-Verein-Ausstellung eröffnet worden. Rosa Schapire schrieb, daß sie sehr gut aussehe und manches ihr Eindruck gemacht hätte. Ich habe sonst noch nichts gehört. Maria Kunde ist gekränkt, beleidigt, wie sie schreibt, daß ich ihr diese Ausstellung, die ihr sehr gefiele, nicht gegeben hätte. Wo sie sie hätte unterbringen wollen, bleibt mir ein Rätsel. Ebenso rätselhaft bleibt, daß in der heutigen Zeit eine Kunsthandlung beleidigt ist, weil man ihr nicht ... Das sollte man kaum für möglich halten.

Sonia arbeitet fleißig an ihrem neuen Clavier-Concert, es wird ganz herrlich. Es scheint, daß sie von Werk zu Werk gewaltiger wird. Sie werden staunen. [...]

[...] Was gibt es neues in Berlin? [...] Warum hat sich Paul Cassirer in die Brust geschossen? Um einen seinem Leben adäquaten Abschluß zu finden? Armer Kokoschka! Da werden die Preise wohl etwas fallen!

Ist es übrigens sicher, daß es Cassirer wirklich allein getan hat? Da wollte ich bloß wieder schnell ein paar herzliche Grüße senden und wieder kam ich ins Geschwätz. Aber Sie halten heut auch so nett still und am liebsten möchte ich mir, da mir nichts mehr einfällt, mal etwas aus den Pfoten saugen, nur, um noch etwas sprechen zu können, weil ich's so gern mit Ihnen tue. [...]

Walter Gramatté an Sonia Gramatté.
Madrid, 22. 1. 1926 (Abschrift)

Da ist nun also alles vorbei und es ist 1/2 1 Uhr und ich komme aus der Badewanne und sitze (im warmen Zimmer) und will Dir erzählen, was los war seit heute morgen. [...] 4 Minuten nach 5 Uhr kam ich ins „Ateneo" gesaust. Schon Leute da und Sr. Angel de la Fuente, Portraitist und Debujante (Zeichner), sehr netter Kerl, saß schon mit Skizzenbuch, dem gezückten Bleistift, hüpfte um mich herum und zeichnete eine Karikatur für irgend eine Zeitung. Dann erschien der Vize-Präsident Sr. Pitaluga mit seinem Stab und auch Baron von Tucher von der Dtsch. Gesandtschaft. Es war großartig. [...]

[...] Wollen wir nun abwarten, was praktisch herauskommt. Vielleicht nichts, vielleicht was. Ruiz Selen hat schon erklärt, er würde neue Arbeiten erwerben, vielleicht wartet er noch die Kritik ab. Morgen wird wieder ein Besuch gemacht bei einem Mann, von dem Reber praktisch etwas erhofft. Er ist der Bruder von einem Minister, den Namen weiß ich nicht. So, mein Hull, das wäre so ungefähr das, was heute los war. Beiliegend hast Du die heutigen Ankündigungen der Morgenblätter. Ist das nicht glänzend? [...]

Walter Gramatté an Walther Merck.
Sevilla, 1. 2. 1926

[...] Meine Ausstellung in Madrid hat sich zu einem Ereignis ausgewachsen. Es ist ein tiefer Erfolg. Ich bin von den ersten Kritikern, als sie meine Sachen durchsahen, in einer Weise empfangen worden, die ich nur als phantastisch bezeichnen kann. Die Einweihung war großartig und (als ein ganz außergewöhnlicher Fall) erschien zur Eröffnung Freiherr von Tucher und Simmelsdorf als Vertreter des Deutschen Reiches. [...] Also, ich kann Dir erzählen, daß Du nun einen Freund hast, nach dem man sich in den Hotels umkiekt. In Toledo, in Madrid, in Sevilla! Jeden Tag kommt ein Hotelangestellter und schleppt meine Bilder oder Karikaturen oder Aufsätze und Kritiken heran. Es ist großartig. Ich bin von allen Seiten geknipst und gezeichnet worden. Jetzt will man mir ein Ehrenbanquet geben, aber das kann ich leider nicht machen, denn die Reise Barcelona – Madrid kostet auch was und dann die Reden und ich wäre schon eine großartige

Reklame. Ich schicke Dir von Barcelona ein paar Bilder ein. Der Verkauf ist bis jetzt mäßig. Aber das schadet ja nichts. Der Anfang ist gemacht, viele neue Tore stehen offen. Der Direktor des Circulo de Bellas Artes hat mir seine Persönlichkeit und seine Ausstellungsräume zur Verfügung gestellt, wo ich im Herbst meine Ölbilder ausstellen werde. Was will ich mehr? Und in Toledo habe ich so gut arbeiten können. Ich bin nicht entmutigt. Vielleicht übers Jahr bin ich über den Berg. Bis oben wird allerdings noch viel geächzt werden müssen. [...]

Walter Gramatté an Karl Schmidt-Rottluff.
Barcelona, 4. 2. 1926 (Abschrift)

[...] Man hat wirklich Interesse! Meine Ausstellung ist täglich aufs Allerstärkste besucht. Es erscheinen täglich gegen 200 Menschen. Ich bin, solange ich in Madrid war, jeden Tag zu irgend einer beliebigen Zeit zwischen 5 und 8 hingegangen, immer Betrieb, immer 12 oder 15 Leute, ständig aus und ein. Es ist wirklich rührend kann ich Ihnen sagen.

Wo findet man in Deutschland noch so etwas?!!! Ich bitte, eine Leiste, die rings um die Wände läuft, entfernen zu dürfen: Der Präsident des „Ateneo“: „Was Sie wünschen wird sofort erledigt werden. Wir bitten Sie restlos über die Räume zu verfügen.“ Ja, denkt der Spanienreisende, Phrasen!

Es gibt viele Phrasen, sicher, die von alten Traditionen herstammen, aber es gibt auch noch wahrhaftige Dinge. Kleiner Beweis, zehn Minuten später: Ich bitte an der Wand, an der die Aquarelle hängen, 3 stärkere Birnen einschrauben zu dürfen, die ich selbst mitbringen wollte. (Die Beleuchtung der Räume *ist nur* künstlich.) Es laufen Lichtreihen die Decke entlang. Es werden ungefähr 250–300 Birnen nebeneinander sein. Es ist nicht übertrieben, die Birnen sind etwa 10 cm auseinander. Allgemeines Erstaunen, wie ich von Mitbringen von Birnen spreche. Erfolg: In 10 Minuten erscheinen 3 Mann mit Leitern und mächtigen Paketen, nagelneu, mit Osram-Lampen. *Sämtliche* Birnen werden ausgeschraubt und durch neue ersetzt!

Die ausgedrehten werden fast alle verloren sein, denn sie wurden eine auf die andere gepackt mit wenig Sanftmut und der Faden wird so gut wie bei allen zerrissen sein. Ich war fassungslos! Ich glaube, ich sah aus wie ein begossener Pudel. Aber, es gibt mehr solche Dinge. Ich lasse Kataloge drucken, (das tun Künstler hier selbst, irgendwer schreibt ein Wörtchen davor) 700 Stück. Ich will bezahlen. Ausgeschlossen, der Druckereibesitzer und Verleger erklärt mir, daß wir dafür einmal zusammen essen werden. Und so kam es. Es sind nicht alle so, claro! Aber es gibt noch einige und ich habe sie, wie es scheint, gefunden. Es ist auch nicht ohne Folge, daß ich in der langen Zeit manchen einflußreichen Knaben kennengelernt habe. Nicht jeder, der so auf der Durchreise ist wie ich, wird solch schöne Erfahrungen machen. Jedenfalls ist es so wie ich erzählte und wenn wir, falls Sie es gut heißen, lieber Herr Schmidt-Rottluff, etwas später auf eigene Faust unternehmen wollen, werde ich alles an Freunden und „Beziehungen“ mobil machen, was ich nur kann, was ich mir bei der

Tafel 124
„Cádiz“. Öl auf Leinwand, 1926
(B 112)

Tafel 127
„Almería“ (2. Fassung). Aquarell, 1925
(A 198)

Tafel 128
„Almería“. Aquarell, 1925
(A 197)

Tafel 129
„Almería". Tusche mit Farbangaben und Flächeneinteilung, 1925
(Z 331)

Tafel 130
„Almería“. Tuschzeichnung zur Radierung, 1925
(Z 329)

Tafel 131
„Almería". Öl auf Leinwand, 1927
(B 116)

Tafel 132
„Cádiz" (Stadt). Öl auf Leinwand, 1926
(B 113)

Tafel 133
„Aus Almería“ (Blatt 9 der España-Mappe). Radierung, 1926
(Eckhardt 224)

Tafel 134
„Cádiz“ (Stadt). Bleistift mit Farbangaben, 1925
(Z 328)

Tafel 135
„Granada“. Aquarell, 1925
(A 200)

Tafel 136
„Granada II“. Aquarell, 1926
(A 209)

Tafel 137
„Granada". Tusche, 1925
(Z 299)

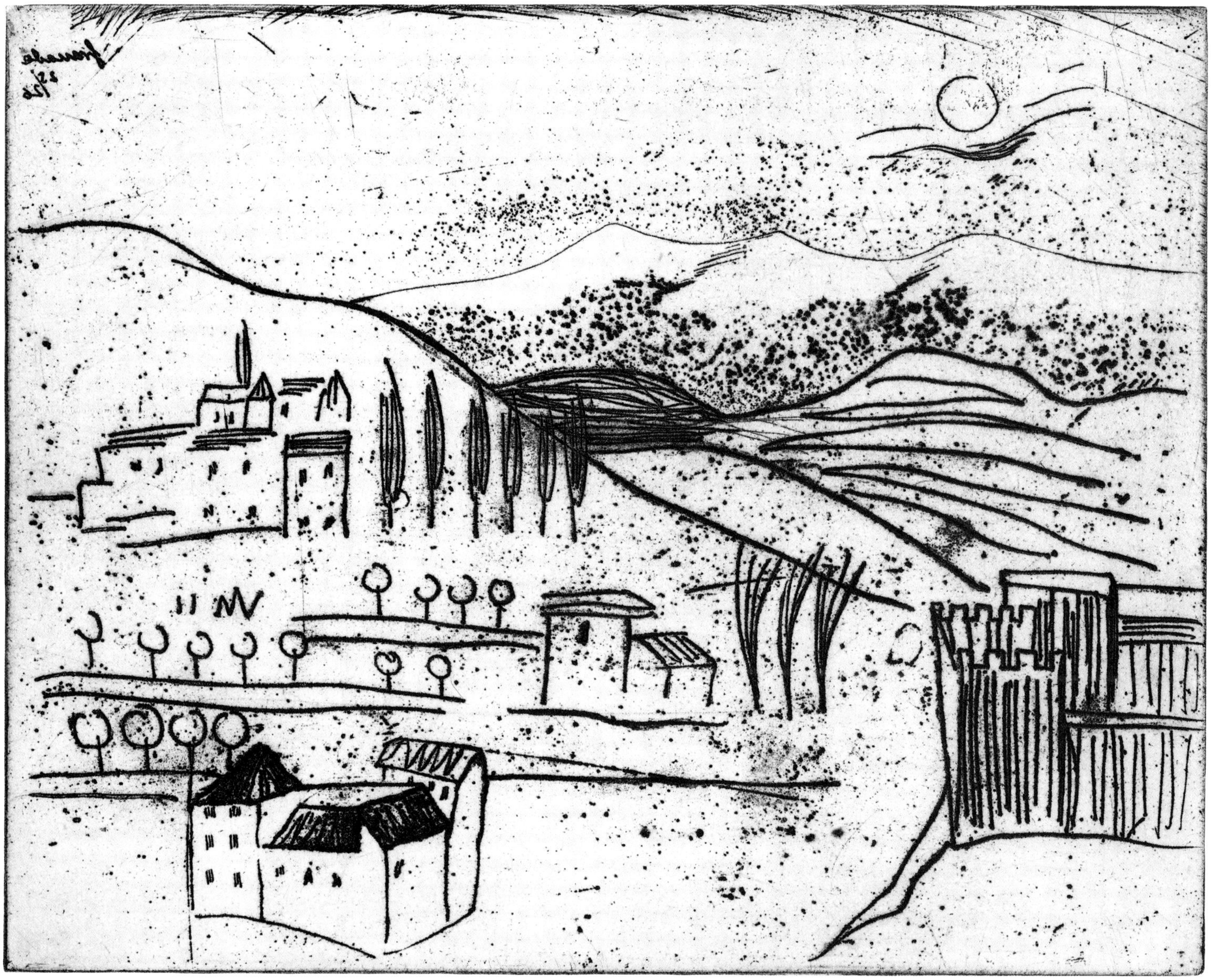

Tafel 138
„Aus Granada“ (Blatt 6 der España-Mappe). Radierung, 1926
(Eckhardt 221)

Tafel 139
„Am Guadalquivir". Aquarell, 1926
(A 211)

Tafel 140
„Granada". Tuschzeichnung zur Radierung, 1925
(Z 298)

Tafel 143
„Huelva". Tuschzeichnung zur Radierung, 1925
(Z 316)

Tafel 144
„Aus Huelva" (Blatt 1 der España-Mappe). Radierung, 1925/1926
(Eckhardt 216)

Tafel 145
„San Lucas de Barameda“. Tuschzeichnung mit Farbangaben, 1925
(Z 312)

Tafel 146
„Am Guadalquivir bei San Lucas de Barameda“. Bleistiftzeichnung zur Radierung, 1925
(Z 313)

Tafel 147
„Am Guadalquivir“ (Blatt 5 der España-Mappe). Radierung, 1926
(Eckhardt 220)

Barcelona-Ausstellung sehr überlegen werde. Ob nun allerdings über die Begeisterung hinaus rein praktisch sehr bald etwas zu erwarten ist, dafür kann ich natürlich nicht einstehen. Ich habe bisher für 1000 Pes. verkauft, aber mit ziemlichem Hängen und Würgen, denn der mit 1 1/2 Millionen Peseten *jährlich* gesegnete Dir. W. Don Ruiz Selen ist 4 mal umgeben von 3 Sekretären erschienen, ehe er sich entschließen konnte. Aber die Ausstellung geht noch bis zum 10. 11. Vielleicht kommt auf die dicken Artikel hin noch der oder jener. Hoffentlich, denn mein Aufenthalt im Hotel in Madrid, die Reise und die Passepartouts haben 1500 Pesetitas gekostet.

Trotzdem bin ich nicht traurig, weil ich durch die vielen kleinen Erlebnisse viele, viele Freude gehabt habe. Der Unterschied mit Deutschland tut mir so unendlich wohl. Gerade habe ich aus Hamburg so viel Gequatsche über mich gelesen. Wertlos ist natürlich beides: Das Gerede aus Deutschland und das Gerede aus Madrid, aber die Gesinnung, Mann, die Gesinnung. Das ist es. Und es soll mir noch einer kommen mit der „Wichtigkeit“ der Presse Deutschlands!! Wohin hat denn diese glorreiche deutsche „Presse“ (!) selbst die geführt, die sie verherrlicht hat?? Dahin, daß kein Mensch mehr weiß, wer die wirklich richtigen Künstler sind, dahin daß die besten heute kaum noch atmen können! Caramba! Die hiesige „Presse“ wird mich auch nicht zum Himmel führen, aber freuen tue ich mich wie ein Kind und Mut gibt es mir zur Arbeit und es belebt mich und macht mich tatenfroh. Das gestehe ich ein, mit aller vollster Offenheit. Die Schreiber hier stellen sich in überaus bescheidener Weise den Künstlern zur Verfügung und wollen mithelfen. Die großen deutschen 500 M Kunsthistoriker glauben, uns nur [als] einen kleinen Anstoß zum Fließenlassen ihrer längst fertigen Phrasen nehmen zu können. Mein Gott, was habe ich für eine Wut im Bauch, und wie herrlich, daß ich nicht in Berlin sitzen muß! –

Von Madrid aus war ich auch noch kurze Zeit in Toledo und es ging gut mit der Arbeit. Ich habe gestern eine schöne Staffelei erworben und heute Leinwände präpariert, morgen geht's los! Ich denke es wird gehen und ich kann dann in einiger Zeit günstige Nachrichten über meine Arbeit senden. Wie würde ich mich freuen. Sparen Sie auch für die Reise nach Spanien? Macht es Ihnen nicht Lust zu kommen, wenn Sie solches hören? [...]

5. 2. 1926

Wieder auf den Beinen. Herrliche Sonne und Wärme, Eukalyptus, Mandeln und Mimosen strömen schwere Düfte aus, das Meer glitzert aus dem Dunst herauf.

Sonia ist wieder einigermaßen auf dem Posten und bester Stimmung, auf der Bank sind 500 Pes. eingegangen, die eingeschriebenen Briefe, die innerhalb 8 Tage Zahlung fordern, werden negiert zur Strafe für den nicht hierher passenden Ton ... was brauche ich mehr? Jetzt gehts an die Farben. Nur noch an einiges will ich mich zu erinnern versuchen, was mir noch betreffs der Ausstellung heute Nacht einfiel. Was war es doch? –

Richtig: die Preise! Wenn Sie persönlich Kuhn Ihre Blätter gegeben haben, so ist alles in Ordnung. Bei meinen Euphorion-Blättern aber nicht, denn ich hatte mich in der damaligen miesen Zeit auf 32 Mk resp. 22 geeinigt. Diese Preise waren an der Spitze, nur Sie überflügelten mich mit 45 (Japan) resp. 30 Mk. Das geht natürlich hier nicht, denn ich nehme ohne Unterschied für einfarbige Blätter 100 Pes. Was werden Sie fordern? 70 Mk, so wie von Dr. Krebs? Schreiben Sie mir doch davon, ja? Wenn Sie 100 fordern sollten, werde ich weniger nehmen, denn ich will nicht anmaßend sein. Sagen Sie mir was Sie denken. Aber nun Schluß, damit der Tag nicht zu kurz wird. [...]

Walter Gramatté an Elisabeth Sudeck.
Barcelona, 21. 2. 1926 (Abschrift)

[...] Heut ist der 21. Februar. Heut vor 2 Jahren sind wir hier gelandet. [...] Wie wunderbar, ich habe eben auf einem Papier ausrechnen müssen, wie viel Jahre es sind, daß wir fort sind. Ich hatte erst 3 geschrieben, aber es sind wahrhaftig erst 2!!! War viel los!

War sehr viel los! –

22. Febr. Gestern ging es nicht mehr, hatte einen zu schweren Kopf. Jetzt geht es wieder besser. Ich hab lange nichts erzählt von dem, was hier los war, zuletzt schrieb ich, glaube ich, aus Sevilla. Von meiner Ausstellung schrieb ich ja schon. Es war wahrhaftig ein „gran exito". Viel Lärm, viel Ehre, aber kein Geld. Peng! Aber für einen ersten Start war es wahrhaftig kolossal. Ich habe große Hoffnung auf eine Bilderausstellung im Herbst. Man weiß mit „Graphik" nichts anzufangen.

Man kennt „Graphik" überhaupt nicht, kommt vor allem nicht auf den Gedanken, Graphik als „Wert" zu betrachten. Selbst die Zeitungen sprechen teilweise von „Reproduktionen".

Dieses Terrain muß also erst noch sehr heftig bearbeitet werden, ehe es Früchte tragen kann. Aus Spaß sende ich aber mit diesem Brief zusammen ein paar Zeitungen mit, damit Du etwas Respekt vor Deinem amigo aus Spanien bekommst. Was war sonst. Ich bin tüchtig an der Arbeit gewesen. Jetzt stockt es wieder. Ich werde vielleicht ein Atelier mieten, das auf der Rambla de Flores freigeworden ist. Uralte Ruine, aber billig, 100 Pes. pro Monat. Es geht so gar nicht, dieses ständige Aufeinandersitzen. Es ist eine so furchtbare Störung für mich, daß ich doch manchmal ganz verzweifelt bin. Andererseits kommt es mir so wahnsinnig vor, mich mit weiteren Ausgaben zu belasten, denen so kümmerliche Einnahmen gegenüberstehen. Wie wird das alles noch werden. Es ist so ein Bettelleben. Langsam zermürbt es mich ganz. Aber wollen wir nicht davon sprechen. Und es ist ja auch nicht hoffnungslos, es sind ja noch einige Pläne da. Vielleicht geht es doch einigermaßen weiter.

Sonia ist den ganzen Tag am Flügel und schuftet an ihrem Clavier-Concert. Sie ist im III. Teil. Die ersten beiden sind ihr mit phantastischer Leichtigkeit zugeflogen, aber jetzt quält sie sich furchtbar, ist schrecklichster Launen und Stimmungen voll, weint viel und will nie mehr ein neues Stück schreiben, wenn dies beendet ist. Ein rechter Tröster bin ich auch nicht im Augenblick, im Gegenteil, oft, wenn etwas Liebes am Platz wäre, explodiere ich *auch* noch, und dann sitze ich oben und zittere und von unten tönt wilde Musik, mit lautem Weinen, Verwünschungen, Wimmern. Ja, und ich? Ich kann dann nicht gleich runter gehen wie ich eigentlich sollte, denn mit einem guten Wort ist Sonia wieder glücklicher zu machen, aber der Moment, der Moment! Das ist so schwer. Es ist doch so viel Egoismus im Menschen. Ich erhoffe so viel davon, nicht hier im Hause arbeiten zu müssen. Wollen wir sehen, ob es sich machen läßt. [...]

Meine Hamburg-Ausstellung war ein Schlag ins Wasser, wie es scheint. Soll ich es beklagen oder belächeln? Ich belächele es. Wenn Brodersen nur einigermaßen gehängt hat, so muß die Ausstellung gut gewesen sein, denn ich hatte sehr gewählt. Aber gut oder schlecht, das ist heute in Deutschland einerlei, denn der gewöhnliche Sterbliche ist durch Kunst gelangweilt, und die Kritik ist nur noch eine Gelegenheit, in leichtester Weise Honorar einzustecken. Was habe ich da doch für Phrasen unter die Augen bekommen: „... immer noch der große Könner ... leider gefällt er sich in einer Kunst von vorgestern ... einzeln sind die Blätter stets interessant ... rudelweise (wörtlich!) fallen sie einem auf die Nerven." Ist so etwas nicht zum Schlechtwerden? Und es war noch so irgend etwas. Rauert schickte mir diese Ausschnitte und wies darauf hin, daß mit Rücksicht auf die Presse und die Auktionen die Preise recht hoch seien. Ich habe sonst weiter nichts gehört. Der Kunstverein selbst hat es bisher nicht einmal für nötig erachtet, mir auch nur den leisesten Bericht zu geben. Es ist alles zusammengenommen mächtig ermutigend für weitere Mühen in Hamburg. Es scheint für Hamburg nur noch Hamburger Künstler zu geben. Und Pauli? Ich habe, ich kann es nicht ganz motivieren, aber ich habe felsenfest damit gerechnet, daß der gute Mann an ein Bild heran gehen würde. Um ihm die moralischen Bedenken dem Hamburger Geldbeutel gegenüber zu nehmen, habe ich dem Kunstverein eine Liste überreicht, worin sämtliche Bilder für Pauli um 1000 Mk herabgesetzt waren, aber das scheint sogar besonders schlecht gewirkt zu haben. Ich habe in dem jungen Kunsthistoriker, der sich nicht entschließen konnte, mein *bestes* Bild: „den träumenden Knaben" wegen literarischen (!) Inhalts in die Ausstellung aus Privatbesitz aufzunehmen, anscheinend einen erbitterten Feind. Da Pauli auf Befragen glatt zugibt, nichts von Modernen zu verstehen, hängt also die Ausgestaltung der modernen Abteilung von einem jungen Männchen ab, der aus Gefühlchen für Kunst dies oder jenes für Wert erachtet. Künstler haben nichts mitzureden. Schön. Nun wirst Du meinen, ich sei böse, weil ich nicht in der Kunsthalle hänge. Nein, Lislein, ich bin nicht böse, aber aus anderen Gründen: nämlich deshalb, weil ich immer klarer und klarer sehe, wie alles geschaukelt wird und von welchen „Größen" die „öffentliche Anerkennung", die Stempelung zum ernstzunehmenden deutschen Künstler, abhängt. Hier ist ja gerade eine „Moderne Deutsche Graphik"-Ausstellung in Vorbereitung. Ich habe bis jetzt an den Sitzungen im General-Konsulat teilgenommen, bin aber jetzt unter Protest zurückgetreten. Ich kann Dir sagen: Entweder bin ich veraltet, oder aber das Ganze ist eine Sauerei, wie sie bisher nicht üblich war. [...]

Walter Gramatté an Wilhelm Niemeyer.
Barcelona, 28. 2. 1926

[...] Ein ganz kleines Wörtchen hatte ich von Dir erhofft über meine Ausstellung, die so phantastisch schön daneben gegangen zu sein scheint. Ich war wirklich anfangs etwas erschüttert, aber heute lache ich sehr vergnügt und freue mich, hier zu sein. Die erste Nachricht erhielt ich von Rauert. Er sagte mir allerhand Freundliches und besonders hatte es ihm der „träumende Knabe" angetan, den er, glaube ich, früher nicht recht verstehen konnte. Dann aber ging er mit gutem Beispiel voran und kaufte ein paar Blätter, wie er schrieb, in der Hoffnung, daß das anderen Mut machen würde. Aber der Mut blieb aus. Ich finde es jedenfalls rührend von Rauert, sich Sachen, die er längst hat und zu normalen Preisen zuzulegen. Dann aber gab er mir doch eine auf den Kopf und legte mir einen Zeitungsausschnitt ein und schrieb: Daß meine Preise doch angesichts der vielen Auktionen und der ... Kritik ziemlich hoch seien. In der Kritik war sehr Tiefes zu lesen: „Gramatté, immer noch der große Könner ... einzeln genommen die Blätter sehr interessant, aber rudelweise auftretend fallen sie einem auf die Nerven". Das sind typische Geisteserzeugnisse der heutigen Intellektuellen. Dumm, anmaßend, oberflächlich, verantwortungslos, lediglich dazu da, in leichtester Weise sich Geld zu verdienen. [...] Ich wenigstens für meinen Teil bin immer in einer gewissen Erregung, wenn ich eine Ausstellung zusammenstelle und in der Zeit, wo sie gezeigt wird. Ich zeige zu viel von mir am Menschen, die nichts dagegen zeigen, als daß ich ganz ruhig und ohne Erwartung sein könnte. Vielleicht soll man 2 oder 3 Jahre warten, bis wieder ein paar Menschen entstanden sind, denen Mitleben mit Kunst wieder etwas Bedürfnis ist. [...]

[...] Nun werde ich in der Lage sein, die letzten Konsequenzen aus dieser Tatsache zu ziehen und aus der Kenntnis meiner eigenen Kunst. Vielleicht wirst Du lächeln, wenn ich Dir jetzt ein paar arrogante Worte von mir selbst sage. Aber erstens wird die Arroganz gemildert dadurch, daß ich nur vor Dir spreche und 2. daß ich sehr fern bin, gegangen bin, und also niemandem etwas aufdrängen will. Ich sehe klar wie nie, daß ich mit dem Hauptteil meines Werkes absolut allein dastehe. Man mag herausziehen, wen man will, es würde nicht klappen. Aber mein einsamer Weg geht durch Gelände, die man zu betreten fürchtet. Die Früchte, die ich zuweilen am Wegrand ernte, sind wie es scheint durchsichtig wie Glas. Es sieht sie selten jemand, und wenn, dann scheinen sie so eigenartig, dann wieder so uralt, und sie stechen und hemmen manchmal auch noch. Man mag nichts damit zu tun haben. Lieber nicht. Es gibt ja auch so viel „Ähnliches" oder Besseres, daß es nicht der Mühe wert ist. Und doch: Welch ein Unterschied! Schon der Geist meiner Arbeit ist so grundverschieden von allen anderen Geistern. Und man glaubt, man könnte die Gerichte vielleicht eines Beckmann, Heckel, Grosz, Dix, ja, Kubin, mit dem meinen zum gleichen Salat machen! [...]

Alban Berg,
Wien VIII/1
Trauttmansdorffgasse 27
Telefon: Automat 34331
(Adresse im Stempel) Wien, 8. 1. 1926

Sehr geehrter Herr Gramatté, schönsten Dank für Ihren lieben Brief, der mich *sehr* interessiert hat. Leider ist die Hauptsache, die mir in Aussicht gestellte Sendung, bis heute nicht angekommen und ich nehme als gewiß an, daß sie auf den Weg über [die] Berliner Staatsoper nach Wien verloren gegangen ist.

Was war es eigentlich? Ist es möglich, ein Duplikat davon zu erhalten? Es ist klar, daß mich eine Abhandlung über Büchner und namentlich über Wozzeck ungemein interessieren würde; ich selbst habe mich ja seit *1914* fast ausschließlich damit befaßt.

Ich hoffe also, daß ich zu den Blättern über Wozzeck und Lenz und schließlich auch zu Ihrem Buch über Büchner gelangen werde und danke Ihnen, werter Herr Gramatté, allerherzlichst für Ihre Wohlmeinung und für ihre auch sehr freundliche Absicht.

Ihr ergebener Alban Berg

Alban Berg,
Wien VIII/1
Trauttmansdorffgasse 27
Telefon: Automat 34331
(Adresse im Stempel)
Wien, 15. 3. (wohl 1926)

Endlich erhalte ich, sehr verehrter Herr Gramatté, Ihre Radierungen und ich muß schon sagen: Sie haben mir damit *eine ganz immense Freude gemacht*. Die Blätter sind herrlich und ich habe gerade für diese Art Kunst einen starken Sinn und glaube, daß sie mit der meinigen sehr verwandt ist. Vielleicht kommen Sie wieder einmal nach Berlin und haben Gelegenheit, meinen Wozzeck (der sich sehr schön am Spielplan der Staatsoper erhält) dort kennen zu lernen. Sind Sie „musikalisch"? Und interessiert Sie der Klavierauszug meiner Oper; dann sende ich ihn Ihnen sehr gerne.

Besonders gut gefällt mir Blatt 2, 3, 8 und 11. Am weitaus *besten* aber Blatt 11, „der ertrinkende Wozzeck". Wie da aus den über Wozzeck zusammenschlagenden Wellen-Ringen sich fast ein Heiligenschein bildet – – –!

Das hab' ich genau so komponiert in meinem vor der letzten „Kinderscene" eingeschobenen Orchesterepilog.

Sie können mir glauben, daß mich auch daher Ihr „Lenz" *sehr interessiert*!

Seien Sie herzlichst bedankt und gegrüßt
von Ihrem sehr ergebenen Alban Berg

Alban Berg,
Wien VIII/1
Gut Berghof
Post: Sattendorf
Am Ossiacher See
Kärnten, Austria
Tel. Villach 393 Sattendorf, 29. 9. 1931

Sehr verehrte gnädige Frau, vielen Dank für Ihre sehr freundlichen Zeilen. Der frühe Tod Ihres von mir sehr geschätzten Mannes ist mir damals sehr nahe gegangen. Seine „Wozzeck" Mappe, die mir sehr lieb ist, hab' ich in sorgfältigster Verwahrung. Ich sandte ihm szt. auch den „Wozzeck"-Auszug – ich glaube nach Spanien -, und er wird ihn wohl erhalten haben. In Wien könnte ich der Sache nachgehen.

Es würde mich natürlich sehr freuen, Sie kennenzulernen, gnädige Frau. Vielleicht komme ich einmal nach Berlin.

Jedenfalls vielen Dank für Ihre liebenswürdige Schrift und mit ergebensten Empfehlungen
Ihr Alban Berg

Walter Gramatté an Hermann Kasack.
Barcelona, 21. 3. 1926 (Abschrift)

[...] Manchmal bin ich der Meinung, ich sei ganz fertig. Ich habe mich zu viel zerquält seit 5 Jahren, da habe ich doch scheint es einen unreparablen Knacks wegbekommen. Ich bin schon so weit, auf ein Wunder zu warten. Was aber das Schmerzlichste ist, das ist, daß ich die ganze Lage so ekelhaft genau und scharf erkenne. Aber, mein lieber Hermann, heut will ich mich nicht weiter verbreiten, sonst sitze ich fest. Und gerade heute will ich mit wildem Mut wieder gegen meine verdammten Leinwände springen. Was war sonst Neues? Im Januar hatte ich eine größere Ausstellung im Hamburger Kunstverein 100 Blatt Graphik und 12 Bilder. Aber ich habe sehr wenig davon gehört, man beklagt sich über meine „unzeitgemäßen" hohen Preise, das ist eigentlich alles. Es ist in Deutschland alles von ungeheurer Fadheit, Geistlosigkeit und Borniertheit. Und ich glaube nicht, daß mir das allein so vorkommt, aber vielleicht sehe ich es von hier aus etwas klarer. Im Mai ist wieder eine Ausstellung in Hamburg, Aquarelle, die ich leider schon lange fest abgemacht habe. Ich hätte sie am liebsten fallen lassen. Es lohnt sich wahrhaftig nicht. Hier hatte ich Januar/Februar in Madrid ausgestellt. Hab kolossales Aufsehen erregt. Aber das macht mich ebenso wenig glücklich. Inzwischen arbeite ich an Stehr's „Abendrot". Es soll ebenfalls im Hamburger Buchbund erscheinen. Ich glaube, es wird sehr gut, aber es ist schwerer heranzukommen als es anfangs scheint. „Wozzeck" wird nun auch in Druck gehen. Es wird ein sehr großes Buch werden, noch größer als „Lenz", der jetzt endlich ausgegeben wird. Aber meine ganze Sehnsucht ist Costers „Uilenspiegel", aber es geht immer wieder weg, aber ich fühle doch, daß ich ganz fest hineinwachse.[...]

Walter Gramatté an Karl Schmidt-Rottluff.
Barcelona, 16. 4. 1926 (Abschrift)

[...] Heute muß ich erst vor Ihnen erröten wegen des unerhörten Kästchens. Zweimal erröte ich: 1. weil ich nicht sofort ein Begeisterungstelegramm absandte, was ich täglich 100 mal mir ausdachte und 2. weil ich dieses Kästchen wohl doch nicht verdiene.

21. 4. 1926

Wieder war Schluß. Wieder sind 5 Tage vergangen. Und nichts habe ich getan, als herumgegrübelt. Sie werden mich vielleicht schon in kurzer Zeit nicht mehr gern mögen, weil ich eben so ganz und gar nicht auf einen kleinen grünen Zweig kommen kann. Und deshalb sagte ich auch neulich, daß ich das herrliche Kästchen nicht verdiene. Mit welchem inneren Jubel habe ich es begrüßt! Welch eine herrliche Bejahung liegt Ihrerseits für mich darin, sagte ich mir. Und ich sagte mir weiter: Aber jetzt los! Schaffen! Aber ich klappte nach kurzer Zeit ganz zusammen. Was ist es nun eigentlich mit mir! Es ist so furchtbar schwer, klar zu sehen, da mein körperlicher Zustand so wahnsinnig schlecht ist und immer schlechter wird. Gewicht: glücklich noch 1 Centner! Auch kein Wunder, denn mein herrlicher Darm macht nun glücklich seit 7 Monaten fast unverändert Tag und Nacht seine Späßchen. Alle Mittel nützen nichts. Ich lebe wie ein Säugling. Alles umsonst. Natürlich hänge ich nur so in den Gräten. Vielleicht kommt daher auch die Niedergeschlagenheit. Dazu kommt dann seit dem 2. Januar von morgens bis nachts Musik, Musik, Musik. [...]

[...] Sonia hat seit dem 2. Januar mit Unterbrechung von 11 Tagen, die sie im Bett zubringen mußte, von morgens bis nachts so geschuftet, daß sie in einem mehr als traurigen Zustand ist. Nun hat sie gestern den I. Teil ihres neuen Clavier-Concertes zu Ende instrumen[tiert] und Sonntag geht ein Dampfer über Malaga nach Cadiz. Da geht's aber mit. Dann bleiben wir 8 Tage in Sevilla mit einem Abstecher nach Algeciras und wieder zu Wasser von Cadiz zurück. Das ergibt zusammen 8-12 Tage Wasser und das wird Sonia wieder, hoffentlich, auf die Beine bringen. Ich persönlich wäre gern etwas später losgegangen, weil noch wegen der „Feria" viele Fremde in Sevilla sein werden, die reichlich stören, aber Sonia droht bereits mit dem II. Teil zu beginnen und da müssen wir schnell los. Ich bin ja doch recht beschämt, daß ich wieder einmal zu einer Freude kommen soll, die nicht für mich bestimmt und nicht von mir verdient ist, aber ich weiß niemand, den ich mit Sonia schicken kann, so muß ich schon (halb zog sie ihn, halb sank er hin) mitmachen. Und vielleicht belebt mich Sevilla doch wieder, nein, es gibt kein „vielleicht", und ich kann wieder eine Reihe von Zeichnungen und Aquarellen mitbringen, die später sich in Bilder verwandeln werden. Es ist eigenartig: Von der großen Reise im Vorjahre brachte ich über 100 Zeichnungen mit. Und seit ich diesmal hier bin, habe ich angefangen, aufzuarbeiten und es sind eine Menge Dinge entstanden, Bilder und Aquarelle. Bis jetzt werde ich eigentlich immer reichlich schief hier angesehen wegen der 3 1/2 Monate im Vorjahr und es hat mich mächtig gequält, daß auch Sonia wohl der Meinung war, ich hätte nichts als „Chatos" getrunken und mich durch Castagnetten bezaubern lassen. Klar habe ich das ausgiebig getan, aber doch in einem andern Sinne. Aber ich bin furchtbar langsam geworden, schrecklich langsam, es muß immer so lange alles in mir herumliegen, ehe es heraus kann. Auch an meinem „Lenz" hab ich zwei Jahre gemacht und am „Wozzeck" nicht viel weniger. Wenn ich nicht ganz genau herauskriege, wo es entlang geht, kann ich keinen Strich machen. Ach, meine schönen blühenden Eukalyptuszweige! Wie herrlich sind sie mit ihren kleinen Sonnen. Und ich weiß nicht wo beginnen. [...]

Aber nun will ich Ihnen doch die Hauptsache nicht länger vorenthalten, gerade jetzt, wo ich allein durch das Plaudern mit Ihnen wieder etwas aufgekratzt bin, wird diese Mitteilung eine weniger dramatische Form annehmen: Wir werden doch hier im Herbst einpacken und wieder nach Berlin kommen. Peng! Ich werde Ende Juli hier abbrausen. Sonia bleibt, um sich für ihre Concerte vorzubereiten und ich suche Atelier und Wohnung. [...]

[...] Was sagen Sie dazu? Wenn ich mich auch äußerlich, will sagen durch die äußeren Dinge in Deutschland reichlich getreten fühlen werde, denn dieses Land hier ist mir doch sehr ins Blut gegangen, so werde ich doch innerlich wieder glücklicher werden. Ich fühle, daß ich nicht restlos auf die wenigen Menschen und Freunde verzichten kann und ich fühl auch, daß es nicht gut ist für mich, für meine ganze Entwicklung. Wäre dieser Grund allein tausendfach stichhaltig, so kommt aber auch noch die drückende wirtschaftliche Lage hinzu. Ich werde hier kaum über einen gelegentlichen privaten Verkauf hinauskommen und verliere indessen in Deutschland die letzten Menschen, die noch hin und wieder etwas erwarten. (Wie ist übrigens Ihre Ausstellung bei Commeter verlaufen?) Nun, also ich hoffe, es klappt diesmal in Berlin, denn auch für Sonia ist die Einsiedelei hier auf die Dauer unmöglich. Wenn auch klar ist, daß sie nie und nimmer andernorts so hätte arbeiten können, so ist es nun, nach ihren riesigen Leistungen aber auch nötig, daß sie damit herauskommt und von hier aus ist das nicht möglich. Es gehört ja heute leider zu einer großen Leistung auch noch das ungeheure Gerenne und persönliche Gemache. Sonia hat gerade für diesen Winter sehr viele Hoffnung! Oskar Fried wird mit ihr concertieren, Furtwängler will das Mendelssohn-Concert mit ihr geben. Edwin Fischer, der jetzt auch dirigiert, hat den 3. Brief geschrieben um das Ur-Aufführungsrecht für Sonias neues Clavier-Concert mit Sonia am Flügel [zu bekommen]. [...]

Aber es war mehr noch los. Ja, richtig die Ausstellung. Also dieses große Werk wird Sonnabend 5 h 24. IV. dem staunenden Spanien enthüllt werden. Baron von Tucher von der deutschen Gesandtschaft in Madrid hat doch noch eine Ausstellungsmöglichkeit gefunden in Madrid, aber nur für kurz und schmerzlos und so wird diese schöne Kollektion, die eigentlich erst am 1. Mai hier enthüllt werden sollte, bereits am 4. Mai hier wieder abgehängt und nach Madrid geschafft, wahrscheinlich wieder für 10 Tage. Wozu das gut sein soll, weiß ich nicht. Einen übermäßig warmen Empfang wird die Geschichte in Madrid und auch in Barcelona nicht haben. Nur verkokelt sie unsre Ausstellung. Aber es ist alles ganz gut so, denn die Ausstellungsräume des neuen, „Circulo de Bellas Artes“ werden nicht fertig für dieses Frühjahr, so daß auch soeben die Zuloaga-Ausstellung, von der ich Ihnen schrieb, auf Herbst verschoben worden ist. Und so können wir, wenn Sie wollen, im Herbst etwas unternehmen und da ich vorher nach Berlin komme, alles besprechen. [...]

Walter Gramatté an Hermann Kasack.
Barcelona, 6. 5. 1926 (Abschrift)

[...] Ich will Dir heute nur das Neueste mitteilen: Ich will versuchen, zum Herbst endgültig in Spanien abzubauen und wieder nach Berlin zu kommen. Du fragst, ob es nicht manchmal recht einsam sei bei uns. O mehr ist es und nicht nur manchmal und auch die Sonne kann nicht mehr als meinen Körper erwärmen. Ich werde wahrscheinlich verhungern müssen in Deutschland, meint man, aber so will ich es doch lieber in der Nähe meiner Freunde, als hier leben, immer nur mit mir. Hermann, lieber Junge, man soll ja Vergangenes nicht heraufbeschwören wollen, aber was habe ich für eine Sehnsucht nach unseren Zeiten. Ob sie in irgendeiner Form wieder aufleben werden? Aber warum darüber sich heute schon den Kopf zerbrechen. Ich bin heute glücklich in dem Gedanken, daß ich Dich wiedersehen werde. Wenn es doch glücken würde diesmal, Räume für uns zu finden, denn ich muß ja arbeiten, arbeiten. Allzu lange nun lebe ich schon gegen mich und meine Arbeit. Aber ich will eine letzte ganz große Anstrengung machen, um das zu erreichen, was andren Menschen so selbstverständlich ist: Wirklich brauchbare, endgültige, nicht provisorische Arbeitsräume zu haben. Ich denke, ich komme in den ersten Augusttagen nach Deutschland, vielleicht wird es auch schon Mitte Juli sein. Sonia wird einstweilen hier bleiben, da sie in Berlin doch nicht arbeiten kann und für mich ist es auch besser, wenn ich bei der bevorstehenden vielen Rennerei nicht die Sorge um Sonias Ernährung etc. auf dem Halse habe. Da ich eine Summe Geldes zur Verfügung bekommen werde für die Wohnung, so hoffe ich doch, diesmal es zu schaffen. Ich hoffe bis Oktober. Dann will ich zurück, eine Bilder-Ausstellung in Madrid eröffnen, unsere Möbel und sonstige Dinge auf den Dampfer verfrachten und mit Sonia dann nach Berlin kommen. Mein Gott, wenn es doch endlich glücken wollte. Aber vielleicht sind alle Hoffnungen unangebracht. Ich weiß ja nicht, wie die Lage ist in Deutschland. Wird sich wohl noch nicht viel geändert haben. Und es ist ja für uns auch besonders schwierig etwas zu finden für unsere beiden entsetzlichen Berufe. Ich muß diesmal, *muß* auch an mich *so* denken, daß ich wirklich auch alle Voraussetzungen für mein Schaffen finde.

Nur dadurch kann ich meine mir verbliebenen 99 Pfd. noch zu einigen Leistungen bringen. Ich will meine Staffeleien wieder um mich stehen haben, meine Maschinen; meine blanken Steine und Platten sollen bereitliegen können. Ich kann nur dann. Die Dinge, die ich zu sagen habe, sind quälend und kann ich sie nicht ohne Hindernis gestalten, so wehre ich mich gegen sie mit aller Macht, um sie abzuschütteln. Du kannst mir sagen: Ein Künstler kann, wenn es ihm ernst ist. Dann kann ich nur antworten: Es ist mir tief ernst, aber vielleicht bin ich dann kein Künstler. Ich hab mir das selbst tausend Mal gesagt, aber dann kommen mir eben doch andere Überlegungen. – Aber davon weiter nichts. Ich wollte Dir ja auch nur sagen: Ich komme. [...]

Karl Schmidt-Rottluff an Walter Gramatté.
o. O., 13. 5. 1926

[...] Daß Sie wieder nach Deutschland zurückkommen wollen, begrüße ich von mir aus sehr. Ich denke, es wird im nächsten Jahre etwas weniger trist für die Kunst in Deutschland aussehen – freilich, ob ich zu diesem Gedanken Anlaß habe – od. ob's nur die ewige Hoffnung ist, die sich der Mensch nicht abgewöhnen kann, das ist schwer zu entscheiden. Etwas Bewegung ist jetzt in die Bude gekommen, durch die infame Rede Liebermanns bei der Akademieeröffnung. Es wäre jetzt vorbei mit dem „Los von der Natur" – jetzt hieße es wieder „Zurück zur Natur". Darauf Triumphgeheul von Fritz Stahl – u. heute Angriff von Max Osborn auf Liebermann u. Verteidigung der „toten" Kunst. Ob was dabei rauskommt, ist fraglich – aber wenigstens hat es wieder mal eine Diskussion gegeben – u. das rappelt vielleicht doch mal die Leute auf, Stellung zu nehmen. Es war ja so schandbar lahm geworden, daß man über Kunst mit aller Lauheit u. Interesselosigkeit sich drüberwegsetzte. Die Bewegung müßte bloß im Gang gehalten werden. Spaß hat mir's jedenfalls gegeben – u. vor allem kann man jetzt die Akademie wieder mal anpöbeln – was auch wieder Spaß macht. –

Übrigens ist hier dicker Frühling in Berlin – wie Sie ihn so bestimmt nirgends im Süden haben können – aber gleichwohl wollen wir in Kürze zur kühlen preussischblauen Ostsee aufbrechen – ich will mich schleunigst mal wieder auf mich selber besinnen u. bin neugierig, was mir einfällt. Augenblicklich läuft hier ein toller Film – russisch – von Proletkult gemacht – „Panzerkreuzer Potemkin" – für die Angehörigen der Wehrmacht verboten! – Ein Revolutionsfilm. Ich habe nie so fabelhafte Filmaufnahmen gesehen – ganz filmmäßig – mit tollen Perspektiven u. Ausschnitten – u. ein Tempo, das dabei ganz aus der Handlung entwickelt ist – glänzende Regie der Massen – dazu sowjetische Musik mit Massenstampfen und Geheul – es ist schon eine tolle Sache. Ich glaube, unsre Filmproduktion wird mächtige Anstrengungen machen, um da ran zu kommen – nebenbei eine sehr geschickte u. unangreifbare Verherrlichung der Revolution. Ich fürchte, man wird den Film nicht nach Spanien lassen – auch hier war man sehr im Zweifel, ob man ihn nicht ganz verbieten solle – ich schließe doch aus solchen Begebenheiten, daß hier in Deutschland wieder Bewegung in die Bude kommt. Ein großangelegter Rechtsputsch ist dieser Tage erst aufgedeckt worden – zur Errichtung einer Diktatur! [...]

Walter Gramatté an Alexander Graf Brockdorff.
Barcelona, 15. 5. 1926

[...] Nun noch zu Ihrem Brief: Also das neue Programm: Magischer Realismus! Muy bien! Vamos!

In Berlin gewinnt dieses neue „Klangwort“ fortschreitend Boden. Bei mir nicht. Was bei mir Boden gewinnt, fortschreitend, ist: Die Erkenntnis, daß der Kunst sehr schlechte Dienste geleistet werden durch die Programme, die von Zeit zu Zeit herausgegeben werden, da sie jeweils ein paar Maler, die wirkliche Künstler sind, herunterstoßen und ein paar meist leere Köpfe bekrönen und die Beschauer verwirren. „Magie in dem Seienden“ sagen Sie, lieber Brockdorff, und damit nennen Sie das letzte Ziel überhaupt. Und glauben Sie wirklich, daß unsere oberflächliche, verantwortungslose, häßliche, arrogante, ekelhafte Generation dieses Ziel überhaupt sieht? Dazu gehören vor allem *menschliche* Qualitäten. Und gehört schon viel Sensibilität dazu, durch Verzerrungen wirkliche Erschütterungen zu verursachen, so gehört eine gradezu heut fast ungeheuerliche Sensibilität dazu, eine Kunst der strengsten Wirklichkeit mit wirklicher Magie zu füllen. Und die kann heut kaum jemand haben, diese tiefste Sensibilität, denn um heut zu *leben*, brauchen wir wiederum so viel Abwehr, daß der bleibende kontrollierbare Rest nicht ausreichen kann das Ziel: „Magischer Realismus“ ernsthaft aufzudecken. Lieber Graf Brockdorff, vielleicht wundert es Sie, von mir solches zu vernehmen, nachdem ich selbst im Anfang meines Briefes von einem „Betrieb“ spreche. Aber damit meinte ich den „Betrieb“ mit mir selbst. Ich werde mich allen diesen lauten Bestrebungen fern halten, weiter mit meinem so lange ich denken kann unveränderten Ziel vor Augen: *Zufallslose* Magie zu schaffen, mich *menschlich* dahin zu bringen, daß mir Dinge sichtbar erkenntlich werden, die man nicht bis heut erkennen konnte. Für den Beschauer sieht der ganze „Expressionismus“ magisch aus und doch sind 99 % aller Magie des Expressionismus reiner Zufall, einfach ungewollt durch die neue fremdartige Form erstandener Ausdruck. Es gibt noch viel zu viel Gutgläubige in der Kunst. Wissen Sie, wer ein großer magischer Künstler war? Munch! [...]

Wenn ich das Wort „menschlich“ fortgesetzt so sehr betone, so glauben Sie nur nicht, daß ich irgendeine sentimental verkitschte Seele vor Augen hätte. Und es ist auch nicht nötig, daß der wahre Mensch nur religiöse Bilder malen muß. (Obwohl ich glaube, daß dazu die allerhöchste Menschlichkeit nötig ist, denn religiöse Dinge nicht zu verkitschen, sondern „magisch real“ zu schaffen wird wohl das Schwerste sein), oh nein. Aber, aber, aber, ... 2 Seiten wollte ich schnell für Sie schreiben. Jetzt, da ich bereits anfange, mich mit dem kleinen Zeh in Berlin zu befinden, erwacht bereits mein Kampfgeist. [...]

Walter Gramatté an Fräulein Magnussen.
Barcelona, 25. 5. 1926 (Abschrift)

Ihr Schreiben verursacht mir erhebliche Qualen. Ich bin sehr traurig, daß man gerade dieses Blatt als erstes am Schopf hat. Ich hatte sehr gehofft, es zu behalten. Es ist das Einzige, was ich von Cadiz, das ich so sehr liebe, schaffen konnte und wahrscheinlich das beste Blatt der Ausstellung. Ich habe es geschickt, weil es mir für das Ganze so richtig schien und wollte es nicht als „unverkäuflich" bezeichnen, (was ich bei den hiesigen Ausstellungen tat), weil ich Ihnen, nachdem Sie bei meiner letzten Ausstellung in Ihrem Salon fast 20 unverkäufliche (Privatbesitz) Blätter zeigten, versprochen hatte, Ihnen bei der nächsten alles zum Verkauf zur Verfügung zu stellen. Und trotzdem hätte ich „Cadiz" zurückbehalten, wenn nicht noch am Tage der Absendung des Paketes mir von 2 Sammlern hier 2 Blätter fortgenommen worden wären. [...]

Walter Gramatté an Paul Rauert.
Barcelona, 28. 5. 1926 (Abschrift)

[...] Aber für den Augenblick bleiben eben nur so verzweifelte Dinge übrig. In einer Ecke meines Herzens hoffe ich eben doch, daß vielleicht etwas heraus kommt. Ein wenig hatte ich ja gehofft, daß Pauli vielleicht ein Bild erwerben würde. Ein so gutes Bild, wie die große Landschaft von Hiddensoe hätte ihm keine Schande bereitet, ebenso wenig „La quasi Diogène" (das Bild von meiner Schwiegermutter), das ich als unverkäuflich bestimmt hatte, aber für die Kunsthalle hergeben wollte. Außerdem hatte ich Brodersen mitgeteilt, daß für Pauli alle Preise um 1000 Mk tiefer gesetzt würden. Aber man kann natürlich keinen zwingen, am wenigsten Pauli, der zwar einen großartigen Cesar Klein ankaufen konnte, aber von Ihnen erst nachdrücklich bearbeitet werden mußte, um ein Werk Schmidt-Rottluffs mit Hängen und Würgen zu erwerben. Ausserdem sagt mir Schapire, daß er es nicht einmal dazu bringen konnte, zu Schmidt-Rottluffs großer Aquarell-Ausstellung bei Commeter zu erscheinen. Diese bescheidene Ehre hätte Pauli meiner Ansicht nach dem kolossalen Künstler Schmidt-Rottluff erweisen müssen. Aber es liegt eben auch in der Kunst alles im argen. Wissen Sie schon, daß die berühmte „neue Sachlichkeit" bereits wieder enthauptet ist? Man teilt mir das allerneuste Programm mit, das täglich Boden gewinnt: Der „magische Realismus" olé! Aber es ist wohl sicher, daß all dieser Unsinn aus Kreisen der Kunsthistoriker stammt und den „Kritikern", die sich so ausgeredet haben, daß es kaum noch etwas durch Schreiberei zu verdienen gibt. Da muß eben ein neues Thema her: „Magischer Realismus". Ay, mi madre! sagt der Spanier bei solchen Gelegenheiten. [...]

Abb. 30 Walter Merck und Rosa Schapire in Spanien, 1926

Walter Gramatté an Walther Merck.
Barcelona, 21. 6. 1926

[...] Ich bin, mein Wallerlein, mit meinem ungeheuren Gerechtigkeitsgefühl, mit meinem Ducken usw. bisher zu nichts gekommen. Eine böse Ader (aber nicht ungerecht) habe ich, wenigstens eine scharfe, spöttische. Jedenfalls hast Du mir manchmal so was gesagt, wie, daß ich ungemein bissig sein könnte. Diese Ader denke ich (nach außen hin) ein bißchen ausbluten zu lassen und nehme mir meinen geliebten „Thyl Uilenspiegel" zum Vorbild: „Ich bin Uilenspiegel, der Sohn des Klaas, bin Bauer und Edelmann, beides zugleich und ziehe munter, preisend das Gute und Schöne, der Dummheit spottend mit vollem Mund." Und Dir, mein Wallerlein, verdanke ich, daß ich dieses herrliche Werk zur rechten Stunde in die Hand bekam. Unzählige Male habe ich es seitdem gelesen. Damals dachtest Du mehr an den „Wehrwolf" und diese Situationen, nun aber ist mir der wahrhaftige Thyl in die Seele gefahren. Ist er ein schlechter Kamerad? Ich glaube nicht. Und mir scheint, daß er, seit er geschrieben ist, nie besser in die Welt gepaßt hat, als gerade heute. [...]

Walter Gramatté an Sonia Gramatté.
Berlin, 3. 8. 1926 (Abschrift)

[...] Wenn ich nur einen Modus finden könnte, daß wir 1 oder 2 Jahre mietfrei sein könnten. In 2 Jahren, mein Hul, schaffen wir es schon. Und so, wie ich die ganze Geschichte hier augenblicklich überschaue, ist nur mit einer gewissen Großzügigkeit das Ganze zu schaffen. Bleiben wir in kleinen Verhältnissen, sind wir verloren. Es geht nicht ohne eine gewisse Aufmachung. Ich mache mir nicht das geringste vor. Es läßt sich nicht anders schaffen, als mit einem kleinen Tram-Tram. Wir müssen ein bißchen Leben um uns herum machen (was uns bei den vielen und auch einflußreichen Menschen nicht schwer fallen wird). Ich bin selbst bereit, wieder literarische Abende bei uns zu veranstalten und allerhand andere Scherze zu unternehmen. Um Gold zu finden, muß man ganze Berge von Sand durch ein Sieb schütten. So ist es auch hier. Aus den vielen Menschen, die passieren werden, werden ein paar wahrhaft interessierte zurück bleiben und die genügen dann. [...]

Walter Gramatté an Sonia Gramatté.
Berlin, 11. 8. 1926 (Abschrift)

[...] Ich habe übrigens sehr ernstlich daran gedacht, Portraits zu malen. Richtige gute echte Gramattés, aber doch Portraits. Das wird sich finden, wenn wir erst Menschen um uns haben. Vielleicht bekäme ich sogar sehr viele Aufträge. Zuerst nehme ich mir Lisel vor, dann Rauert. Und die liebe Eitelkeit ist doch so groß, daß man die Portraits nicht bei mir lassen wird. Lisel wird ganz bestimmt sogar besonders gut. Da wäre dann schon der Anfang gemacht und das kann, wenn es einigermaßen klappt, viel nach sich ziehen. Aber das hat ja alles lange Beine. Ich rede immer, als säße ich schon ruhig und still in einem schönen Atelier. [...]

Walter Gramatté an Paul Rauert.
Berlin, 13. 8. 1926 (Abschrift)

[...] Eine große Freude hatte ich gestern: Schmidt-Rottluff besuchte mich. Es waren schöne Stunden und ich freute mich sehr, als er sich für meine neuen spanischen Radierungen sehr begeisterte. Er fand sie „ganz famos" und „ganz außerordentlich". Er fährt nun wieder auf 14 Tage nach der böhmischen Grenze. Dann bleibt er. Darauf freue ich mich, warte ich sehr. [...]

Walter Gramatté an Sonia Gramatté.
Ahrenshoop, 28. 8. 1926 (Abschrift)

[...] 8 Jahre kenne ich nun Sudecks und 8 Jahre ist unsere Freundschaft gewachsen und man kann es kaum noch Freundschaft nennen. Es ist eine Zugehörigkeit. Aber ich brauche ja darüber nichts weiter sagen. Außerdem habe ich ja hier auch nicht die Ruhe, mich über alle Dinge intensivst auszulassen, will Dir vielmehr immer nur kurz, aber alles, was wichtig ist, mitteilen.

Hier ist schon etwas, was Dir große Freude machen wird: Kürzlich hat Warburg, der Kunsthistoriker, Bruder des Bankiers, Sudeck besucht. Lise sagte, sie seien alle vollständig verblüfft über ihn gewesen. Er hätte sich derart fabelhaft über meine Bilder, Aquarelle und Graphik ausgesprochen, hätte sich so ins Feuer geredet, hätte vor allem menschlich so treffende und feine Äußerungen getan und kein Ende gefunden, daß sie alle ganz glücklich gewesen wären. Warburg will durchaus eine Reihe von Arbeiten von mir erwerben, vor allem Köpfe, die ihn wegen des Ausdrucks so besonders packten. Schön, nicht wahr, mein Hul? Ich soll demnächst zu Warburg kommen. Er wird bestimmt einiges erwerben und das kann noch sehr viel nach sich ziehen. [...]

Walter Gramatté an Sonia Gramatté.
Berlin, 7. 9. 1926 (Abschrift)

[...] Du wirst Dich wundern, daß ich von Ahrenshoop wieder nach Berlin zurück gefahren bin, anstatt wie ich vor hatte, nach Hamburg zu gehen. Aber das hing ja von dem Bericht ab, den ich über die Räume unten erhielt. Auch Prof. Sudeck war meiner Meinung, als ich sagte, ich hätte eine andere Verhandlungsbasis in Hamburg, wenn die Wohnungsfrage geregelt sei. Wenn ich unterschrieben habe, stehen die Verpflichtungen, die ich habe, völlig fest. So kann ich dann auch alles genau berechnen. Sudeck fand auch meinen Graphik-Plan außerordentlich gut. [...]

[...] In diesen Tagen schon schreibt er an Heise, Lübeck, Direktor des dortigen Museums um ihn zu veranlassen, dort eine Graphik-Ausstellung von mir zu veranstalten und evtl. etwas für's Museum anzukaufen. Da Heise schon einmal selbst vor 4 Jahren mich zu einer Deutschen Aquarell-Ausstellung eingeladen hatte und 6 Aquarelle gezeigt hat und vor einem Jahr erst 2 Blätter angekauft hat, so steht er mir also zweifellos positiv gegenüber und es kann aus der Ausstellung etwas werden, was ich besonders schön finde, weil ja auch Dein Concert in Lübeck bevorsteht und sich das gegenseitig gut ergänzen würde. Außerdem sind durch Geheimrat Neumeister Beziehungen zum Museum Stettin angeknüpft. Dazu kommt Warburg. Also Du siehst, es gibt Hoffnungen. Ich muß eben nur da sein und natürlich auch hinterher sein. In 8 Tagen werde ich zu Rauert fahren und vielleicht kommt es durch Rauert doch in absehbarer Zeit zu einem Bildankauf durch die Hamburger Kunsthalle. Und das bedeutet 300 Mk zu mindest. In wenigen Tagen habe ich den Text fertig für die in Aussicht genommenen Graphikleute. In 14 Tagen ungefähr wird alles einigermaßen geklärt sein. Dann ist ungefähr die Zeit, daß Du zurück sein wirst und vielleicht kann ich Dir schon am Bahnhof sagen, daß Du von nun an ein Leben ohne Not, ohne Bettelei, ohne Erniedrigung wirst führen können. [...]

Walter Gramatté an Paul Rauert.
Berlin, 15. 10. 1926

[...] Nun staunen Sie bitte über meine praktische Ader, die Sie mir immer und immer absprechen wollen: Ich will uns eine Basis schaffen, auf der wir ohne Angst ums Gröbste leben und arbeiten können. Ich will versuchen, alles so zu gestalten, daß keine Not ist um Wohnungsmiete, Heizung, Leben, Arbeitsmaterial. Und da kam ich auf eine Idee, die eigentlich von Ihnen stammt. Früher einmal, vor der Inflationszeit, hatten Sie mir nämlich vorgeschlagen, mir eine feste Summe für meine Graphik jährlich zu zahlen. Wir hatten dann auch eine Vereinbarung (ich glaube, es handelte sich um 1400 Mk) aber diese schöne Vereinbarung ging durch die aufblühende Inflation zu Grunde. Nun habe ich mir gedacht, auf folgende Weise erst einmal auf ein Jahr Ruhe zu bekommen. (Um meine Position etwas zu stärken, möchte ich erwähnen, daß Prof. Sudeck den Plan für sehr gut hält und sich auch beteiligen will):

Ich habe in meinen unbehinderten Arbeitsjahren etwa 60 Blatt Graphik (Radierungen, Lithos, etc.) geschaffen pro Jahr. Also etwa 5 Blatt pro Monat. Ich will nun sozusagen Abonnenten auf meine Graphik suchen und zwar 10 Mann. Mir ist klar, daß ich sie nur finden kann, wenn ich sehr billig bin und bin nach langen Rechnereien zu folgendem Resultat gekommen:

Ich erhalte monatlich an jedem Ersten Mk 62,50. Bei einer Arbeitsleistung von 5 Blatt pro Monat würde also das Blatt auf Mk 12,50 kommen. Einen großen Teil der Blätter würde ich auf echtes Japan drucken, jeder Druck wird voll signiert sein. Ist dieses Angebot annehmbar? Ich glaube ja, denn damit bin ich ja auf dem Auktionsniveau angekommen. Ich habe 14 Namen, die ernstlich in Frage kommen. [...]

[...] um den ev. zusammenkommenden 10 Herren nicht nur mit Versprechungen kommen zu müssen, will ich jedem von vornherein 10 Blatt übersenden. Ferner will ich, um Ihnen einen kleinen Beweis zu geben, daß es mir nicht auf die Erlangung der Gelder allein ankommt, sondern ebenso sehr auf vollste Befriedigung der Beteiligten, die Abmachungen erst ab 1. Januar in Kraft treten lassen, weil ich genau weiß, daß ich vor dieser Zeit zu einem geregelten Arbeiten nicht kommen kann, denn Umzug etc. ... bringt Unruhe für die erste Zeit. Aber auch, was im Monat Dezember geschaffen werden sollte, wird bereits mitgegeben. Kann ich noch mehr tun? Ihnen kann ich keine 10 Blatt geben, da Sie alles besitzen, aber ich werde Sie schon entschädigen. Vor allem werden Sie ja zum größten Teil die Probedrucke 1 od. 2 erhalten. Außerdem alle Zustandsdrucke; – was meinen Sie zu diesem Plan? [...]

Abb. 31 Paul und Agnes Sudeck, ca. 1928

Walter Gramatté an Paul Sudeck.
Berlin, 17. 11. 1926

[...] Der Zufall und Ihre dauernde übergeduldige Werbetätigkeit hat auch noch mitgeholfen, unsere Stimmung hier wesentlich zu verbessern. Es ist Ihnen gelungen, ein Opfer „groggy“ zu schlagen und rücksichtsloses – am Gegner – bleiben hat den restlosen Sieg errungen. 150 Mk sind unser! Olé! Alles tausendfachen Dank! Immer und immer wieder muß ich das Ihnen danken. Ich bin nun schon so in Ihrer Schuld, daß ich bald nur noch gebeugt vor Ihnen mich zeigen kann. Vielleicht hängt das überhaupt mit meinem schiefen Korpus zusammen. Ich war übrigens neulich doch ziemlich überrascht, welche katastrophalen Folgen die Sache hat. Ich zog da am Ball meinen Smoking (anno 1922, P. P. P.) (Paris, prima, prima) über. Der steht glücklich mindestens 10 cm vom Kragen ab, hinten! Ich hab schon zu Halvor gesagt, ich warte jetzt auf denjenigen, der mir auf den Rücken tippt und sagt: Das bringt Glück ...., ich glaube, dann könnte ich mich vergessen.

[...] morgen sind Schmidt-Rottluffs wieder bei uns. Wir freuen uns mächtig darauf, denn es ist immer furchtbar nett. Und wir schimpfen und sind lustig und nachdenklich und dann schimpfen wir wieder. Auch für morgen haben wir schon wieder einen Grund: Die Akademie hat meinen „Wozzeck“ abgelehnt. Ich habe zwar nicht eine Benachrichtigung bekommen, wie sonst üblich, sondern Herr Prof. Amersdorffer hat selbst geschrieben, man könne meinem Wunsche, den ganzen Wozzeck geschlossen zu zeigen, nicht nachkommen und zwar wegen „Platzmangels“, aber das ändert nichts an der Tatsache. Und so weiß ich nun auch meinen Weg, denn ich habe an die Akademie einen ziemlich langen Brief geschrieben und war mir bewußt, daß eine Entscheidung kommen würde, für mein ganzes späteres Verhalten.

Ich bedaure nun, daß sich mein Wieder zu Wort kommen dadurch etwas hinauszögert. Aber ich komme zu Wort, und in nicht all zu ferner Zeit, denn einiges andere maschiert. Und bald kommt Dampf hinter das Ganze, Mitte Dezember wird die Wohnung fertig sein. (Montag geht es los, 2000 Mk kommen von der (Achtung!) Hanseatischen Acetylen Gasindustrie Aktiengesellschaft (Fein, was?) und dann wird's schon klappen, trotz Steinway, trotz Konzertentwicklung, trotz Akademie, trotz allem…, es kann gar nicht genug Gegenströmung geben, denn ich fühle, das macht mich kampflüstern. […]

Walter Gramatté an Paul Sudeck.
Berlin, 12. 12. 1926 (Abschrift)

[…] Aber nun zu Ihrem Brief, bevor ich wieder gestört werde. Ein unglaublicher Mann sind Sie. Also nach heftigem Herzgekrampf, daß es wieder an ein spanisches Blatt gehen soll, habe ich mich entschlossen, klein beizugeben. Es bleibt nichts übrig. Ich komme sonst nicht durch. Die Ausgaben sind haushoch und es steht noch vieles bevor. Also her mit den Zwohundert Em. Und ich werde Herrn Dr. Richer dann im Frühjahr ungefähr bitten, mir das Aquarell kurze Zeit zu leihen. Eine Copie machen kann ich nicht, würde ich auch im Leben nicht tun. Aber eine ganze Reihe von angefangenen Ölbildern warten auf Weiterarbeit, darunter auch eines aus Almeria und dazu werde ich das Blatt einige Zeit (ich denke 3 Wochen) brauchen. Hauptsächlich zur Kontrolle. Das Blatt ist ja in Spanien gemalt. Die Luft ist anders dort. Es wird nötig sein, es vor Augen zu haben. Ja und dann die Aussicht auf einen Bildverkauf. Es ist merkwürdig. Ich habe so viel in den letzten Wochen daran gedacht. Nie habe ich gern daran gedacht, aber jetzt kam ein ganz Neues. Und das kam dadurch, daß ich seit Jahren zum ersten Mal wieder alles vor mir hatte und „irgendwie" empfand, daß ich mich selbst festhalte, zurückhalte, daß ich eine Atmosphäre um mich herum aufbaue, die mich nicht ganz frei atmen läßt. Verstehen Sie das recht. Es kommt natürlich durch das völlige Fehlen neuer Bilder. Ich denke heute natürlich anders über vieles als vor 3 od. 4 Jahren. Und so quält mich vieles, was da an der Wand hängt. Quält mich, weil es mich anregt, es neu zu gestalten, anders auszusprechen. Daher auch meine Affenliebe zu meinen spanischen Aquarellen. *Da* ist das Neue, da ist das, wo ich mich fühle und von wo aus ich weiterfinde. Das verstehen Sie sicher. Und darum auch, unterstützt durch eine klare Erkenntnis der äußeren Situation, dachte ich daran, ein paar Bilder zu verkaufen und zu Preisen, die ich bisher nicht hatte. 1500 Mk! Nicht Sonias Tulpe und nicht Hiddensoe, aber vieles. Und nicht das Schlechte.
Taf. 148 Da ist ein sehr schönes Stilleben mit der nächtlichen Stadt, da ist eine Landschaft von Hiddensoe, die Trinker, da ist die blaue Straße mit Laternen und das müde Blumenmädchen…., davon würde ich mich um 1500 trennen, weil ich damit meine Situation erleichtere, meine Weiterarbeit fördere. Früher, vor der Wohnung, hätte ich meine Arbeit durch einen solchen Verkauf *nicht* gefördert. Daher war auch alles um mindestens 1000 Mk teurer (noch in der letzten Hamburger Ausstellung). Da wäre ein solcher Verkauf nichts gewesen als ein Auffressen meiner Bilder. Ich hätte wieder ein paar Monate leben können, das wäre alles. Jetzt haben wir unsere Heimat, haben Ordnung, Arbeitsräume, jetzt sind 1500 Mk zehn Mal mehr als 2500 vor einem Jahr. Klar, daß, wenn ich wieder etwas klarer sehen kann, ich auch wieder meine Preise hochdrehe, und im Kunsthandel,

während einer Ausstellung, würde ich nicht 1500 Mk ansetzen, schon aus Anstand nicht. Aber so privat und bei meinen Gründen ist alles durchaus in Ordnung. Können Sie diesen Standpunkt verstehen? Ich glaube, ja. Ich schicke Ihnen morgen ein paar Photos ab. Von allen genannten habe ich keine, aber von den Trinkern und vom müden Blumenmädchen und von der blauen Straße sind gute Photos da. Vielleicht sieht Frau Dr. Theobald daran schon etwas. Ich wäre sehr, sehr froh, wenn etwas zu Stande käme. Und die 1500 Mk werden auch Sie nicht als verschwenderisch bezeichnen können. Vielleicht findet sich noch jemand für diesen Preis. Zu meinem Graphik-Brief bin ich noch immer nicht gekommen. Eine böse Sache. Hoffentlich kann ich es diese Woche erledigen. 500 Mk pro anno + 10 Blatt voraus, für 12 Monate, ohne festgelegte Zahl. Anfang 1. Februar, vorher arbeite ich doch nicht richtig. (Monatsraten à 50 Mk). [...]

Walter Gramatté an Paul Sudeck.
o. O., o. D.

[...] Mit Graphik-Ausstellungen sieht es noch immer wenig hoffnungsvoll aus. Es fehlt mir nicht an Beziehungen, aber die Menschen sind ja alle *so* verändert. Und sie können glauben, sie sind nicht verändert, weil sie glauben, es ginge mit mir bergab, es ist eben alles so anders. Sie wissen ja, wie sehr mußte ich meine Meinung korrigieren, daß Künstler sozusagen mit ihrer eigenen Generation hochkommen. Ach, mein Gott, die eigene Generation ist es, die einen am meisten am Boden hält. Wo ist die schöne Begeisterungsfähigkeit der Jugend, das Sich – Einsetzen für Neues, selbst die Jugend ist heute voll von blasiertem Wissen und was schlimmer ist, Besser-Wissen. Und so alte Weisheiten wie: „Der wahre Künstler muß leiden“, oder „das Gute bricht sich Bahn und wenn es noch so .....“ usw. findet man in den Mündern sogar der besten Jungen. [...]

1927

Walter Gramatté an Rosa Schapire.
Berlin, 1. 1. 1927

[...] Ich erhoffe vom Himmel eine Lebensrente von 700 Mk pro Monat. Dann wäre ich weg, wäre in Spanien. Würde arbeiten, immerzu und könnte mir die Freunde einladen, um derentwillen ich wieder in Deutschland sitze. Ach, ein bißchen Fröhlichkeit um mich haben, ein bißchen echte Fröhlichkeit, Kummerlosigkeit, ein bißchen Leuchten, Wärme, Zuneigung. Oh, ich könnte noch viel aufzählen, woran ich Mangel leide und es ist so putzig zu denken, daß man das alles kaufen könnte wie irgendeinen Artikel bei Wertheim ....

Walter Gramatté an Paul Rauert.
Berlin, 7. 3. 1927 (Abschrift)

[...] Ich bin ebenfalls mit meinen Bildern vorangekommen, am glücklichsten entwickelt sich nach wie vor Almeria, das mehr und mehr das Traumhafte jener Welt annimmt. Neue Drucke von neuen Platten sind noch nicht da, aber es wird nur noch sehr kurze Tage dauern.

Am Donnerstag fahre ich mit Heckel, mit dem ich in letzter Zeit ab und zu zusammen war, nach Dresden, um die Nolde-Ausstellung zu sehen. Heute, nachmittags und abends sind Schmidt-Rottluffs bei uns. Das wird ein kleiner Lichtblick. Wir haben immer sehr schöne Stunden zusammen. Schmidt-Rottluff hat übrigens in dem Preisausschreiben der Akademie für die Ausmalung einer kleinen Kirche die Hälfte des zusammengelegten 1. und 2. Preises erhalten. Immerhin 2200 Mk. Es scheint ganz, als wenn die Akademie sich die allergrößte Mühe um Schmidt-Rottluff gibt. Liebermann hat sich ja ziemliche Ungeheuerlichkeiten geleistet noch bis vor einiger Zeit, gerade gegen die Brückeleute, vielleicht sieht man doch manches ein und will gut machen. Jedenfalls stehe ich in diesem Fall auf dem Standpunkt, trotz allem dann nicht den Gekränkten zu spielen. Heckel ist ja um nichts in der Welt [bereit] einstweilen etwas zur Akademie zu schicken. Auch ich bin erheblich wütend auf die Bande, vertrat aber doch Schmidt-Rottluff gegenüber den Standpunkt, daß er, was irgendmöglich wahrnehmen müßte, besonders, wenn scheinbar die Akademie ihm fortgesetzt den Weg fegt, um zu einem Einfluß zu gelangen. Denn es hat ja keinen Sinn, gegen die Akademie in ihrer heutigen Zusammensetzung vorzugehen oder irgend etwas zu erwarten. Und ebensowenig Sinn hat es, sich bei dieser trostlosen Allgemeinlage völlig zu desinteressieren. Wenn erst ein paar Kerle drin sind, kann man schon etwas ausrichten. [...]

Walter Gramatté an Sonia Gramatté.
Berlin, 16. 6. 1927 (Abschrift)

[...] Ich habe gestern zwei neue Platten geätzt. Die Zeichnungen hatte ich schon, konnte aber vor unserer Abreise nach Paris nicht mehr ran. Es ist ein müder Kopf von mir mit einer Hand im Haar und ein Köpflein von meinem Hull. Jetzt nach diesen Wörtleins gehe ich zu Ruckenbrodt. Und heute abend beginne ich wieder eine große Platte. Auch fühle ich, daß ich wohl bald an meine angefangenen Bilder rangehen werde. Auch meine Maschine reizt mich in der Ecke. Aber an Lithographieren wird wohl einstweilen nicht zu denken sein, einfach deshalb, weil ich die Steine nicht mehr bewegen kann. Ich muß, wenn ich später etwas mehr Zeit habe, mir mal Zeitner kommen lassen, der alle gut schleift und mir nebeneinander auf den großen Tisch legt. Dann brauch ich sie nur beschmieren und dann werden wir weiter sehen. Sehr freue ich mich auf die Radierung heute abend. [...]

Taf. 149, 150, 153 und 154

Walter Gramatté an Sonia Gramatté.
Berlin, 19. 6. 1927 (Abschrift)

[...] Hull, heute ist etwas für mich hoffnungsvolles passiert: Das Telefon klingelt: „Hier ist Galerie Ferdinand Möller." Bei Möller habe ich doch immer ausgestellt. Er hatte dann seine Galerie wegen der schlechten Zeiten eingehen lassen und der Hauptgrund war wohl sein Mietvertrag. Er mußte nämlich aus den Räumen raus und andere gab es nicht. Und weißt Du, wo er jetzt gemietet hat? Schöneberger Ufer 38!!! Er hat den Saal auf den Hof und die Räume in der I. Etage, wo das Klavier stand. Fabelhaft nicht? Nun rief er an und sagte mir, daß er am Freitag seine erste Ausstellung eröffnet und will Bilder haben. Ich gebe „Hiddensoe", „Mädchen am Harmonium" und Dein „Stilleben" (unverkäuflich natürlich). Mit Möller komme ich sehr gut aus und habe so auf einmal unerwartet eine glänzende dauernde Ausstellungsmöglichkeit. Und vor allem hoffe ich ihn dazu zu bringen, im Oktober eine ganz große Graphik-Ausstellung von mir zu veranstalten und da werden wir dann alles auf die Beine bringen, was möglich ist. Wenn Möller nur ein bißchen geschickt ist, dann wird der gute Neumann-Nierendorf, wo Schmidt-Rottluffs Ausstellung war, den Laden schließen können, was ich von Herzen wünsche. Heckel ist für 2 Wochen in Berlin. Ich gehe gleich hin, denn ich soll mit ihnen essen.
[...]

Walter Gramatté an Sonia Gramatté.
Berlin, 27. 6. 1927 (Abschrift)

[...] Bei Möller ist nun die Ausstellung eröffnet. Nur so von jedem ein paar Sachen und von Kaus eine Kollektion. Er stellt zum ersten Mal in seinem Leben größer aus. Ob Möllers Optimismus sich rechtfertigen wird? Er zahlt für die Räume vorn zu ebener Erde (2 kleine und 1 großer Raum) 750 Mark, siebenhunderfünfzig Mark (!!!) im Monat und für den kleinen Saal hinten 500,–. Wie er das wieder rausholen will und noch verdienen will mit uns paar Leutchen, das ist mir noch nicht ganz klar. Aber es ist seine Sache, er scheint überhaupt noch allerlei Nebengedanken zu haben.
[...]

Walter Gramatté an Walther Merck.
Berlin, 6. 8. 1927

Verzeih den Überfall, wußte aber nicht mehr, wohin. Es fehlten noch 3 Raten. Außerdem habe ich andere Dinge eingerührt, die aber nicht so ganz schnell, jedenfalls nicht in 24 Std. zu schaffen sind. Aber bis Anfang oder Mitte kommender Woche wirst Du 100 Mk zurückhaben, 50 Mk ein paar Tage später. Es waren elende, ermüdende Tage. Ich habe alles versucht, bevor ich zu Dir kam. [...]

[...] Solche schlimmen Tage zerstören natürlich den noch verbleibenden Funken meiner Energie. Könnte ich doch diese Zeit nutzen, indem ich meinen verdammten Rücken etwas in Ordnung bringen könnte. Es wäre so wichtig für das, was bevorsteht. Es wäre überhaupt das Wichtigste. Solange ich hier auf 2 Beinen herumlaufe, auch wenn ich noch so ächze, erwarten andere und ich selbst Leistungen. Welch eine Qual für mich. Und so sinnlos. *So* kann man nicht Großes schaffen. Ich habe aber dennoch eine kleine Hoffnung, bis Ende des Monats 1000 Mk heranzuschaffen und sofort abfahren zu können. Es wäre sehr spät, weil viel für die Ausstellung im Oktober vorzubereiten ist, aber ich glaube doch, ich kann nicht bis November mit Oeynhausen warten. Vielleicht lege ich dann meine Ausstellung bis auf November oder Dezember. [...]

Walter Gramatté an Paul Rauert.
Berlin, 29. 8. 1927 (Abschrift)

[...] Von mir kann ich mitteilen, daß die von mir bereits erwähnte große Oktober-Ausstellung in der Galerie Ferdinand Möller nunmehr abgeschlossen ist. Noch nicht ganz sicher ist, ob ich auch in den Oberlichtsaal hinten einziehen werde, oder wir uns auf die Vorderräume der Galerie Möller beschränken. Das Risiko ist für Möller ja nicht klein bei einer Monatsmiete von 1250,– M. Und ich hatte eigentlich ja nur an Graphik und einige Aquarelle gedacht. Da müßte schon eine ganze Menge verkauft werden, wollte Möller auf seine Kosten kommen. Er hat sich nun sehr in meine neuen Spanienbilder verbissen und möchte diese gern ausstellen. Ich habe anfangs darauf nicht eingehen wollen, da ich mir diese Bilder für eine Ausstellung Oktober übers Jahr aufheben wollte. Aber ich werde sie wohl doch geben, da ich einen so großen Rahmen für eine Ausstellung nicht immer zur Verfügung haben werde, und ich nach so langem Fernsein von Berlin auch möglichst groß heraus kommen möchte. Und vor allem: ich brauche nicht suchen, um die Räume zu füllen und brauche mich auch nicht wiederholen. Es werden in der Ausstellung lediglich vier Bilder sein, die in Berlin bereits gezeigt werden, neben 6 ganz neuen, 15 Aquarellen und ungefähr 100 bis 120 Blatt Graphik, die ebenfalls für Berlin fast durchweg neu sind. Ich freue mich sehr auf diese Ausstellung und auch darüber, daß Möller tatsächlich mit dem Herzen dabei zu sein scheint, was ja auch sehr wichtig ist. Ich wünschte so sehr, daß er recht viel verkaufen würde, weil ein finanzieller Erfolg mir in ihm einen dauernden ernsten Vertreter in Berlin sichern würde, den ich bisher hier nicht so recht hatte. Hoffen wir also. [...]

Walter Gramatté an Walther Merck.
Berlin, 9. 9. 1927 (Durchschlag)

Es ist sehr Zeit, daß Du etwas erzählst. Ich hätte längst wieder einmal angerufen, aber wir hatten uns nicht umsonst eine volle Woche in Wilhelmshagen versteckt. Außerdem stelle ich fest, daß solch bittere Zeiten, wie wir sie jetzt durchmachen, den Menschen keineswegs vertiefen, sondern verflachen und außerdem verspießbürgern, insofern nämlich, als ich, wohl zum ersten Mal in meinem Leben, einen Augenblick Angst hatte vor der Telefonrechnung. (Unser letztes Gespräch 9 M). Ich schäme mich dieses Gedankens aufrichtig und nur dadurch, daß ich ihn Dir ehrlich sage, wird mir etwas wohler. Ich werde Dich aber nun am Montag in der Schule anrufen und dann werden wir dafür für 18 M sprechen.

Wie geht es denn nun????? Dumme Frage, aber es bleibt mir ja nichts anderes, als sie zu stellen. Hast Du eigentlich meinen letzten Brief erhalten, den ich bald nach unserem Gespräch schrieb? Ich schickte ihn, wie immer an die Schule. Aber das werde ich ja alles am Montag von Dir hören. Wenn ich doch nur wenigstens ein paar Tage zu Dir flitzen könnte, aber täglich wird mir klarer, daß diese Tage ferner und ferner ziehen. Ich bin derartig festgekarrt, wie selten und fast hilflos. Und das bedeutet schon immerhin einiges bei mir. Ich gebe zu, daß von 1000 Plänen, die mir hoffnungsfroh scheinen, immer nur 10 Hand und Fuß haben und zuletzt etwas ergeben. Aber die Hauptsache war eben für mich immer das Hoffen selbst. [...]

Wie weit es noch gehen wird, weiß ich aber wirklich nicht zu sagen. Ich war immer der Meinung, daß es sehr schwer sei zu verhungern. Heute kann ich das aber nur noch im Sinne des Rein-Technischen sagen. Immerhin interessant, daß 2 Menschen von so ausgesprochenen Möglichkeiten und bei tatsächlichem Vorhandensein von Leistungen mit so geringer „Lebenstüchtigkeit“ ausgestattet sind, daß sie sich tatsächlich nicht zu ernähren vermögen. Wenn nicht zuweilen so fast von selbst etwas käme, wäre schon längst alles erledigt. Aber vielleicht sind mir diese so ganz besonders bitteren Zeiten auch geschickt, um mich zu rütteln. Wer weiß es? Ich kann nicht sagen, es wäre nutzlos, ich kann auch nicht sagen, es wäre nützlich. Man muß die Wirkung abwarten. Zu dem, was ich bisher als meine eigentliche Aufgabe betrachtete, regt es mich allerdings keineswegs an. Aber ich habe in der letzten Zeit ab und zu Zweifel empfunden, ob ich wohl überhaupt am rechten Ort stehe. Wenn man sich so irrsinnig mit seiner Arbeit quält wie ich, ist das natürlich??? Aber das sind Themen, über die man besser spricht. [...]

10. September
War zu müde. Hoffentlich kommt der Brief aber heute wenigstens raus, damit Dich mein Anruf gewappnet findet. Junge, Junge, könnte ich Dir doch nur *etwas* Nettes mitteilen, aber was denn nur??? Nun, dann wollen wir die Dinge nehmen, denen wir bei gewisser Betrachtung etwas Nettes abgewinnen können. Da habe ich zuerst einmal tolle Abreibungen von Seiten meines Vaters bezogen. Aber so intensiv und unverfälscht, daß ich mich in mein 15. oder 16. Lebensjahr zurückversetzt fühlte. Nur übers Knie wurde ich nicht gezogen. Aber sonst hörte ich liebliche Dinge. Anlaß: Verzweiflungsversuch, 50 M zu pumpen. Das Fell juckt mir noch heute, wenn ich daran denke. Mein Gott, muß ich ein Esel sein. Und die ganze Kunst wurde mir in nie gehörter Weise dargestellt, stundenlang. [...]

14. September
Jetzt aber wieder an die positive Arbeit. Es schwirren ein paar Graphikrollen umher. Vielleicht bleibt irgendwo was. Dann habe ich einen Prachtbrief an einen Impresario für Sonia losgelassen. Schon wieder Hoffnung. Bilder

werden bei Möller nicht ausgestellt, Oberlichtsaal fällt also aus, da ich keine anständige Aufmachung garantieren kann und also lieber ein Jahr warte. So kann ich mich also auf die Graphik beschränken, habe weniger Sorgen. So klappt hoffentlich die verbleibende Hälfte. Also noch mal Hoffnung. Ich werde heute noch an Manfred Georg schreiben, damit er einen Artikel losläßt, Kasack kommt Freitag und bringt Fritz Landsberger mit. Wieder 2 x Hoffnung. Und Dich bitte ich, Wallerlein, schreibe an Zeitungsknaben, die Du kennst. Sage, ich sei zig Jahre in Spanien gewesen, eröffnete hier seit Jahren wieder die erste große Ausstellung und man möchte versuchen, etwas mehr als reportermäßiges Interesse aufzubringen. Wenn Deine Leute nicht selber schreiben, was ja anzunehmen ist, so kennen sie doch sicher auch die Herren der anderen Branchen und so ein kleiner Hinweis kann unter Umständen sehr nützlich sein. (Mächtige Hoffnung) Du findest mich also heute, obwohl ich bereits seit gestern mein rechtes Bein nachschleppe, wieder oben auf. Das erreiche ich besonders durch eine sitzende Lebensweise und durch Schäume (sind Träume). Und in der nächsten Woche wird's überhaupt toll sein. Da werde ich einen neuen Anzug haben (kein Schaum) und einen Mantel (kein Traum). Wie??? Ja, mein Vater rief an, er sei bei unserem Schneider und ich sollte man gleich kommen. Es wurde mir ein Anzug und Mantel (mir war zu Mute wie Akaki Akakiewitsch) verpaßt und fertig war die Laube. Anschließend Kaffeetrinken und die Aufforderung, bei Nachfrage über Bezahlung der Meinung Ausdruck zu geben, mein Vater hätte alles geregelt. [...]

Walter Gramatté an Paul Rauert.
Berlin, 5. 10. 1927 (Abschrift)

[...] Am Sonntag ist nun hier meine Ausstellung eröffnet worden. Die Galerie Möller ist sehr zufrieden und hoffnungsfreudig und das ist ja viel wert. Über 150 Menschen waren allein am Sonntag erschienen und auch sonst ist die Ausstellung, wie mir Herr Möller sagt, gut besucht. Es ist zwar erst ein Blatt verkauft worden, aber es ist anzunehmen, daß es dabei nicht bleibt. Ich hoffe jedenfalls, daß neben einigem Lorbeer auch eine gute Brühe heraus kommt. Sicher ist das aber heutzutage nicht, denn fast allen Menschen scheint die Kunst zum Halse heraus zu kommen, und sie sind glücklich, wenn sie ungestraft entfleuchen können. Aber ich habe gerade in diesem Augenblick kein Recht, die Flinte ins Korn zu werfen. Man muß abwarten. Und hoffen. Und das ist ja meine größte Stärke. [...]

Walter Gramatté an Edleff Köppen.
Berlin, 7. 10. 1927 (Durchschlag)

[...] Ich weiß heute, daß Du mir in Berlin der allernächste Mensch bist. So nah, daß ich den Wunsch in mir stark aufsteigen fühle, Dich so bald als irgend möglich mit meinem Freunde Walther Merck zusammenzuführen. Immer habe ich ihn versteckt, niemand von all unseren gemeinsamen

Menschen kennt ihn. Wir haben auf getrennten Wegen immer das gleiche Ziel gehabt, uns das Herz zu erhalten, anständige Kerle zu werden. Uilenspiegel schwebt uns da ein wenig voran und sein schönes starkes Wort: „Ich bin Uilenspiegel, der Sohn des Klaas. Ich bin ausgezogen zu preisen das Gute und Schöne und der Dummheit zu spotten aus vollem Halse". [...]

Walter Gramatté an Paul Rauert.
Berlin, 21. 10. 1927 (Abschrift)

[...] Sonst ist nicht viel Neues zu berichten. Die Hoffnungen, die ich an meine Ausstellung geknüpft habe, scheinen sich nicht erfüllen zu wollen. Ich habe zwar nie eine durchweg so ausgezeichnete Presse gehabt, wie anläßlich dieser Ausstellung, aber kein Mensch kommt auf den Gedanken, etwas zu erwerben. Ich werde möglicherweise gezwungen sein, sehr neue Wege zu gehen, um unser Leben zu sichern. Aber ich will doch einstweilen nicht davon sprechen, da noch ein Fünkchen Hoffnung da ist. [...]

Walter Gramatté an Paul Sudeck.
o. O., 31. 10. 1927

Eigentlich hatte ich ja ein längeres Schreiben angekündigt. Aber es gibt nichts Aufregendes. Alles beim alten. Ausstellung dauernd gut besucht. Starker Presseerfolg, 2 Blatt (Graphik) verkauft, Kopfzerbrechen was nun. Sonia arbeitet für den 9. Nov. in der Hamburger Kunstgesellschaft, Verhandlungen mit einem Impresario für April und Saison 28/29 usw. Zwischendurch verschiedene Kämpfe mit mir selber. Z. B. ob es gut wäre, unsere Einrichtung zu demolieren, oder wütende Artikel zu schreiben, oder den lang geplanten Roman zu formen. Leider noch keine dieser Fragen entschieden. Sehr viel beschäftigt mich doch wieder der Gedanke, irgendwo (Verzeihung) unterzutauchen. Die Menschen werden mir langsam *sehr* schwer erträglich. Und dann das Reden. Von dem, was mich bewegt, kann ich nicht reden, weil ich aus einer anderen Welt bin und ach, „konversatieren", es strengt mich gar zu sehr an und mir ist danach, als hätte ich Asche im Brustkorb.

Eine große Freude hatte ich. Das ist der beiliegende Artikel. Um diese Worte hat sich die Ausstellung gelohnt. Das ist schön, es hat mich ganz tief beglückt. Wie selten ist heute Gesinnung zu finden und erst eine Gesinnung, die sich so offen, schwarz auf weiß, hervorwagt. [...]

[...] Es besteht eine kleine Möglichkeit, daß ich an einem der größten Berliner Theater den „Wozzeck" zur Inszenierung übertragen erhalte. Eine solche Riesenarbeit würde mir wie eine Rettung aus meinem jetzigen Zustand erscheinen. Bitte sprechen Sie darüber aber noch nicht. Ich schrieb es nur, um meinen Brief mit einer leisen Hoffnungsschicht zu überzuckern. [...]

Tafel 148
„Mond über Barcelona". Aquarell, 1924
(A 167)

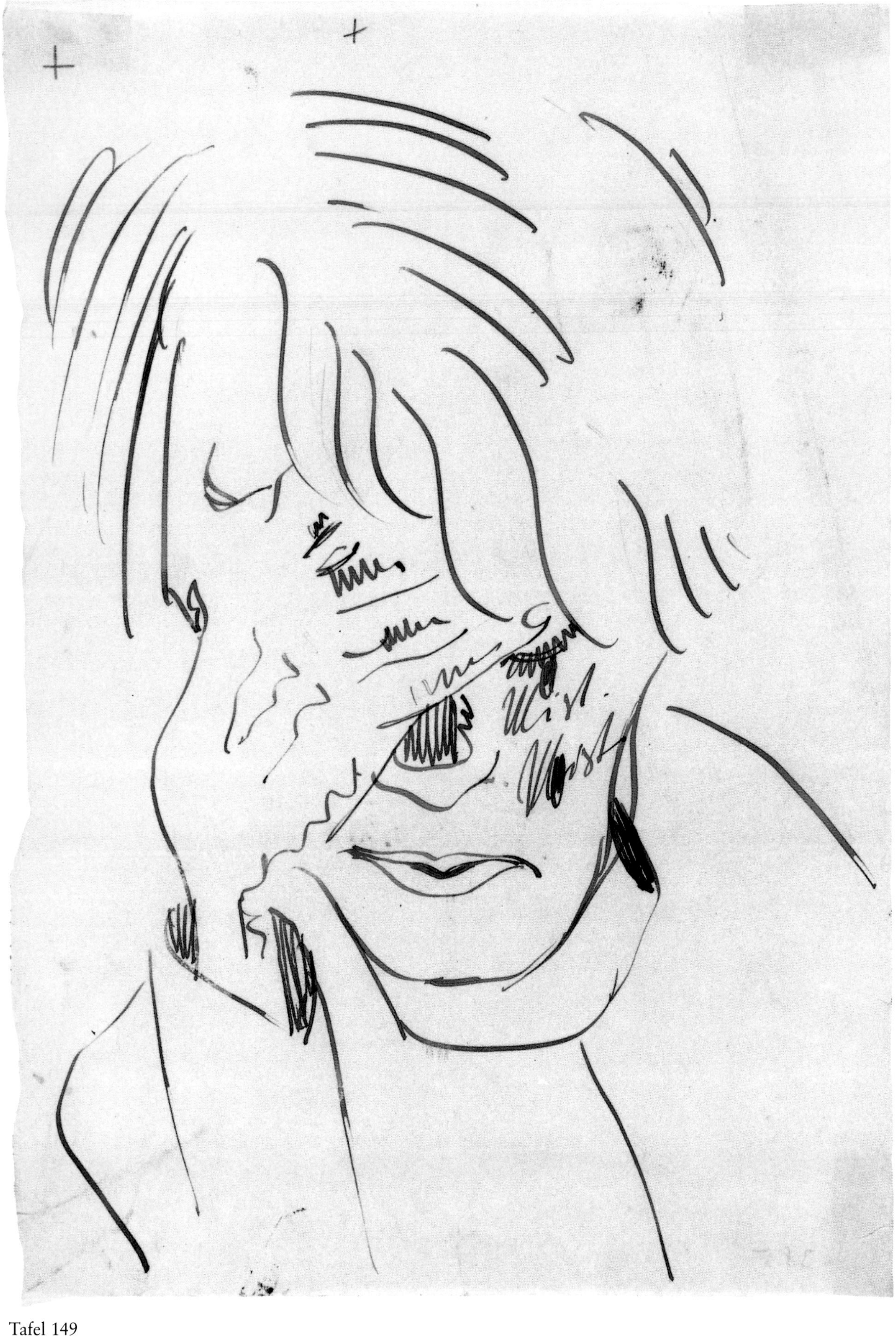

Tafel 149
„Selbst" (Kopf in die Hand gestützt). Tinte auf Pergament, 1927
(Z 385)

Tafel 150
„Selbst“ (Kopf in die Hand gestützt). Radierung, 1927
(Eckhardt 238)

Tafel 151
„Kruzifix im Raum". Aquarell, 1925
(A 190)

Tafel 152
„Stilleben mit Uhr und Tulpentopf". Öl auf Leinwand, auf Goldgrund, 1921/1922
(B 86 b)

Tafel 153
„Sonia“. Tusche auf Pergament, 1927
(Z 383)

Tafel 154
„Sonia“. Radierung, 1927
(Eckhardt 237)

Tafel 155
„Vava“. Bleistift, 1927
(Z 391)

Tafel 156
„Vava“. Bleistift auf Pergamentpapier, 1927
(Z 394 a)

Tafel 157
„Vava“. Bleistift, 1927
(Z 393)

Tafel 158
„Vava“. Öl auf Leinwand, 1927
(B 119)

Tafel 159
„Vava“. Bleistift auf Pergamentpapier. Verschiedene Studien zur Radierung, 1927
(Z 392)

Tafel 160
„Vava“. Radierung, 1928
(Eckhardt 241)

Tafel 161
„Papageienmädchen“ (Sonia Gramatté). Aquarell, 1922
(A 134)

Tafel 162
„Portrait Sonia Gramatté". Öl auf Leinwand, 1928
(B 121)

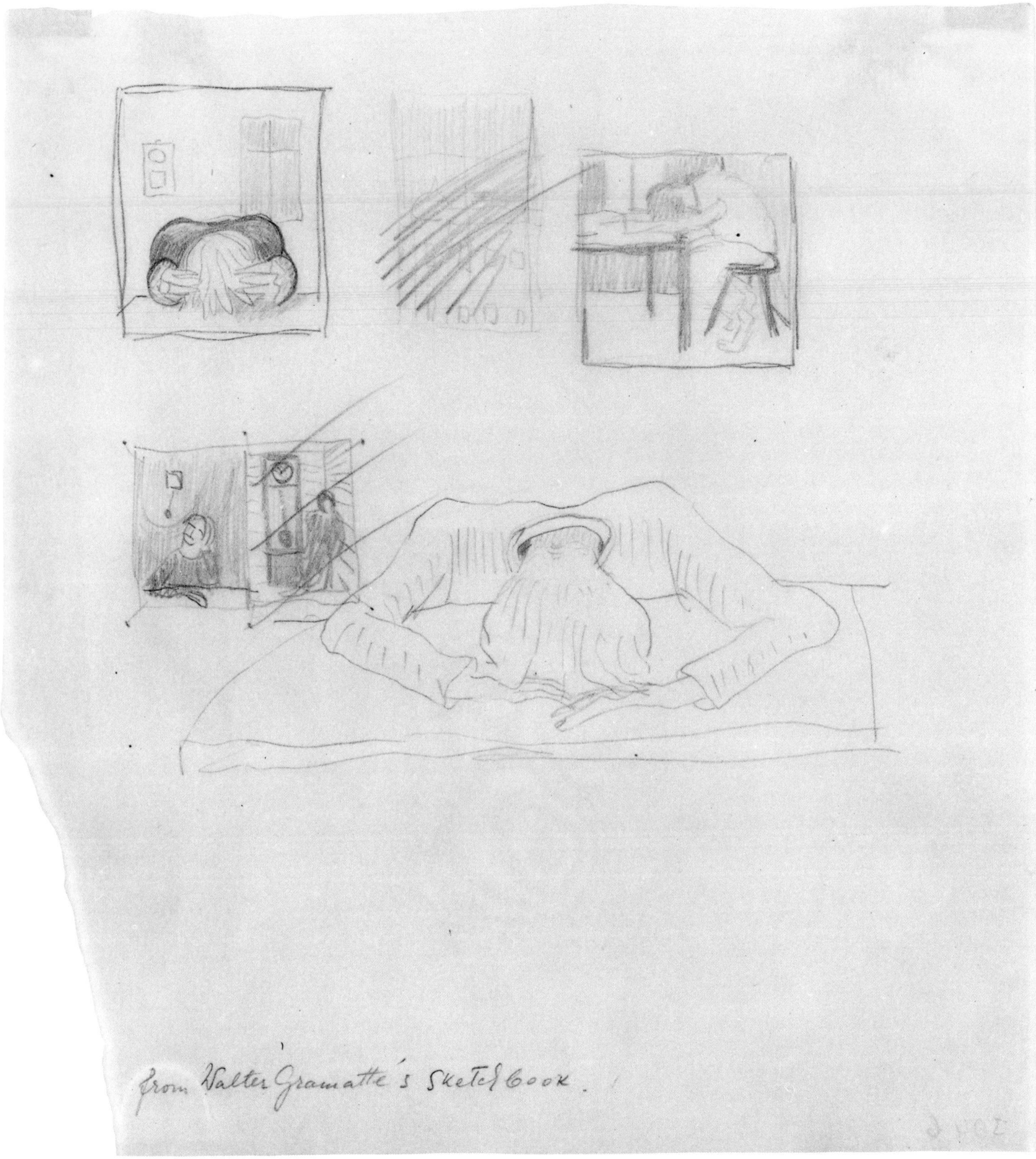

Tafel 163
„Skizzenbuchblatt“. Bleistift auf Pergament, 1928
(Z 394 b)

Walter Gramatté an Sonia Gramatté.
o. O. (Berlin), 10. 11. 1927 (Abschrift)

[...] Im Laufe des Tages rief dann noch Dr. Teupser, Leipzig, an. Er hatte die Aquarelle in der Akademie gesehen und will noch 5 oder 6 für die Ausstellung haben. Außerdem hat mir Wilhelm so sehr geraten, die Nachtlandschaft, die Straße mit Laternen, die er über seinem Bett entdeckte, auch nach Leipzig zu senden, daß ich mich dazu entschlossen habe. Heute endlich kam Dr. Heise, Lübeck. Er ist *sehr* nett. Er blieb ungefähr 2 1/2 Stunden. Er hatte sehr lange nichts von mir gesehen und die Arbeiten gefielen ihm z. Teil *sehr*. Wir haben Februar in Aussicht genommen. Es werden voraussichtlich noch 2 Künstler ausstellen, aber ich bekomme meinen Saal. Er hat schon ungefähr ausgesucht, was er ausstellen will. Es sind ungefähr 10–12 Aquarelle und 30–35 Blatt Graphik, dazu 2 Zeichnungen, die ihm sehr gefielen. Er ist, was den Verkauf angeht, sehr pessimistisch, aber er sagte, daß das Museum selbst bestimmt etwas ankaufen wird. Vielleicht nur ein Blatt Graphik, aber es ist ja egal. – [...]

Walter Gramatté an Sonia Gramatté.
Berlin, 14. 11. 1927 (Abschrift)

Taf. 155 bis 158

[...] Morgen um 1/2 11 vorm. kommt? ....? Vava. Ich will ein großes Portrait versuchen. Sie hat Zeit bis zum Dunkelwerden. Vielleicht komme ich da ein Stück voran. Es wäre so sehr wichtig, wenn mir da etwas – wirkliches – gelänge. Schon um es gelegentlich zu zeigen und so vielleicht auch hier und da einen Portrait-Auftrag zu erhalten. Vava ist *sehr* schwer zu malen, da sie ein so überebenmäßiges Gesicht hat. Aber dafür bin ich von ihr begeistert und da wird es schon gehen. Aber eine böse Qual wird es, das weiß ich schon jetzt. Bei dieser Gelegenheit sehe ich übrigens, wie schwierig es ist, ohne Atelier auszukommen. Sie müßte natürlich auf dem Lodderbett im blauen Zimmer sitzen, aber da ist eine unmögliche Beleuchtung. Von keiner Seite ist ranzukommen. Ich werde vielleicht extra etwas im Atelier aufbauen müssen. Mal sehen. – [...]

Walter Gramatté an Sonia Gramatté.
Berlin, 15. 11. 1927 (Abschrift)

[...] Ich war gestern bei Heckels. Wir sprachen so über die Kunstlage und er hat merkwürdigerweise das gleiche Gefühl wie ich, nämlich, daß unsere Zeit sehr bald kommen wird (da man eben einzusehen beginnt, daß all das geniale Geschmiere und die täglichen neuen Richtungen nicht das ist, worum es sich handelt). Und dann auch rein äußerlich fangen die Dinge an, sich für mich günstiger zu gestalten. Da ist zuerst der „Deutsche Künstlerbund". Da ist in der Jury: Heckel, Schmidt-Rottluff, Otto Müller. Also da kriege ich natürlich alles durch, was ich ausstellen will. Früher [bestand] immer die Möglichkeit der Ablehnung. Das ist *sehr*, *sehr* wichtig. Die Ausstellung im Februar ist übrigens nicht, wie ich schrieb, in

Dresden, sondern in Hannover. Und es folgt alle Jahre dann eine Ausstellung und immer in einer anderen Stadt.

Jetzt kriselt es auch mächtig in der „Berliner Secession". Man sieht scheints auch dort ein, daß man dabei ist, den letzten Tropfen Blutes zu verlieren und man wendet sich an die Brückeleute. Schmidt-Rottluff hat große Lust, mitzumachen, Heckel einstweilen nicht. Aber er sieht andererseits, daß nicht viel anderes bleibt. Von der Berliner Secession verspreche ich mir übrigens auch nichts. Ich glaube kaum, daß man diesen Salon-Club auch nur einigermaßen zurechtbiegen kann. Aber da muß man abwarten. Aber so Leute wie Jäckel, Röhricht, Franck werden das Heft nicht aus der Hand geben und sich lieber zu Tode wurschteln. [...]

Walter Gramatté: Stierkampffaseleien
Berlin, 25. 11. 1927

[...] Die Oberflächlichkeit unserer Zeit ist niemandem ein Geheimnis, aber unwürdig ist es, sich mit ihr abzufinden. Es ist allerhöchste Zeit, dagegen vorzugehen, selbst auf die Gefahr hin, als kleiner Träumer belächelt zu werden. Ich für meinen Teil ziehe vor, belächelt zu werden, dafür aber eine zweifellos moralische Pflicht erfüllt zu haben. [...]

Walter Gramatté an Sonia Gramatté.
Berlin, 28. 11. 1927 (Abschrift)

[...] Heute bin ich sehr müde und *so* viel Tabletten muß ich all die Tage schlucken. Ob es richtig war, daß ich mich überhaupt mit Theater eingelassen habe? Wenn ich so zurückkomme, abends von der Bühne und den Ateliers und meine Bilder ansehe, so ist mir, als hätte ich den ganzen Tag vor einer kahlen Mauer gestanden. Wieviel Tiefe haben dann meine Bilder, wieviel Seele, gemessen an dem, was mich tagsüber umgab! Und dann überkommt mich plötzlich die Angst, ob ich nicht vielleicht meine Arbeit furchtbar schädige. Kunst schafft man, ohne selbst recht zu begreifen, wie es geschieht. Man [steht] vor einem angefangenen Werk, ohne recht zu wissen, wie nun weiter. Und plötzlich beginnt es, ganz zart und geheimnisvoll, man sieht hier ein Stückchen Weg und dort, man fühlt ganz zarte Fäden von Herz und Händen zu seinem Werk, lebt plötzlich in einer völlig anderen Welt und findet sich langsam ein wenig aus. So nur ist es möglich, Kunst zu zaubern; es ist ein Zauber, zweifellos. Und dieser Zauber hat so ungemein feine Gesetze, daß nur der sie erfüllen kann, der sich fast ganz, vielleicht ganz aufgibt, hingibt. Ich sagte, mir schiene meine jetzige Tätigkeit im Theater eine Gefahr der Schädigung eben dieser Hingabemöglichkeit. Verstehst Du das jetzt, nachdem ich dies sagte? Man kann nicht allzulange sein Blut warm halten, wenn man in eiskaltem Wasser schwimmt. Aber ich will in dieser Angelegenheit noch nicht das letzte Wort gesprochen haben. Es ist auch noch zu neu alles. Vielleicht bin ich auch nur so sehr bekümmert, weil ich Dir nach fast 3 Wochen kein neues Werk oder auch nur Werklein vorlegen kann und ich hatte so sehr viel gute Hoffnung. Aber Theater und meine Arbeit, [das] geht nicht, nur nicht nebeneinander, nein, es bleibt auch einfach keine Zeit übrig. [...]

Walter Gramatté an Ida Wrage.
Berlin, 24. 12. 1927 (Abschrift)

[...] Vielleicht wird alles ein wenig anders in einigen Monaten. Ich habe eine sehr große und schwer aber herrliche Arbeit vor: Das Bildnis einer Russin, Tartarin. „Vava" heißt sie und so wird auch das Bild heißen. Aber ob sie durchhalten wird bei meiner Schwerfälligkeit? Seit sehr langer Zeit fühle ich zum ersten Mal wieder eine stürmische Erregung während des Arbeitens, so wie es früher immer war. Vielleicht hab ich Kraft genug, mich noch einmal emporzureißen. Mir ist, als kämpfte ich mit diesem Bild um mein Leben. Lange schlief es in mir, schlief der Funke. Vielleicht, Idalein, lodert es noch einmal hell und hoffentlich ist es kein Strohfeuer. Dann werde ich vielleicht wieder ein Mensch sein, der auch seinen Freunden mehr bieten kann als Anhänglichkeit und guten Willen. Gott, wie herrlich ist diese Vorstellung. [...]

1928

Walter Gramatté an Paul Sudeck.
Berlin, 22. 1. 1928 (Abschrift)

Taf. 159 und 160

[...] Von mir ist zu sagen, daß ich ganz gut arbeiten konnte. Das erste Portrait „Vava" ist fertig und bereits auf dem Weg nach Hannover zur großen Ausstellung des „Deutschen Künstlerbundes". Dazu sind eine Reihe von Zeichnungen entstanden und eine Radierung, die ich hoffe, am Montag drucken lassen zu können. Leider hatte die schöne Vava in den letzten Wochen nur wenig Zeit und kam sehr unregelmäßig. Das hat mich reichlich mißgestimmt und mir mein Programm sehr durcheinandergebracht. Ende Januar ab und den ganzen Februar hindurch sind mir allerdings ideale Aussichten gestellt. Aber ich bin mißtrauisch. Hoffentlich mit Unrecht. Was übrigens die Hannover-Ausstellung betrifft, so kann ich da etwas interessantes mitteilen. Vielleicht hat Sonia Euch schon gesagt, daß ich vor einigen Monaten 1. zum Mitglied des Deutschen Künstlerbundes gewählt worden bin, 2. zu dieser Hannover-Ausstellung mit 2 Bildern jury- und frachtfrei eingeladen bin! (Ein Riesenschritt für mich.) Der Künstlerbund hat aus ganz Deutschland, Österreich und dem Deutschschweizerischen Gebiet 100 Künstler mit je 2 Bildern eingeladen (eine Ausnahme: Otto Müller, der 8 oder 10 Bilder zeigen wird), ein drittes Bild kann als „freie Einsendung" mitgesandt werden. Es können 350-400 Bilder gehängt werden. 200 Plätze sind von vornherein durch Eingeladene belegt. Für freie Einsendungen weiterer Künstler bleibt also Platz für 150-200 Bilder. Man rechnet mit einem Eingang von 1500 freien Einsendungen und wies bereits auf die mühevolle Arbeit hin, da 10% herauszuklauben. Jetzt wird bekannt, daß bereits vor 14 Tagen ... 2000 Anmeldungen mit je *3* Bildern vorlagen. 6000 also! Ist das nicht zum Verzweifeln? All die armen Kerle, die ihre paar Mark da zusammenkratzen, um den Transport zu berappen. Mir wird ganz mies, wenn ich denke, ich wäre auch darunter und habe eigentlich auch kein ganz reines Gewissen, daß ich nicht darunter bin.

Ich komme mir plötzlich so unverdient bevorzugt vor. Aber dann denke ich wieder, daß ich zu den 100 in Deutschland wohl gehöre. Nur überrascht mich eben das Dazu-gezählt-werden. Ich habe ja so gar kein Zusammengehörigkeitsgefühl, bin doch ein absoluter Eigenbrötler und Outsider – – – –Mein Cirkular ist jetzt in fachmännischen Händen und wird in diesen Tagen druckreif. Ich sende Dir dann sofort einen Durchschlag zur Begutachtung. – Der Aufsatz Hermann Kasacks über mich (erscheint mit 8 Abbildungen in den „Horen" März oder April) wird sehr schön. Es ist fast rein philosophisch, aber warum sollen die Leute nicht auch einmal etwas nachdenken? Im Februar steigt die Ausstellung im Lübecker Museum. Leipzig ist geschlossen. Mit Königsberg sind Möglichkeiten aufgetaucht. Sonst nichts Neues. [...]

Walter Gramatté an Manfred Georg.
Berlin, 26. 1. 1928 (Abschrift)

[...] Ich habe in der Zeit, da wir uns nicht sahen, ein Bildnis gemalt. „Vava" heißt es, ein geheimnisvoll schönes Wesen aus Baku. Schon ganz mongolisch. Dieses Bild ist bereits in Hannover für die Ausstellung des „Deutschen Künstlerbundes", zu der ich juryfrei eingeladen wurde.

Es gibt ein gutes Photo, das ich Ihnen bald zeigen möchte. Ich war ganz vergraben, erhoffte von diesem Wesen irgend eine Rettung aus ich weiß nicht was. So ein Gefühl hatte ich, als hätte die ganz große Qual meiner Arbeit ein Ende. Heiß wurde mir. Und Sonia so glücklich für mich. Eine ganz große Leinwand habe ich begonnen, aber ich komme nicht weiter, da Vava nicht kommt, oder mit so großen Abständen kommt, daß ich nicht kann, wenn sie endlich da ist. Womit soll ich sie auch locken? Und wenn ich wirklich einmal davon spreche, welch eine ungeheure Bedeutung mir diese Begegnung bedeutet, so sitze ich dabei in konversierender Haltung und lache auch noch, um von vornherein sicher zu sein, daß eine harmlose Antwort möglich ist und sie mir nicht davonläuft. Natürlich ist sie der Meinung, daß das bißchen Begeisterung mir wichtig für ein oder zwei Bilder erscheint und dann ist der Vorfall erledigt. Sie ahnt nicht, wie anders alles ist, wieviele Jahre vergingen, ehe mir plötzlich das Herz so wild schlug. So sehr sehne ich mich danach, Schönes zu schaffen, wenigstens traumhaft, und mir war schon so jublerisch zu Mute, aber ich glaube, ich habe schon wieder eins auf die Mütze bekommen. Anfang Februar will Vava übrigens Zeit haben; 6–10 Tage hintereinander. Vielleicht kann ich. [...]

Walter Gramatté an Sonia Gramatté.
Hamburg, 16. 2. 1928 (Abschrift)

Taf. 161 […] Habe ich Dir schon gesagt, daß das Lübecker Museum gezahlt hat? 246,-! Darum bin ich jetzt ganz ruhig auch über den 1. Aug. hinaus.

Eben habe ich die „Berliner Secession" angerufen. Nur 2 Aquarelle sind abgelehnt, 5 angenommen. 7 so große Arbeiten war auch ein bißchen viel. Zurückgestellt ist „Mädchen mit rosa Cravatte" und „das Papageienmädchen". Sie haben also 2 spanische Landschaften, 2 Köpfe von Dir und Jacqueline. Das gibt eine *sehr* gute Wand. Aber von den 5 ist nur „Aus Granada" verkäuflich, die anderen sind Huleles Privatbesitz. Es ist ganz gut, daß ich da den Sommer über in Berlin zu sehen bin und mit dieser kleinen aber sehr guten Kollektion. […]

Walter Gramatté an Sonia Gramatté.
Bad Oeynhausen, 2. 6. 1928 (Abschrift)

[…] Große Kunst war aber nie nur Hirn, oder gar erarbeitetes Hirn. Von den kleinen Leuten weiß man immer, wer ihr Meister war, aber wer der Lehrer eines wirklichen Meisters war, das wird man umsonst zu ergründen versuchen, denn der Meister der Meister war: Fleiß und Genie. Und sie haben sich sehr wohl ihren eigenen „Passe-port" gemacht, nur mit Cézannes Beispiel zu sprechen, sie sind nicht am bestehenden Gesetz kleben geblieben, sondern haben ein eigenes Gesetz gemacht, dem später das bestehende Gesetz stets weichen mußte. „L'état?" „L'état c'est moi!" hat Napoléon [!] gesagt. Dies ist ein klares Beispiel, wenn dieser Napoléon für mich auch ein finsteres Scheusal ist, aber klar und eindeutig ist, was er da sagte. […] Ganz große Kunst wurzelt ganz in ihrer Zeit. Ganz große Kunst umfaßt die ganze Zeit, in der sie geboren wurde. Und unter diesem Gesichtspunkt betrachtet fällt sehr vieles unter den Tisch, denn fast alle haben nur Experimentelles aufzuweisen, Du aber hast Werke dieser Zeit aufzuweisen, mit all ihrem Gequältsein, Sehnsüchten, Zerrissenen, etc. Und so setzt es sich nun in Romantik, Rhythmus [fort]; es gibt klagenden Gesang, schrille Disharmonien, atonale Momente, hämmernden Rhythmus, träumende Lieder, ganz stille, einsame Holztöne, hoffnungsvolle Fanfaren. Und eines jagt fort das andere, und bricht fast das andere ab, bevor es ganz zu Ende litt, jubelte, sprang, träumte. So ist Deine Musik. So ist unsere Zeit. So ist Deine Musik unsere Zeit. Du bist der große Dichter unter den Komponisten, mein Hull, der große Dichter unter den Komponisten bist Du. Und käme so ein „gebildeter" Dummkopf und würde sagen: „Ja, aber das ist eben illustrative Musik, die ebenso zweitrangig ist wie literarische Malerei", so brauchst Du ruhig die Achsel zu zucken. Es lohnt nicht zu antworten. Es kommt immer darauf an, *wie* man etwas sagt und ob man überhaupt etwas zu sagen hat. Was Du tust, hat mit Naturalismus nicht das geringste zu tun, aber darüber brauchen wir überhaupt nicht weiter zu sprechen. […]

Karl Schmidt-Rottluff an Walter Gramatté.
Jershöft, 15. 7. 1928

Hopp, wirst Du sagen – aber was kann ich daran tun, Sonia hat das so lieb angerührt! Leider schreibt sie, Du wärest gar nicht in Laune in Deiner Vernicklungsanstalt – hoffentlich ist das inzwischen anders geworden u. Du kannst blank u. neu nach Hamburg abkutschieren – vollständig überholt. [...]

[...] In der Secession hängen – wie Du wohl inzwischen weißt – 5 Aquarelle von Dir – übrigens die Akademie schreibt den neuen Staatspreis aus. Also laß Dir die Bedingungen schicken (– bis 34 – Du kannst es also noch etliche Male probieren –) u. im übrigen muß man sich melden, sonst guckt keiner hin. – Nun, laß Dir Deine Hände freundschaftlichst schütteln u. laß Dir's nochmal gesagt sein: Du! Herzlichst Dein Karl

Walter Gramatté an Sonia Gramatté.
Berlin, 20. 7. 1928 (Abschrift)

[...] Mein Hull, nun verwirklichst Du das, was Du Dir immer vorgenommen hattest, was Dein liebes Herzlein so quälte. Du hattest vor 10 Jahren meine Freunde fortgejagt. Damals empfand ich es schmerzlich. Aber dann erkannte ich, daß es nur ein eingebildeter Verlust war. Du aber lerntest später erkennen, daß ein paar ganz wenige Menschen, die ich Dir brachte, doch Herz und also Wert hatten und es befiel Dich wohl die Angst, auch die Fortgejagten wären solche Menschen gewesen und eine Art Reue packte Dich, später ein Gefühl des Wieder-gut-machen-Wollens. Du begannst freundlich zu sein und gut zu Menschen, von denen Du glaubtest, sie bedeuteten mir etwas. Immer hat es mich ganz tief gerührt, besonders, wenn Du zuweilen lieb warst zu Menschen, die es gar nicht verdienten. Ich sah immer diese tiefe Liebe zu mir darin, diese Mühe, die Du Dir gabst, für mich. Mein Hull, und nun Schmidt-Rottluff. Immer waren wir aufrichtig befreundet. Sicher. Aber plötzlich ist aus der Befreundung eine Freundschaft geworden. Durch Dich. Wie ich oft die Brücke war von Dir zu anderen, so hast Du die Brücke gebaut zwischen mir und Schmidt-Rottluff. Aus Deinen Händen empfange ich diese Freundschaft. [...]

Walter Gramatté an Karl Schmidt-Rottluff.
Berlin, 26. 7. 1928 (Abschrift)

[...] Wie kann ich mich Deiner würdig zeigen? Tausend Gedanken schossen mir durch den Kopf und schließlich blieb eins: Arbeiten, dachte ich immer wieder, arbeiten, schaffen, unentwegt. Und ich denke ja auch jetzt das Gleiche, aber wird es werden? Gekrümmten Rückens, scheußlich von häßlichsten Schmerzen gepeinigt, krauche ich in meiner Behausung umher, müde und benommen von großen Dosen Togal und Aspirin. Es ist sehr schwer so. Oeynhausen hat mich schwer enttäuscht. Man sagt, der

Erfolg käme nach. Vielleicht. Nach Eppendorf könnte ich in frühestens 5 Wochen, da Sudeck demnächst auf 4 Wochen verreist. Aber auch Eppendorf ist eine grauenvolle Vorstellung. Wo wird das alles hinführen? Du siehst, was für einen buckligen Freund Du Dir da aufgeladen hast. Aber, lieber Karl, auch wenn ich heute nicht gleich beginne, erschütternde Werke hinzustellen, wenn ich es vielleicht ganz aufgebe, daran zu denken, so wird das dennoch nicht hindern, daß ich Dich als meinen Freund lieben darf, daß ich Dir all die Treue, Verehrung, Aufrichtigkeit und Herzlichkeit entgegenbringen werde, die Freundschaft eben bedeutet. Ich hoffe, Dich eines Tages davon ganz fest überzeugen zu können und wenn nicht anders, so mit Sonias Hilfe. Sie ist die Brücke von Dir zu mir. Ich war die Brücke von Dir zu ihr. Reich hat sie mich belohnt.

Walter Gramatté an Sonia Gramatté.
o. O., 5. 8. 1928 (Abschrift)

Taf. 162 [...] daß ich Dein Bild, Dein Köpflein, heute fertig gemacht habe. Und im blauen Zimmer habe ich den Wandbehang über dem Lodderbett weggenommen und habe Dich schön gerahmt und nun beherrschst Du den ganzen Raum. Die Chaiselongue in meinem Atelier habe ich etwas vorgerückt und wenn ich etwas müde bin und mich darauf lege, so sehe ich durch die Tür hindurch immer auf Dich. Ich glaube, es ist ein gutes Bild. Viel Form wird es nicht besitzen, aber heut gibt es nirgends Form, aber Ausdruck ist viel drin, und das ist das Einzige, worum man sich in unserer Zeit bemühen sollte: Ausdruck, Innerlichkeit. Mit den zwei anderen Bildern bin ich noch nicht voran, ich zeichne dafür, aber ganz klar ist mir die Darstellung noch nicht, aber es wird kommen. Aber ich muß doch beginnen, mich rein von außen her mit Graphik zu beschäftigen. Oft kann man dadurch plötzlich sehr angeregt sein. Es wäre fürchterlich, wenn jetzt eine ausgesprochene Farbenzeit für mich käme, weil ich da dann überhaupt nicht schwarz-weiß denken kann. Es wäre fürchterlich wegen der Subscribenten, denn sie haben seit 4 Monaten nichts bekommen und werden ärgerlich, da sich ja doch die meisten keinen Begriff von künstlerischer Arbeit machen. [...]

Walter Gramatté an Walther Merck.
o. O., 3. 9. 1928 (Abschrift)

Taf. 163 eine große Freude ist es mir immer wieder, Deine ruppigen, durch nichts begründeten Forderungen nach Mitteilung der hiesigen Ereignisse entgegenzunehmen. Ach, Wallerlein, wie gern wäre ich die letzten 2 Monate schon in Deiner Nähe gewesen. Wie gern hätte ich wenigstens geschrieben, aber, mein Junge, wo war ich? Ich weiß es nicht. Und doch sehr bei Dir und Sonia, denn ich fühlte mich abgleiten. Ich habe nie geahnt, daß man den letzten Rutsch tatsächlich ohne jede materielle Nachhilfe verhältnismäßig leicht begehen kann. Mit Begehen ist nichts absichtliches gemeint. Ich hatte keineswegs die Absicht, mich davonzumachen, aber ich weiß nicht wie, Wallerlein. Nachts an meinem Schreibtisch kam es über mich. Ich verlor mich aus der Hand. Hatte mich so weit aufgegeben, daß ich widerstandslos allen Teufeln ausgeliefert war. Bitter, sehr bitter war's. O' Gott, so hab ich ja wohl nie aus der Seele herausgeschluchzt, so hat es mich noch nie geschüttelt wie in dieser Nacht. Und wie kann ein Hals sich nur so schließen, daß wirklich kaum noch Luft hindurch kann. Na, kurz, denn ich sehe Dich hoffentlich am 7. Irgendwo fing ich mich. Verfaßte 2 Telegramme: Eins für Sonia, eins für Dich, mit der Nachricht, daß es leider nicht mehr gegangen wäre. Das sind sicher sehr ulkige Telegramme. Ich hab sie seitdem nicht gesehen, aber sie stehen auf meinem Ofen und dazu ein Brief an Frau Papenfüßchen, aus dem sie ersieht, was sie zu tun hat, wenn sie mich mal usw. Denn das sehe ich ja auch heute noch für richtig an, es könnt sonst sehr ulkig werden. Obwohl es vielleicht ulkig ist, daß ich Dir und Sonia noch lebendig den Text entwerfe, so dachte ich eben doch, daß bei aller Männlichkeit: „Gramatté tot. Besten Gruß. Papenbein." Oder so ähnlich, Dir doch allzu sehr an die Rippen gehen würde. Ja, so ist das, *war* das. Vastehste. Aber jetzt: Aufwärts. Ich habe noch alles, was ich hatte, bellenden Husten, phantastischen Durchmarsch, mindestens das Frühstück gebe ich täglich im Bogen von mir, schauderhafte Rückenschmerzen, scheußlichen Schlaf, aber der Kopf ist frei, der Kopp ist frei. Das ist neu! Das ist herrlich. Damit werde ich's schaffen und auch meine Arbeit wieder gewinnen. Vielleicht. Sicher nicht in 2, 3 Monaten, aber dennoch. [...]

Walter Gramatté an Paul Sudeck.
Berlin-Wilhelmshagen, 26. 9. 1928 (Abschrift)

[...] Wie sehr habe ich mich gefreut, daß mein Sonia-Bild Dich so beeindruckt hat! Und so schön ist das, was Du darüber mit so wenigen Worten sagtest. Es ist sehr vieles, was ganz so empfunden ist. 8 Jahre verflossen, eh ich mich an dieses „Portrait" wagte, aber ich glaube doch auch, ein sehr großes Stück von Sonias Wesen und auch Bedeutung eingefangen zu haben. [...]

Ich hab Dir vom „Horen-Verlag" einen Aufsatz von Kasack über mich zuschicken lassen, nur so zum Spaß. Die Profil-Radierung von Sonia finde ich in diesem kleinen Format so nett. [...]

Walter Gramatté an Sonia Gramatté.
Berlin-Wilhelmshagen, 28. 9. 1928 (Abschrift)

[...] Von Père Sudeck kam wieder ein ganz wunderschöner Brief. So tief, so ganz einfach aus seinem so getreuen Herzen. Ich fühle mich ihm näher denn je. Und wie freute ich mich, daß ihm Dein Bild so gefiel. Er schrieb ... ich werde den Brief holen und die Stelle abschreiben. Einen Augenblick ... Er schrieb darüber: „Heute bekam ich Deine Sendung. Sonias Bild und Lises Zeichnung. Hab vielen Dank. Es ist erstaunlich, daß Du sogar jetzt ein Bild von so unerhörter Kraft malen konntest. Das Dämonische kommt gewaltig heraus, es arbeitet sichtlich hinter dem Kindergesicht, wodurch die Wirkung noch gesteigert wird. Das Leiden fehlt – darf ich sagen: leider – nicht.“ [...]

1929

Walter Gramatté an Sonia Gramatté.
Eppendorf, o. D. (Abschrift)

[...] 1/4 vor 2 h nachts und schon jetzt wünschte ich die Nacht vorbei und den langen Vormittag und warte so auf Dich. Ach Hull, ich bin so krank, noch so viel kränker, als ich sage, und es ist da so schwer am Anfang, still zu sein, lieb zu sein. Ach und dieses dumme Fieber, das so nervös macht und dieses Angenagelt-Sein. Ach, unser armes kleines Leblein, wie ist es plötzlich verändert. Und so sehr habe ich immer gewünscht, als letzter von uns beiden übrig zu bleiben, so unvorstellbar mir auch der Gedanke war, aber so wollte ich neben Dir sitzen, Deine Händleins in meinen, damit Du nicht allein bist zuletzt, aber so wird es wohl nicht sein. So viel Leid hat das Schicksal Dir aufgehoben, so besonders viel, daß Du zweifellos nach Erduldung aller dieser Prüfungen, wenn Du nicht darüber verwirrt wirst und an mich Dich hältst und an das Gute [...]. Hoffentlich schläfst Du jetzt ein wenig, es ist 1/4 nach 3. Ich will es auch versuchen, aber ich mußte Tee kommen lassen und Codein wegen Hustens.

Wie hasse ich alle harten Worte in meiner Sprache gegen Dich. O, wie hasse ich mich selbst manchmal, wenn Du fort bist. [...]

Walter Gramatté an Sonia Gramatté.
o. O., o. D. (Abschrift)

Taf. 55, 152, Abb. 23, Taf. 80, 99, 124, 131, 73, 79, 101, 56, 158, 100

[...] Hull, wenn ich auf der Erde nicht bleiben soll, so lange wie Du, so hab ich ein paar Wünscheles, was meine Arbeit angeht. Da muß nämlich viel zerstört werden. Und so bitte ich Dich an Bildern nur zu lassen:

		Kreuzabnahme
	2000,–	Tulpen mit Uhr (Rauert, Sudeck, René, Pauli durch Rauert)
	1200,–	Mädchen am Harmonium (Rauert, Sudeck, René)
		Das Bild von Mama
	1800,–	Hiddensoe (Pauli in Hamburg durch Rauert)
	1200,–	Cadiz
	800,–	Almeria
	800,–	Straße mit Laternen
	1000,–	Das nächtliche Stilleben (von Weihnacht)
	800,–	Das müde Blumenmädchen
	1000,–	Traum von den Fischen
	800,–	Die Träumende mit den blauen Tieren
1)	600	
2)	1200,–	Das Bild von Pina und Vava
	800,–	Die Trinker

Hulele auf dem Sofa, am Tisch (Hermsdorf). Aus der „Beichte" schneide heraus die beiden großen betenden Figuren (jede einzeln) und das linke Fenster mit dem roten Mann. Das andere fortwerfen. Und dann mein neues Bild von Hulele. Das andere muß alles fort, es ist wertlos. Von den aufgezählten Bildern kannst Du vielleicht einiges verkaufen. Fordere nicht zu viel, dann geht es und es wäre so schön für mich zu sehen, daß ich auch jetzt noch Dir helfen kann. In Deinem Heimlein hänge auf: „Kreuzabnahme", „Tulpen", „Mädchen am Harmonium", „Hiddensoe", „Stilleben von der nächtlichen Straße", „Mein Hulelebild". In einem getrennten Raum: „Cadiz" und dazu spanische Aquarelle. Diese aufgehängten Sachen behalte so lange Du kannst, aber klammere Dich *nicht* daran, wenn Du in Not bist. Das Portrait von Dir, die Tulpen und die Kreuzabnahme gib ganz zuletzt. Ich schreibe die Preise, die ich Dir rate, hinter die Bilder. Das sind tiefe Preise, aber die bekommst Du. Und ich schreibe auch dazu, wem Du sie zuerst anbietest. Was Graphik betrifft und den Verkauf, so wird Dir Schmidt-Rottluff sicher raten. Fast alles wird signiert sein, also ganz gut zu verkaufen sein. Vielleicht sollte man die Bilderpreise, wenn es nötig ist, noch weiter herabsetzen. Ich will Dir nur eine ungefähre Richtschnur geben. Die Preise sind bescheiden und doch liegt eine gewisse Haltung in der Forderung. So muß es sein. [. . .]

Walter Gramatté an Hermann Kasack.
Hamburg, 5. 1. 1929 (Abschrift)

[. . .] Ob Du richtig verstehst? Ob Du wirklich ahnst, daß ich ganz, ganz schwer dies Mal fest liege, und man nicht rechnet, daß vor März an Aufstehen zu denken ist? Übrigens bin ich jetzt in der sehr tatkräftigen Behandlung von Geheimrat Jessen, Besitzer des Wald-Sanatoriums in Davos, der eine der Hauptfiguren im „Zauberberg" darstellt. [. . .]

Walter Gramatté an Fritz Schwarz.
Hamburg, 7. 1. 1929 (Abschrift)

[. . .] Ich kann Ihnen nur mitteilen, daß ich am 12. November das Eppendorfer Krankenhaus Hamburg bezog und vor 3 Wochen hier in die Priv. Klinik unseres Freundes Prof. Dr. Sudeck übersiedelt bin. Ich lag anfangs 3 Wochen mit weit über 40 Grad Fieber und bin auf 43 kg = 86 Pfd gekommen. Meine jetzige Temperatur ist nicht mehr so wild im Auf und Nieder, aber ich habe morgens regelmäßig 38 und etwas, abends fast immer 39,3-5. Daß ich da bei bester Ernährung zufrieden sein muß, wenn ich meine 43 kg mir erhalte, ist klar. Stehen ist ausgeschlossen. Ich liege völlig und man „hofft", daß ich Mitte oder Ende März über den Berg bin. Ja und nun die Gründe. Ja, ich muß leben, für Sonia, muß jedenfalls, soweit ich kann, den Willen haben, lieber Herr Schwarz, denn wenn man sich auch nicht unersetzlich vorkommen soll, so ist der Gedanke: Sonia plötzlich ohne mich, fast unausdenkbar. Sie kennen sie ein wenig. Aber nein, dies Thema braucht Seiten und das schaffe ich nicht und der Brief kommt nicht zu Ende, bleibt liegen, und Sie werden langsam böse auf uns.

Also die Überraschung, die uns hier erwartete: Der rechte Lungenflügel krank. Mindestens 1–1 1/2 Jahre nach Davos. Der Darm, (Sie wissen, daß ich mir meine schönen Eingeweide so hübsch durch Salpetersäuredämpfe zerätzt habe) ist ebenfalls infiziert und so ist also die Lage. Ich dachte, ich würde durch sachgemäße Behandlung, Diät, etc. in höchstens 6–8 Wochen kräftig in Berlin erscheinen und meine Arbeit aufnehmen können, aber da bin ich plötzlich aus dem Leben meiner Freunde gestrichen. Natürlich werden wir bei der Ungewißheit der Lage unser Berliner Heim aufgeben müssen. Wann ist sehr unbestimmt, jedenfalls muß ich dazu in Berlin sein. Ein Künstlerhausstand mit tausend Werken etc. ist ja von Fremden, selbst von Freunden nicht sachgemäß aufzulösen. Sonia kann es auch nicht mehr tun, da sie hier allzuviel Zeit verloren hat. Sie kommt nunmehr am 10. Jan. nach Berlin, muß im Februar noch einmal auf 3, 4 Tage hierher, geht wieder nach Berlin zurück und fährt am 8. März von Cuxhaven nach New York ab. Bis dahin gilt es eisern schuften, besonders, da die Korrekturen der eben fertiggestellten Copie des Clavier-Concertes rasende Zeit kostet und doch mit unendlicher Genauigkeit gemacht werden muß, soll nicht das ganze Werk gefährdet werden. [...]

Karl Schmidt-Rottluff an Walter Gramatté.
o. O., o. D. (wohl zum 8. 1. 1929)

wenn mich nicht alles täuscht, ist in diesen Tagen Dein Geburtstag – es tut mir leid, daß wir ihn nicht ordentlich begießen können, damit Du gut angekurbelt ins neue Lebensjahr hineinfährst. Aber ich hoffe, Du fängst es auch so mit neuem Mut an und ich wünsche Dir von Herzen einen baldigen Wiederanstieg der Kräfte und der Gesundheit. Von Sonia hörten wir immer zu unserem Kummer, daß Du immer noch mit Temperatur liegst, die sich gar nicht wieder senken mag. Freilich sind die Wochen um Weihnachten mit ihren kurzen Tagen, noch dazu meistens trübe, wenig angetan, einen Menschen wieder aufzupäppeln – aber jetzt ist Januar – ein neues Jahr, die Tage werden wieder heller und ich denke, sie werden auch Dir wieder neuen Mut machen und du spürst bald Besserung. Wenigstens hörte ich von Rosa, daß Du in der Privatklinik gut aufgehoben bist und dort sorgsam betreut wirst. Gräßlich langweilig solches Kranksein – aber wenigstens hast Du den Entschluß gehabt, Dich auszukurieren und das ist erstmal die Hauptsache. Im Punkte Kunstleben verpaßt Du jetzt nichts – da rufen alle Versuche, es anzufeuchten, noch immer nur schwache Zuckungen hervor – und dann ist's wieder trocken.

Die van Gogh-Fälschungen Wackers in Berlin waren ja eine ganz lustige Komödie – aber ich fürchte, die Leute denken trotzdem – lieber einen falschen van Gogh als einen echten Lebenden. [...]

Walter Gramatté an seine Mutter Katharina Gramatté.
Hamburg, 8. 1. 1929

[...] Es wird schon aufwärts gehen, ich habe nur das elende P.[roblem], daß es sich um eine so langwierige Sache handelt. Mit Gewalt ist nichts zu machen, nur ganz ganz langsam ist es zu schaffen. Und vergiß nicht, daß ich nicht mehr in dem häßlichen, lauten Krankenhaus liege, sondern in der Klinik, wo man jede Rücksicht auf mich nimmt, wo Prof. Sudeck mich fast jeden Tag besucht, wo er natürlich in ganz andrer Weise Anordnungen treffen kann für mich und doch immer in meiner Nähe ist. Und dann spielt ja die größte Rolle das rein Menschliche. Welch wundervolle viertel oder halbe Stunde gibt es oft zwischen uns nach dem ärztlichen Teil! Und dann kommt mein Freund Wilhelm Niemeyer. Von dem ich schon des öfteren schrieb, nein, ich muß Dir ehrlich sagen, ich würde jeden Tag, den ganzen Tag über Besuch haben, wenn ich wollte. Aber ich bin am liebsten allein. Glaube nicht, daß ich dann einsam und unglücklich herumliege, im Gegenteil, gerade dadurch lebe ich Euch, Sonia, meinem Wallerlein am nächsten. Verstehst Du das? Sicher. Ach, mein liebes, bestes herzlichstes Mammelchen der Welt, sei nicht unglücklich! Alles wird sich mit Gottes Hilfe zum Besten wenden, und wir werden noch alle zusammen sehr fröhlich sein. [...]

Dein Junge.

Abb. 32 Walter Gramatté, Sommer 1928

Erinnerungen an Sonia und Walter Gramatté

Vorweg: Beide waren zutiefst überzeugt von der hohen künstlerischen Befähigung des anderen.

Wie ich Walter Gramatté in Erinnerung habe:

Ich habe ihn niemals laut oder heftig erlebt, er wirkte zart, war ungeheuer sensibel und wetterfühlig. In Ahrenshoop saß einmal die Familie abends bei einem sehr schweren Gewitter beisammen. Wir alle waren besorgt, aber beim Anblick von Walter, der ganz in sich zusammengekrümmt in einem Sessel hockte, vergaß ich die eigene Beklommenheit und hatte nur noch Mitleid mit ihm. Es gab dann einen gewaltigen Donnerschlag und danach ebbte das Gewitter ab. Am nächsten Morgen sahen wir, daß der Blitzableiter unseres Hauses aus dem Rohr, das ihn in die Erde führte, herausgerissen war und frei in der Luft hing. Es hatte bei uns eingeschlagen.

Walter hatte – trotz vieler Schmerzen – auch Sinn für Humor, Spaß und sogar Blödelei. An einem kühlen, feuchten Vormittag in Ahrenshoop behauptete irgend jemand, jetzt hätte er Lust auf eine saure Gurke. Wir (meine Geschwister, Gramattés und ich) zogen daraufhin zur einzigen Gastwirtschaft des Dorfes, die auch eine Gemischtwarenhandlung betrieb. Wir kauften dort saure Gurken und Schnur, und in einer überdachten Laube wurde jeweils eine Gurke mit dem Bindfaden an dem Dachbalken angebunden und wir spielten uns die baumelnde Gurke gegenseitig zu, so daß jeder mal abbeißen konnte.

Mit meinem Schäferhund, der nach einem plattdeutschen Volksmärchen Pilseputz genannt wurde, hatte ich ein „Knurrspiel“. Wir knurrten uns mit ganz tiefen Tönen sehr vergnügt gegenseitig an und die Töne wurden immer höher und lauter. Wenn bei den tiefen Tönen mein Bruder Halvor fragte: „Pilseputz, wer ist die schönste Frau der Welt?“ bewegte ich dem Hund am Fell den Unterkiefer und es kam eine Antwort heraus, die sich sehr deutlich anhörte wie „Wwawwa!“. Dieses Spiel hat auch Gramattés viel Spaß gemacht.

Walter war immer sehr korrekt (mit Krawatte) gekleidet und als Erscheinung gepflegt. Die Epoche, in der er einen Flauschmantel und Frauenschuhe trug (Münchner Katalog von 1989, Foto S. 10), liegt wohl deutlich vor der Zeit, da er in unseren Gesichtskreis trat.

Er glaubte und behauptete, das Perpetuum mobile erfunden zu haben.

Er haßte Radiergummis, deren Berührung ihm widerlich war. Wenn er doch mal einen benutzen mußte, faßte er ihn „mit spitzen Fingern" an. (wörtlich von ihm).

Gramattés waren fast ständig in Geldnot. Ich erinnere mich an einen Dankesbrief, den mein Vater in der Familie vorlas, nachdem er ihnen Geld geschickt hatte. Walter hatte geschrieben, sie hätten Schnitzel gebraten und alle Zimmertüren weit aufgemacht, damit der gute Geruch überall hinziehen konnte.

Walter war eine sehr liebenswürdige Persönlichkeit; das Foto auf S. 301, das in der letzten Leidenszeit entstanden sein muß, gibt seine Erscheinung hervorragend wieder. Ich glaube, das Foto stammt aus Walters letztem Sommer in Ahrenshoop.

Noch ein Wort zu Sonia:

Sie war ein geballtes Bündel von Temperament, beherrscht von Emotionen, denen sie ungehemmt Ausdruck verlieh.

Sie hatte in meinem Elternhaus gute Gelegenheit zur Arbeit und saß täglich vormittags stundenlang am Flügel in einem großen Raum, der sonst nur bei Festlichkeiten benutzt wurde. Wenn ihr beim Komponieren etwas besonders gut gelungen war, sprang sie auf, klatschte in die Hände, tanzte im Saal herum und lachte laut.

Sie war sehr von ihrer Bedeutung überzeugt. „Ich und Bach und Beethoven, meine großen Musikerkollegen..." hörte ich sie einmal sagen.

Als sie einmal krank war und im Bett bleiben mußte, hatte sie auf der Bettdecke ein „stummes Klavier" stehen, einen Holzkasten mit zwei oder drei Oktaven Tastatur, auf denen sie Fingerübungen machte.

Unter dem Verlust von Walter hat sie unendlich gelitten. Durch den engagierten Einsatz von Ferdinand Eckhardt blieb ihr Walter zeitlebens präsent, als wäre er in ihrem späteren Leben mit dabeigewesen.

Nagold, den 13. April 1989
Almuth Gieseler

Personenregister für die Dokumentation

Angeführt sind nur die Personen, die für das Verständnis der Dokumentation von Bedeutung sind.

1. Amersdorffer, Alexander, Prof. Dr. phil.
   1875 Nürnberg – 1946 Berlin
   war Sekretär der Königlichen Akademie der Künste, Berlin.

2. Beckmann, Max
   Maler, Graphiker
   12. 2. 1884 Leipzig – 27. 12. 1950 New York
   Walter Gramattés Eltern zogen 1902 nach Hermsdorf bei Berlin. Dort wohnte auch Max Beckmann. Wie aus einem Brief hervorgeht (Walter Gramatté an Hetta Lindhorst. Paderborn, 26. 11. 1917, siehe S. 70), kannte Max Beckmann die Arbeiten von Walter Gramatté gut.

3. Beckmann-Tube, Minna (geb. Römpler)
   geschiedene Frau von Max Beckmann. Beckmanns hatten ein schönes Haus in Hermsdorf bei Berlin, Ringstraße 8, in das Walter und Sonia Gramatté am 20. April 1921 einzogen. Doch war dieses Haus in der Inflationszeit und bei dem Kohlenmangel im Winter nicht heizbar. So lebten Gramattés bis zur Ausreise nach Spanien bei Freunden und bei der Mutter von Sonia.

4. Berg, Alban
   Komponist
   9. 2. 1885 Wien – 24. 12. 1935 Wien
   Alban Berg war an Gramattés Interpretation des „Wozzeck" sehr interessiert, da er selber dieses Drama als Oper vertonte. (Alban Berg an Walter Gramatté. Wien, 8. 1. 1926, siehe S. 253)

5. Berger, Ludwig
   Regisseur der Staatsoper Berlin
   6. 1. 1892 Mainz – 19. 5. 1969 Schlangenbad.

6. Bockwitz, Hans Heinrich, Dr. phil.
   geb. 4. 9. 1884 Waldheim
   Direktor des Deutschen Museums für Buch und Schrift, Leipzig.

7. Brockdorff, Alexander Graf von
   Schriftsteller
   Schrieb 1922 einen Beitrag über Walter Gramatté in: Die rote Erde, 2. Folge 1. Buch, Hamburg 1922 S. 149.

8. Brockhusen, Theo von
   Maler
   16. 7. 1882 Margrabowa – 20. 4. 1919 Berlin
   Präsident der Freien Sezession Berlin.

9. Brodsky, Vava
   Vava wurde 1952 Marc Chagalls zweite Frau. Walter Gramatté malte sie auf einem Ölbild und fertigte auch eine Radierung (E 241) von ihr an.

10. Büchner, Georg
    Schriftsteller
    17. 10. 1813 Goddelau b. Darmstadt – 19. 2. 1837 Zürich
    Gramatté lernte 1918 durch eine Aufführung von „Dantons Tod" mit Moissi und Maria Fein die Werke von Georg Büchner kennen.

11. Cassirer, Paul
    Kunsthistoriker und Verleger
    21. 2. 1871 Görlitz – 7. 1. 1926 Berlin
    Er eröffnete 1898 in Berlin einen Kunstsalon. 1908 gliederte er diesem Kunstsalon einen Verlag an.
    Paul Cassirer gründete die „Pan-Presse", auf der Publikationen und Mappenwerke hergestellt wurden. Nach dem Ersten Weltkrieg wurden von ihm in der Schweiz auch Werke pazifistischer Autoren veröffentlicht.

12. Commeter
    Galerie und Kunsthandlung in Hamburg.

13. Corinth, Lovis
    Maler, Graphiker
    21. 7. 1858 Tapiau (Ostpreußen) – 17. 7. 1925 Zandvoort (Holland).

14. Coster, Charles De
    Schriftsteller
    20. 8. 1827 München – 7. 5. 1879 Ixelles
    Sein Hauptwerk war der 1868 geschriebene Roman „Thyl

Ulenspiegel und Lamme Goedzak". Seit 1924 beschäftigte sich Walter Gramatté mit diesem Roman. 1925 fertigte er eine Radierung „Till Uilenspiegel" (Selbstbildnis, E 199) dafür an.

15. Dix, Otto
Maler, Graphiker
2. 12. 1891 Untermhaus bei Gera – 25. 7. 1969 Singen (Hohentwiel).

16. Dostojewskij, Fjodor Michaijlowitsch
Dichter
11. 11. 1821 Moskau – 9. 2. 1881 St. Petersburg
Walter Gramatté wollte Radierungen für dessen Erzählung „Der Idiot" anfertigen. (Walter Gramatté an Martha Rauert. Trebnitz, 20. 8. 1923, siehe S. 157)

17. Eckhardt, Ferdinand, Dr. phil.
Kunsthistoriker, Direktor a. D. der Winnipeg Art Gallery, Winnipeg, Manitoba (Kanada)
geb. 28. 4. 1902 Wien
Biograph Walter Gramattés. Seit 1933 mit Sonia Gramatté verheiratet.

18. Emmel, Felix, Dr. phil.
Schriftsteller
geb. 5. 4. 1888 Berlin
Von 1920 bis 1924 Theaterkritiker der Preußischen Jahrbuchchronik. Veröffentlichte im Jahr 1919 einen Aufsatz über „Expressionismus" (Die Hochschule, Blätter für akademisches Leben und studentische Arbeit, 3. Jg. 5. Heft). In diesem äußerte er sich sehr zustimmend zu der Arbeit Walter Gramattés.

19. Fischer, Edwin, Prof. Dr. h.c.
Pianist, Dirigent
6. 10. 1886 Basel – 24. 1. 1960 Zürich
Er brachte 1927 den zweiten Satz des ersten Klavierkonzertes von Sonia Gramatté in Lübeck zur Uraufführung.

20. Flaubert, Gustave
Schriftsteller
12. 12. 1821 Rouen – 8. 5. 1880 Croisset bei Rouen.

21. Franck, Philipp Johann, Prof.
Maler
9. 4. 1860 Frankfurt a. M. – April 1944 Berlin/Wannsee
Seit 1892 Professor der Königlichen Kunstschule Berlin. 1915 Direktor derselben. Walter Gramatté beschreibt sein Verhältnis zu Professor Franck im Brief an Hete Witt. Berlin, 6. 9. 1917 (siehe S. 66 u. 67).

22. Fridman-Kochevskoi, Katharina de
1862 Staradup – 1939 Berlin
Mutter von Sonia Gramatté, Pianistin und Hauslehrerin der Kinder Leo Tolstois für Klavier und Französisch.

23. Fridman-Kochevskoi, Nicolas de
Auch in Briefen „Nick" genannt. Er war Sonias Halbbruder und lebte in Paris.

24. Fried, Oskar
Komponist, Dirigent
10. 8. 1871 Berlin – Anfang Juli 1942 Moskau
1925/26 Dirigent des Berliner Symphonie-Orchesters, emigrierte 1934 nach Tiflis. Erwähnt im Brief Walter Gramattés an Karl Schmidt-Rottluff. Barcelona, 16. 4. 1926.

25. Friedländer, Max, Prof.
12. 10. 1852 Brieg – 2. 5. 1934 Berlin
(Walter Gramatté an Wilhelm Niemeyer. Berlin, 16. 11. 1920, siehe S. 127).

26. Fuente, Angel de la
Karikierte Walter Gramatté in Madrid.

27. Furtwängler, Wilhelm
Dirigent
25. 1. 1886 Berlin – 30. 11. 1954 Baden-Baden
Leitete 1922 bis 1928 das Leipziger Gewandhaus-Orchester, 1922 bis 1945 die Berliner Symphoniker, daneben (1927 bis 1930) die Wiener Philharmoniker.
(Siehe auch: Walter Gramatté an Karl Schmidt-Rottluff. Barcelona, 21. 4. 1926, siehe S. 256).

28. Georg, Manfred, Dr. jur.
Schriftsteller
geb. 22. 10. 1893 Berlin
Redakteur am Berliner Achtuhrabendblatt und Theaterkritiker der Berliner Volkszeitung. Seine Erzählung „Der Rebell" erschien 1918 im „Marsyas", Hochstim-Verlag, Berlin. Für diese Erzählung schuf Walter Gramatté vier Kaltnadelradierungen.

29. Glaser, Kurt, Dr. phil.
Kunsthistoriker
geb. 29. 5. 1879 Leipzig
Direktor der Staatlichen Kunstbibliothek in Berlin.

30. Gogol, Nicolai Wassiljewitsch
Dichter
31. 3. 1809 Sorotschinzy – 4. 3. 1852 Moskau
Walter Gramatté stellte 1918 für die Erzählung „Der Mantel" zwölf Lithographien her. Sie kamen 1919 im Kiepenheuer-Verlag, Potsdam, heraus.

31. Gramatté, Otto
Vater von Walter Gramatté, verheiratet mit Katharina geb. Block.

32. Gramatté, Sonia
Komponistin, Pianistin, Geigerin
1899 Moskau – 2. 12. 1974 Stuttgart
Wurde am 31. 12. 1920 Gramattés zweite Frau. Gramatté hatte sie im Juni dieses Jahres in einer Gesellschaft bei einem „Dr. H." kennengelernt. Ein umfangreiches Buch über ihr Leben und ihre Karriere wird gegenwärtig (1990) erarbeitet.

33. Grosz, George
Maler, Graphiker, Bühnenbildner
26. 7. 1893 Berlin – 6. 7. 1959 Berlin.

34. Grünewald, Matthias eigentl. Mathis Gothardt mit Beinamen Neithardt
Maler
geb. um 1470/75 – August 1528 Halle a. d. Saale
Es gab über Grünewald während des Ersten Weltkrieges eine Ausstellung in der Münchner Pinakothek, die Walter Gramatté stark beeindruckte.

35. Hadwiger, Victor
Lyriker, Erzähler
6. 12. 1878 Prag – 4. 10. 1911 Berlin
Seine Dichtung: „Il Pantegan" wurde 1919 im Axel Juncker Verlag, Berlin, mit sechs Kupferdrucken nach Zeichnungen von Walter Gramatté verlegt.

36. Hassel, Ulrich Freiherr von
Diplomat
12. 11. 1881 Anklam – 8. 9. 1944 (hingerichtet) Berlin-Plötzensee
Deutscher Generalkonsul in Barcelona. Wohlwollender Freund der Gramattés. Später Generalkonsul in Rom. War während des Dritten Reiches in der Widerstandsbewegung tätig.

37. Heckel, Erich
Maler, Graphiker
31. 7. 1883 Döbeln – 28. 1. 1970 Hemmenhofen/Bodensee
Zusammen mit Karl Schmidt-Rottluff bester Freund Walter Gramattés aus dem Kreis der Brückemaler. Heckels wohnten ab 1919 in der Emser Straße in Berlin, im Nachbarhaus von Walter Gramatté.

38. Heise, Carl Georg, Dr. phil.
Kunsthistoriker
28. 6. 1890 Hamburg – 1979 Hamburg
1920 bis 1933 Museumsdirektor in Lübeck und 1945 bis 1955 Direktor der Kunsthalle Hamburg. War Herausgeber der Zeitschrift für alte und werdende Kunst „Genius", die in den Jahren 1919 bis 1921 im Kurt Wolff Verlag, München, erschien. 1927 besuchte Carl Georg Heise Walter Gramatté in seiner Wohnung. (Walter Gramatté an Sonia Gramatté, o. O. (Berlin), 10. 11. 1927, siehe S. 289).

39. Hinkelmann, Hildegard
Schwester von Walter Gramatté, verheiratet mit
Dr. Fritz Hinkelmann. Aus der Ehe stammt der Sohn Dr. Klaus Hinkelmann.

40. Hochstim, Heinrich
Verleger
Berlin W 62, Kleiststraße 27. Gründete Anfang 1917 den „Marsyas", eine Zweimonatsschrift, herausgegeben von Theodor Tagger. In diesem Verlag erschien 1918 die Erzählung „Der Rebell" mit vier Kaltnadelradierungen von Walter Gramatté zur Erzählung von Manfred Georg (siehe dort).

41. Impekoven, Niddi von
Tänzerin an der Staatsoper Berlin.

42. Jäckel, Willy, Prof.
Maler, Graphiker
10. 2. 1888 Breslau – 29./30. 1. 1944 Berlin
Professor der Staatlichen Kunstschule Berlin.

43. Joel, Hans Theodor
Verleger
München-Pasing, Prinzregentenstr. 28. Herausgeber der Zeitschriften „Die neue Bücherschau" und „Der Weg". Ab 1. 1. 1919 hatte Gramatté einen Vertrag mit Hans Theodor Joel, der auch Sammler war, abgeschlossen. Dieser verpflichtete Gramatté, ihm jährlich eine bestimmte Anzahl von Graphik zu übergeben. Zudem hatte Hans Theodor Joel auch die Reproduktionsrechte. Dafür erhielt Gramatté jährlich 6000,– Mark in monatlichen Raten von 500,– Mark. Der Vertrag war ursprünglich auf vier Jahre geschlossen, wurde nach einem Jahr aber schon gelöst.

44. Juncker, Axel
Verleger
Axel Juncker Verlag, Berlin, Potsdamer Straße 11. Gegründet als Buchhandlung am 1. 4. 1897, seit 1. 10. 1902 als Verlag. Der Verlag brachte 1919 „Il Pantegan" nach Victor Hadwiger (siehe dort) mit sechs Kupferdrucken nach Zeichnungen von Walter Gramatté heraus.

45. Kasack, Hermann
Dichter, Schriftsteller
24. 7. 1896 Potsdam – 10. 1. 1966 Stuttgart
Lernte Gramatté im Winter 1917 kennen. Sein Drama „Die tragische Sendung" wurde im November 1917 im Atelier Gramattés vorgetragen. 1920 erschien das Drama mit zehn Holzschnitten von Walter Gramatté im Rowohlt Verlag, Berlin. In seinem bekanntesten Roman „Die Stadt hinter dem Strom" (1947 erschienen) stellte er im Maler Katell den früh verstorbenen Walter Gramatté dar. Er war verheiratet mit Maria Fellenberg. Der Sohn Wolfgang Kasack schrieb 1966 ein Buch über das Leben seines Vaters mit dem Titel „Leben und Werk von Hermann Kasack. Ein Brevier".

46. Kaus, Max
Maler, Graphiker
11. 3. 1891 Berlin – 5. 8. 1977 Berlin
Schüler von Erich Heckel und Ernst Ludwig Kirchner. Zuletzt Professor an der Berliner Akademie.

47. Klee, Paul
Maler, Graphiker
18. 12. 1879 Münchenbuchsee/Bern – 29. 6. 1940 Muralto/Locarno
Von 1922 bis 1930 am Bauhaus tätig. (Walter Gramatté an Edleff Köppen. o. O., 15. 2. 1920, siehe S. 100).

48. Klein, César
Maler, Graphiker, Bühnenbildner
14. 9. 1876 Hamburg – 13. 3. 1954 Pensdorf bei Lübeck
War 1910 Mitgründer der „Neuen Sezession" in Berlin.
1919 bis 1937 lehrte er an der Berliner Kunsthochschule.

49. Köppen, Edleff
Schriftsteller
1. 3. 1893 Genthin, Magdeburg – 21. 2. 1939 Gießen
Bis 1933 Leiter der Berliner Funkstunde, entlassen unter Hitler. Verheiratet mit Hete Witt. Walter Gramatté stand mit ihm seit 1919 in ständigem Briefwechsel.

50. Kokoschka, Oskar
Maler, Graphiker, Schriftsteller
1. 3. 1886 Pöchlarn – 22. 2. 1980 Montreux
Von 1920 bis 1924 Professor an der Akademie in Dresden.

51. Krebs, Reinhold (gen. René), Dr.
Generalvertreter der „Bayer Werke", Leverkusen, in Barcelona. Bester Freund der Gramattés in der Zeit in Spanien. Er half auch finanziell oft aus.

52. Kubin, Alfred
Maler, Graphiker, Schriftsteller
10. 4. 1877 Leitmeritz/Böhmen – 24. 8. 1959 Zwickledt b. Wernstein
War Mitglied der Neuen Künstlervereinigung und des „Blauen Reiters". Erwähnt im Brief Walter Gramatté an Wilhelm Niemeyer. Barcelona, 28. 2. 1926 (siehe S. 252).

53. Kuhn, Alfred, Dr. phil.
Kunsthistoriker
geb. 1. 2. 1885 Mannheim
Ständiger Mitarbeiter der DAZ und Weltkunst.
Von 1925 bis 1933 Organisator der offiziellen deutschen Kunst- und Architekturausstellungen in Spanien, Polen, Schweiz, Südamerika u.a.

54. Kunde, Maria
Kunsthändlerin in Hamburg
In diesem Kunstsalon stellte Walter Gramatté mehrmals aus. In seinen Briefen schreibt er an „Frl. Magnussen, Kunstsalon Maria Kunde".

55. Lesage, Alain René
Schriftsteller
8. 5. 1668 Sarzeau (Morbihan) – 17. 11. 1747 Boulogne-sur-Mer
Schrieb 1715 bis 1735 den Schelmenroman „Gil Blas de Santillane", den Walter Gramatté mehrfach las.

56. Liebermann, Max, Prof.
Maler, Graphiker
20. 7. 1847 Berlin – 8. 2. 1935 Berlin
1920 bis 1932 Präsident, dann Ehrenpräsident der Preußischen Akademie der Künste, Berlin. Im Dritten Reich entlassen, Ausstellungsverbot. Karl Schmidt-Rottluff ging in einem Brief auf die Stellung Max Liebermanns ein. (Karl Schmidt-Rottluff an Walter Gramatté. o. O., 13. 5. 1926, siehe S. 258.)

57. Lindhorst, Hetta
Seit dem 28. Dezember 1918 mit Walter Gramatté verheiratet. Die Ehe wurde nach einem halben Jahr geschieden.

58. Löns, Hermann
Schriftsteller
29. 8. 1866 Culm (bei Graudenz) – 26. 9. 1914 (gefallen) bei Reims
Schrieb 1910 „Der Werwolf".

59. Magnussen
siehe: Kunde, Maria

60. Mann, Thomas
Schriftsteller
6. 6. 1875 Lübeck – 12. 8. 1955 Zürich
„Der Zauberberg" wurde 1924 geschrieben (Walter Gramatté an Hermann Kasack. Hamburg, 5. 1. 1929.

61. Merck, Walther, Prof.
Pädagoge
18. 10. 1892 Berlin – 13. 12. 1964 Hamburg
Intimster Freund Walter Gramattés, den er auch in Spanien besuchte.

62. Möller, Ferdinand
Galerist
Von 1918 bis 1924 in Berlin, Potsdamer Str. 134 c, danach bis Juli 1925 in Potsdam, Wallnerstr. 14. Ab Juli 1927 wieder in Berlin, Schöneberger Ufer 38. Vertrat die Maler der „Brücke". Im April/Mai 1920 hatte Walter Gramatté bei Möller seine erste Ausstellung. Im Brief (Walter Gramatté an Sonia Gramatté. Berlin, 19. 6. 1927, siehe S. 268) gibt Walter Gramatté seiner Freude darüber Ausdruck, daß die Galerie wieder neu eröffnet wird und von ihm Bilder ausstellen will.

63. Moissi, Alexander
Schauspieler
2. 4. 1880 Triest – 23. 3. 1935 Lugano
Berühmtester Schauspieler der 20er und 30er Jahre. Kam über Wien, Prag und Berlin an Max Reinhardts „Deutsches Theater".

64. Mueller, Otto
Maler, Graphiker
16. 10. 1874 Liebau/Schlesien – 24. 9. 1930 Breslau
Mitglied der Künstlergruppe „Brücke". Stellte 1923 ebenso wie Walter Gramatté bei der Galerie Goldschmidt und Wallerstein, Berlin, aus.

65. Munch, Edvard
Maler, Graphiker
12. 12. 1863 Löten/Hedmark – 23. 1. 1944 Ekely b. Oslo
Für Walter Gramatté war Edvard Munch ein „großer magischer Künstler". (Walter Gramatté an Alexander Graf Brockdorff. Barcelona, 15. 5. 1926 siehe S. 259).

66. Neumann-Nierendorf, Galerie, bzw.
Nierendorf, Karl
Bankbeamter, Kunsthändler, Galerist
18. 4. 1889 Köln – 25. 10. 1947 New York
Karl Nierendorf war Gründer einer Galerie in Köln (1918) und des Kairos-Verlags, sowie der Zeitschrift „Der Strom".

1923 übernahm er die Leitung des Berliner Graphischen Kabinetts Israel Ber Neumann. 1926 Eintritt des Bruders Josef Nierendorf in die Berliner Galerie. 1936 Übersiedlung nach den USA und Aufbau einer Galerie in New York.

67. Niemeyer, Wilhelm, Dr. phil.
Kunsthistoriker, Schriftsteller
geb. 11. 6. 1874 Barchfeld/Werra
Dozent an der Staatlichen Kunstgewerbeschule Hamburg. Durch seine Verbindung zum Hamburger Buchbund wurde 1925 „Lenz" herausgebracht.

68. Nolde, Emil (so seit 1902, eigentlich Hansen)
Maler, Graphiker
7. 8. 1867 Nolde/N.-Schleswig – 13. 4. 1956 Seebüll/Holstein.

69. Osborn, Max, Dr. phil.
Schriftsteller
10. 2. 1870 Köln – 24. 9. 1946 New York
Feuilletonredakteur der Vossischen Zeitung.
Herausgeber der Jahrberichte für neuere deutsche Literatur-Geschichte. (Karl Schmidt-Rottluff an Walter Gramatté. o. O., 13. 5. 1926, siehe S. 258)

70. Papenfuß, Else
Portiersfrau in der Winterfeldstr. 29. Sie half im Haushalt bei Gramattés.

71. Pauli, Gustav Theodor, Prof. Dr. phil.
Kunsthistoriker
2. 2. 1866 Bremen – 13. 7. 1938 Hamburg
Seit 1914 Direktor der Kunsthalle in Hamburg. Walter Gramatté war immer wieder enttäuscht, daß Pauli kein Bild für die Hamburger Kunsthalle erwarb. (Walter Gramatté an Elisabeth Sudeck. Barcelona, 21. 2. 1926, siehe S. 251)

72. Przygode, Wolf, Dr. jur.
20. 9. 1895 – 8. 11. 1926 Berlin
Veröffentlichte als Herausgeber 1919 das „Buch der Toten". Dieses enthält die Radierung „Aufschrei" [E 123] von Walter Gramatté. Wolf Przygode gestaltete ab 1920 zusammen mit Georg Kulka und Paul Westheim das Programm des Kiepenheuer-Verlages. Dort arbeitete von 1920 bis 1925 auch Hermann Kasack als Verlagslektor.

73. Radziwill, Franz
Maler, Schriftsteller
6. 2. 1895 Strohausen bei Rodenkirchen – 13. 8. 1983 Wilhelmshaven
War Mitglied der „Freien Sezession" in Berlin und der Novembergruppe (Walter Gramatté an Elisabeth Sudeck. Barcelona, 29. 2. 1924, siehe S. 158)

74. Rauert, Paul, Dr. jur., und Martha Rauert
Paul Rauert war ein bekannter Hamburger Rechtsanwalt und wurde später der bedeutendste Sammler von Gemälden, Aquarellen und Graphiken Walter Gramattés. Wiederholte Aufenthalte von Walter und Sonia Gramatté in deren Haus in Hamburg/Hochkamp.

75. Röhricht, Wolf, Dr. jur.
Maler, Graphiker
20. 4. 1886 Liegnitz/Schlesien – 29. 12. 1953 München
Seit 1926 Lehrtätigkeit an der Schule des Vereins Berliner Künstlerinnen und Mitglied der Sezession.

76. Rösler, Waldemar
Maler, Graphiker
21. 4. 1882 Striesen bei Dresden – 14. 9. 1916 Arys (Ostpreußen)
Lebte von 1906 bis 1914 in Berlin. Von 1914 bis 1916 Kriegsteilnehmer an der Westfront. Hauptvertreter der spätimpressionistischen Landschaftsmalerei. Walter Gramatté sah ihn und Max Beckmann als mit sich selbst verwandt. (Walter Gramatté an Hetta Lindhorst. Frankfurt/Oder, 22. 8. 1916, siehe S. 56)

77. Rowohlt, Ernst
23. 6. 1887 Bremen – 1. 12. 1960 Hamburg
1908 wurde der Verlag gleichen Namens in Leipzig gegründet, die Neugründung fand 1919 in Berlin statt.

78. Schapire, Rosa, Dr. phil.
Kunsthistorikerin
9. 9. 1874 Brody – 1. 2. 1954 London
Kunsthistorikerin und Kritikerin des Expressionismus. Mitarbeiterin an den Zeitschriften „Menschen", „Neue Blätter für Kunst und Dichtung", „Die neue Bücherschau" sowie Mitherausgeberin der Publikation „Die rote Erde" und „Kündung". Lebte vornehmlich in Hamburg, emigrierte später nach England. Veröffentlichte 1920 im „Cicerone" einen der ersten Aufsätze über Walter Gramatté. Besuchte die Gramattés auch in Spanien.

79. Schmidt-Rottluff, Karl (eigentl. Karl Schmidt), Prof.
1. 12. 1884 Rottluff/Chemnitz – 10. 8. 1976 Berlin
Einer der Initiatoren des deutschen Expressionismus. Mitbegründer und Namensgeber der Künstlergemeinschaft „Brücke" in Dresden. Mitarbeiter der Monatszeitung „Menschen". 1941/1945 Berufsverbot, 1946 Professur an der Berliner Hochschule für bildende Künste. Er bemühte sich nach 1926, nochmals eine neue Vereinigung der „Brücke" mit jungen Malern wie Walter Gramatté zusammenzustellen. Dieses Vorhaben scheiterte am Widerstand Emil Noldes.

80. Schwarz, Fritz
Rechtsanwalt und Freund Walter Gramattés, er vertrat Walter Gramatté vor Gericht gegen den Mithausbewohner Großmann. Später emigrierte Fritz Schwarz nach England.

81. Stahl, Fritz (Pseudonym für Lilienthal, Siegfried)
geb. 10. 12. 1864 Rosenberg/Westpr.
Kunsthistoriker und Redakteur des Berliner Tagblattes.

82. Stehr, Hermann, Dr. phil.
Schriftsteller
16. 2. 1864 Halberschwerdt/Glatz – 11. 9. 1940 Oberschreiberhau
Er schrieb „Abendrot".

Bibliographie in Auswahl

(Es wurden nur bibliographisch selbständige Titel aufgenommen)

Buchillustrationen

Georg, Manfred:
Der Rebell. Mit vier Radierungen von Walter Gramatté, in: Marsyas. Eine Zweimonatsschrift, herausgegeben von Theodor Tagger, 1. Jg. Heft 5 Berlin (Verlag Heinrich Hochstim) 1918

Ssadowsky, Boris:
Der Apfelkönig. Mit vier Reproduktionen nach Zeichnungen von Walter Gramatté, Berlin (Axel Juncker Verlag) 1919

Hadwiger, Victor:
Il Pantegan. Mit sechs Kupferdrucken nach Zeichnungen von Walter Gramatté, Potsdam (Kiepenheuer Verlag) 1919

Der Mantel.
Zwölf Lithographien von Walter Gramatté zu Nicolai Gogol. Potsdam (Kiepenheuer Verlag) 1919

Die tragische Sendung.
Zehn Holzschnitte von Walter Gramatté zu Hermann Kasack. Berlin (Rowohlt Verlag) 1920

Josef wird aus Neid von seinen Brüdern verkauft. Mit zwei Radierungen zum Bibeltext von Walter Gramatté, Potsdam (Hadern Verlag) 1923

Büchner, Georg:
Lenz. Mit zwölf Radierungen von Walter Gramatté, Hamburg (Buchbund Hamburg) 1925

Mappenwerke

Der lebende Leichnam.
Fünf Lithographien von Walter Gramatté zu Leo Tolstoi. Darmstadt (Karl Lang Verlag) 1919

Das Gesicht.
Neun Radierungen von Walter Gramatté. Berlin (Euphorion Verlag) 1925

Ausstellungskataloge

Ottawa (The National Gallery of Canada) 1966:
Walter Gramatté 1897 – 1929. Paintings, Drawings, Prints, Ottawa 1966

Berlin (West) (Brücke-Museum) 1968:
Walter Gramatté 1897 – 1929. Bilder, Aquarelle, Zeichnungen, Graphik, Berlin (West) 1968

Bremen (Kunsthalle) 1970:
Walter Gramatté. Aquarelle, Handzeichnungen, Druckgraphik, Bremen 1970

Düsseldorf (C. G. Börner) 1976:
Walter Gramatté 1897 – 1929. Druckgraphik und Zeichnungen, Düsseldorf 1976

Berlin (West) (Brücke-Museum) 1982:
71 x selbst. Aquarelle, Zeichnungen, Druckgraphik, Berlin (West) 1982

München (Staatsgalerie moderner Kunst) 1989:
Walter Gramatté. Gemälde und Arbeiten auf Papier, München 1989 (in diesem Katalog ist eine ausführliche Bibliographie enthalten)

Düsseldorf (C. G. Börner) 1990:
Die schwarze Sonne. Frühe Arbeiten von Walter Gramatté, Düsseldorf 1990

Einzelpublikationen

Eckhardt, Ferdinand:
Das graphische Werk von Walter Gramatté, Zürich / Leipzig / Wien 1932

Ders. (Hrsg.): Walter Gramatté.
Bilder und Aquarelle – Paintings and Watercolours, Winnipeg 1981

Ders. (Hrsg.): Walter Gramatté.
Holzschnitte, Lithographien, Kaltnadelblätter, Radierungen – Woodcuts. Lithographs, Dryprints, Etchings, Winnipeg 1981

Ders. (Hrsg.): Walter Gramatté.
Handzeichnungen – Drawings, Winnipeg 1981

Ders. (Hrsg.): Walter Gramatté 1897 – 1929.
Eine Auswahl seiner Briefe, Brücke-Archiv, Heft 12,
Berlin (West) 1981

Schulz-Hoffmann, Carla (Hrsg.):
Der träumende Knabe (Ziganka). Symphonische Pantomime von Sonia Fridman-Gramatté inszeniert von Walter Gramatté, München 1987

„Fast wie ein Traum ist mir alles". Zur Rolle der Farbe im Werk des Expressionisten Walter Gramatté, in: Stabenow, Cornelia (Hrsg.): Erich Heckel – Ein Farbmusterbuch für Walter Gramatté, München 1989

Teupser, Werner:
Walter Gramattés graphisches Werk, Leipzig 1925

Bildnachweis

Tafeln

Akademie der Künste (Archiv), Berlin (West) Taf. 91
Bridgens Photography, Winnipeg Taf. 13, 24, 150
The Eckhardt-Gramatté Foundation, Winnipeg Taf. 123, 133, 138, 141, 144, 147
Reinhard Friedrich, Berlin Taf. 8
Bruno Hartinger, München Taf. 12, 15, 18, 20, 21, 27, 32, 37, 38, 44–46, 48–55, 66, 73, 75, 77, 79, 85, 99, 100, 104, 106, 111–113, 118, 126, 132, 135, 151, 152, 161, 162
Hirmer Verlag, München Taf. 61–64
Wolfgang Kasack, Much Taf. 16
Lars Lohrisch, Bremen Taf. 6, 56
Ernest Mayer, Winnipeg Taf. 1–5, 7, 9–11, 14, 19, 22, 23, 25, 26, 29–31, 33, 39–43, 47, 57–60, 67, 68, 70, 71, 74, 76, 78, 80–84, 86–90, 92–97, 101–103, 105, 107–110, 114–117, 119–122, 124, 125, 127–130, 134, 136, 137, 139, 140, 142, 143, 145, 146, 148, 149, 153–160
Christoph Münstermann, Düsseldorf Taf. 17, 163
Nationalgalerie, Berlin (Ost) Taf. 65
Stickelmann, Bremen Taf. 28, 35
Elke Walford, Hamburg Taf. 69, 72
Siegfried Wameser, München Taf. 34, 36, 98, 131

Abbildungen

Bridgens Photography, Winnipeg Abb. 22
The Eckhardt-Gramatté Foundation, Winnipeg Abb. 1, 3–15, 17, 19, 24–32
Bruno Hartinger, München Abb. 23
Ernest Mayer, Winnipeg Abb. 2, 18, 21
Germanisches Nationalmuseum, Nürnberg Abb. 16
Jürgen Pietsch, Dexheim Abb. 20